华章经典·金融投资

投资交易心理分析

THE PSYCHOLOGY OF TRADING
Tools and Techniques for Minding the Markets

|典藏版|

[美] 布雷特 N. 斯蒂恩博格 著 廖洪跃 顾奎 译

机械工业出版社
CHINA MACHINE PRESS

图书在版编目（CIP）数据

投资交易心理分析（典藏版）/（美）布雷特 N. 斯蒂恩博格（Brett N. Steenbarger）著；廖洪跃，顾奎译 . —北京：机械工业出版社，2018.10（2024.12 重印）
（华章经典・金融投资）
书名原文：The Psychology of Trading：Tools and Techniques for Minding the Markets

ISBN 978-7-111-61155-4

I. 投… II. ①布… ②廖… ③顾… III. 证券交易－市场心理学 IV. F830.91

中国版本图书馆 CIP 数据核字（2018）第 231419 号

北京市版权局著作权合同登记 　图字：01-2012-1648 号。

Brett N. Steenbarger. The Psychology of Trading: Tools and Techniques for Minding the Markets.
ISBN 978-0-471-26761-4

Copyright © 2003 by Brett N. Steenbarger.

This translation published under license. Authorized translation from the English language edition, Published by John Wiley & Sons. Simplified Chinese translation copyright © 2019 by China Machine Press.

No part of this book may be reproduced or transmitted in any form or by any means, electronic or mechanical, including photocopying, recording or any information storage and retrieval system, without permission, in writing, from the publisher. Copies of this book sold without a Wiley sticker on the cover are unauthorized and illegal.

All rights reserved.

本书中文简体字版由 John Wiley & Sons 公司授权机械工业出版社在全球独家出版发行。

未经出版者书面许可，不得以任何方式抄袭、复制或节录本书中的任何部分。

本书封底贴有 John Wiley & Sons 公司防伪标签，无标签者不得销售。

投资交易心理分析（典藏版）

出版发行：机械工业出版社（北京市西城区百万庄大街 22 号　邮政编码：100037）
责任编辑：贾　萌　　　　　　　　　　　责任校对：殷　虹
印　　刷：固安县铭成印刷有限公司　　　版　　次：2024 年 12 月第 1 版第 9 次印刷
开　　本：170mm×230mm　1/16　　　　印　　张：20.25
书　　号：ISBN 978-7-111-61155-4　　　定　　价：69.00 元

客服电话：(010) 88361066　68326294

版权所有・侵权必究
封底无防伪标均为盗版

献给玛吉
你使一切成为可能

| 前 言 |

所欠乃是所得之最佳度量。

若说本书道出了一个真谛，那就是，交易①乃生活之缩影。交易如人生，追求价值永无止境。无论是交易还是人生，人们一直在追求价值的过程中与风险过招：机会转瞬即逝，损失随时可见。在追逐价值和管理风险的跷跷板上，我们如何达到平衡，决定了我们能否获得个人的成功，在交易的战役中能否不断胜利。

我们如何应对未来不可知的情况往往影响到目标的实现。前途未卜、爱情不定、交易茫然……面对这些，我们往往弄巧成拙：做空大有"钱途"的交易，对屡屡败阵的头寸执迷不悟。不管我们是谁，我们的个性如何，是正直善良、勤劳吃苦抑或是已经功成名就，在交易中也难免失足；不管我们参加了多少投资交易讲座，读了什么类型的交易心得，购买了如何前卫的交易工具，也常会投资失算。如果处理风险不当，就会让大家追求价值的努力大打折扣，我们就无法安身立命，交易者的成功和个人的成就更无从谈起。

---

① 本书所指的交易涵盖了各种形式的金融投资。所有进行时间价值投资的人，不管是瞄准小时交易，还是数日、数周或是数月交易，都属于交易者的范畴。

在过去 20 年里，我每年会给大约 130 个人提供心理辅导和治疗。这些人无一例外都很精明干练，从事着各种高要求、高标准的职业。与他们多年的相处和我个人的从业经历，竟让我发现医生、公司高管、学生和交易者处理问题的方式大同小异，这实在让人惊讶。每当他们不得不面对自己情绪上的风险管理问题时，他们总会不约而同地将痛苦最小化、将快乐最大化。很少有人能从风险和回报的角度科学对待问题，成功驾驭自己的情绪。我们处理问题，习惯了使用自己的套路。但套路过去曾经奏效，现在却可能用处不大了。与此相对应，随着我们生活中新出现的挑战应运而生的方法却能引领我们走向成功。如果我们能从不断重复过去的旧思路中抽身出来，仔细以全新的方式解决我们的问题，我们就能进行最佳的定位。

本书旨在帮助大家确定自己成功和失败的模式，从而更好地控制事态的发展。我衷心希望本书涉及的案例、研究和观点能为大家提供有益的见解，拓展我们的思维空间，推动我们合理控制情绪，正确对待人生中可能面临的风险，努力达到收益最大化。

本书将重塑读者的思维方法、情感模式以及行为方式，但是，它们绝不是什么灵丹妙药。对交易者而言，再多的心理辅导也无法替代几经市场考验的具体交易计划。正如罗伯特·克劳斯（Robert Krausz）在杰克·施瓦格（Jack Schwager）的访谈录《新金融怪杰》（*New Market Wizards*）中精辟指出的那样：闷头苦想、闭门造车，无法造就伟大的棋手或篮球巨星，也无法成就了不起的交易者。只有在市场上摸爬滚打，才能真正掌握市场命脉。

确实，有人觉得，提出市场策略并不断加以检验，最有利于产生积极的交易心理。但是，许多交易者仅仅因为无法忍受机械的体系中不可避免的低迷期或平庸期，而表现出不适应。其实，当你提出市场策略并加以检验时，对其运作模式，你会产生一种内在认识。因此，当市场跟你耍花样时，你不再困惑，取而代之的是一种"曾经沧海"的感觉。可见，任何东西都无法替代因为经验而产生的自信。

然而，不可低估的是，交易者使用同样的交易方法，结果却可能大相径庭。工欲善其事，必先利其器，但是，要想成功，光有工具还不够。正如克劳斯所言，交易者在交易中不断重蹈覆辙、屡教不改，真是令人百思不解。面对这种行为，交易体系构思再精巧、再久经考验，也无济于事。

本书重点在于帮助大家学会通过借鉴心理医生诊断病人的方法来对待交易。我把这种方法称为"靠在沙发上进行交易"，即充分利用你的思维、情感、冲动以及行为模式，将其视为市场数据。靠在沙发上进行交易需要大家转变传统思维，它不需要大家克服或消除情绪，而是要从自我反应中学习。你的目标是将自己训练成一台精准的仪器，去发现交易者身上以及交易过程中的问题模式，并做出反应。

值得注意的是，要培养这样的灵敏度，并不是说大家在下单的时候只要跟着感觉走，绝对不是！后文中你会读到，恰恰相反，大家需要将过度自信心理和风险规避意识视为有用的反向指标。交易者也好，心理医生也罢，逆着最初的冲动去行事往往是胜利的法宝，这一点真的很奇怪。

在"靠在沙发上进行交易"的模式里，你变成了自己的心理医生。无论是在市场交易中，还是在日常生活中，要做到这点都不容易。但是，如果做到了，回报将无比丰厚。交易就像竞技体育，能有效培养情绪管理能力，而这对人生成功至关重要。除了市场交易，很少有什么场合，价值追求与风险管理体现得如此真实、这般直接；除了市场交易，没有什么能让人深刻地体会到，在自我了解过程中的经验教训会如此残酷地冲击人生底线。

当然，有意识的交易行为需要一个重要的假设：通过了解市场，可以完善自我；通过自我完善，可以提升交易。一旦你可以提取出蕴含在情感、认知以及行为模式中的信息，你将更好地发现并利用金融市场中的模式，反之亦然。

布雷特 N. 斯蒂恩博格
纽约费耶特维尔
2002 年 11 月

致 谢

当我为 WorldlyInvestor 网站和 MSN Money 网站撰写交易心理专栏时，我对交易涉及的复杂心理的认识日益加深。因为那些专栏文章，我收到世界各地交易者的来信，他们遭遇的困难和我在多年交易中遇到的问题惊人地相似。来信的读者中不乏新手，他们全凭感觉进行交易，所做无异于赌博。但是，大多数都是老手，从业数载。他们认真阅读相关书籍，学习交易方法，甚至亲自研究。一次又一次，我反复听到这样的论调：交易中的不一致，剥夺了他们的利润，有时甚至招致惨痛的损失。的确，当成功近在眼前但又捉摸不定时，真是难以表达交易中的那种沮丧心情。

为什么我们明明知道该做什么，譬如定期锻炼、健康饮食、养儿育女，却总是无法一以贯之？到底是什么妨碍了我们的交易，使我们无法应对摆在眼前的信息？作为一名职业心理医生和市场参与者，这些问题困扰了我将近20年。为了回答这些问题，我翻阅了许多文献，从交易和心理学到哲学和认知神经科学的前沿研究。如果说这本书"有所成就"的话，那就是，它综合了他人在这些领域的贡献，那些比我的研究更加有价值的贡献。

作家都面临一个真实而有趣的悖论：随着创作中向他人借鉴的累积，欠下的债越多，他们却越富有。从这个角度来说，我确实觉得自己很富有，因为别人给我的指点与帮助，让我受益良多。

我第一次尝试写作关于市场的文章源于"投资客清单"（Speculator's List），一个汇聚交易者、理财专家、学者以及学界成功人士的在线组织。我非常感谢劳拉·肯纳（Laurel Kenner）、维克多·尼德霍夫（Victor Niederhoffer）和詹姆斯·戈德坎普（James Goldcamp），是他们创建了"投资客清单"，并且对我发布的一些帖子，他们给予了善意的鼓励。

当我想要了解区别成功与失败的交易者的内在机制时，琳达·拉什克（Linda Raschke）给了我巨大的支持，允许我研究她研讨会的参与者。我很快就发现，琳达本人是一个值得效仿的交易典范，也是一位颇有成就的导师。对于她的友谊以及她在交易商业性和人性方面的真知灼见，我深表感激。

那些促使我不断提升写作清晰度和精确性的人也是我写作过程中的重要因素。MSN Money 网站的编辑乔恩·马克曼（Jon Markman）是一位难得的好友和同事，还是开创性研究的学习榜样。本书的写作得到了 Wiley 出版社的编辑帕梅拉·范·吉森（Pamela van Giessen）的帮助，她的幽默、务实、专业伴我度过了漫长的创作历程。

当然，如果没有纽约州立大学州北医学院精神医学和行为科学系的学术同行，尤其是罗杰·格林伯格（Roger Greenberg）、曼托什·迪万（Mantosh Dewan）和约翰·曼林（John Manring）的积极影响，这一切都无法实现。我的好友、交易通讯员亨利·卡斯滕斯（Henry Carstens）、索拉·辛格尔（Saurabh Singal）和史蒂夫·威兹德姆（Steve Wisdom），用他们的灵感和智慧丰富了本书。我还要感谢马克·马霍尼（Mark Mahorney）在 Great Speculations 网站中的出色工作；感谢弗兰克（Frank）和克丽丝·莱内特（Kris Linet）、苏珊·尼德霍夫（Susan Niederhoffer）、阿诺德（Arnold）和萝丝·拉斯汀（Rose Rustin），他们热情而幽默，富有洞察力；感谢耶尔·赫希（Yale Hirsch）、安德鲁·罗（Andrew Lo）、山姆·艾森施塔特（Sam Eisenstadt）和杰夫·卡曼（Jeff Carmen），请允许我向他们脱帽致敬，并感谢他们的出色研究及个人支持。

最后，我要特别感谢我的家人，谢谢他们的关爱与鼓励。我的父母杰克和康妮，他们是我生命中的榜样，给我以灵感，他们对我的影响远远超乎想象。我还要谢谢马克、丽莎、黛比、彼得、史蒂夫、劳拉、爱德华和麦克雷，谢谢他们给予我的帮助，感激之情难以言表。但是，本书得以写成，我最要感谢我的妻子玛吉，是她教会我如何生活，如何关爱，如何管理风险与回报。因此，谨以本书献给我的爱妻。

站在巨人的肩膀上

2001年7月4日，对我来说是个特别的日子，因为它是本书初稿完成的日子。直到那天，我才清楚地意识到自己为什么写这本书。确实，在此之前，我是想和大家分享一些想法和观点，但那不是主要目的。毕竟，创作本书时，我并无出版合同在手。尽管我也希望书籍能够出版，但我清楚地知道，这本书对我的个人意义超出了它的市场价值。

7月4日，我坐在西雅图一家旅馆的大厅里，身边放着我的笔记本电脑。我突然意识到为什么这本书对我有那么重要的个人意义。想到这里，我觉得有必要写下来，于是，我拿出笔记本电脑，写下了这封给我的良师益友维克多·尼德霍夫的信。

亲爱的维克多：

没有什么比旅行更能让人好好反思了。一路上独特的风景，加上远离日常事务，放空自己，有助于我们以新的方式去思考，用新的角度去看待问题。旅行时，我们可以从日常事务中脱离出来，而此时，创造性的冲动也最容易

下的债越多，他们却越富有。从这个角度来说，我确实觉得自己很富有，因为别人给我的指点与帮助，让我受益良多。

我第一次尝试写作关于市场的文章源于"投资客清单"（Speculator's List），一个汇聚交易者、理财专家、学者以及学界成功人士的在线组织。我非常感谢劳拉·肯纳（Laurel Kenner）、维克多·尼德霍夫（Victor Niederhoffer）和詹姆斯·戈德坎普（James Goldcamp），是他们创建了"投资客清单"，并且对我发布的一些帖子，他们给予了善意的鼓励。

当我想要了解区别成功与失败的交易者的内在机制时，琳达·拉什克（Linda Raschke）给了我巨大的支持，允许我研究她研讨会的参与者。我很快就发现，琳达本人是一个值得效仿的交易典范，也是一位颇有成就的导师。对于她的友谊以及她在交易商业性和人性方面的真知灼见，我深表感激。

那些促使我不断提升写作清晰度和精确性的人也是我写作过程中的重要因素。MSN Money 网站的编辑乔恩·马克曼（Jon Markman）是一位难得的好友和同事，还是开创性研究的学习榜样。本书的写作得到了 Wiley 出版社的编辑帕梅拉·范·吉森（Pamela van Giessen）的帮助，她的幽默、务实、专业伴我度过了漫长的创作历程。

当然，如果没有纽约州立大学州北医学院精神医学和行为科学系的学术同行，尤其是罗杰·格林伯格（Roger Greenberg）、曼托什·迪万（Mantosh Dewan）和约翰·曼林（John Manring）的积极影响，这一切都无法实现。我的好友、交易通讯员亨利·卡斯滕斯（Henry Carstens）、索拉·辛格尔（Saurabh Singal）和史蒂夫·威兹德姆（Steve Wisdom），用他们的灵感和智慧丰富了本书。我还要感谢马克·马霍尼（Mark Mahorney）在 Great Speculations 网站中的出色工作；感谢弗兰克（Frank）和克丽丝·莱内特（Kris Linet）、苏珊·尼德霍夫（Susan Niederhoffer）、阿诺德（Arnold）和萝丝·拉斯汀（Rose Rustin），他们热情而幽默，富有洞察力；感谢耶尔·赫希（Yale Hirsch）、安德鲁·罗（Andrew Lo）、山姆·艾森施塔特（Sam Eisenstadt）和杰夫·卡曼（Jeff Carmen），请允许我向他们脱帽致敬，并感谢他们的出色研究及个人支持。

最后，我要特别感谢我的家人，谢谢他们的关爱与鼓励。我的父母杰克和康妮，他们是我生命中的榜样，给我以灵感，他们对我的影响远远超乎想象。我还要谢谢马克、丽莎、黛比、彼得、史蒂夫、劳拉、爱德华和麦克雷，谢谢他们给予我的帮助，感激之情难以言表。但是，本书得以写成，我最要感谢我的妻子玛吉，是她教会我如何生活，如何关爱，如何管理风险与回报。因此，谨以本书献给我的爱妻。

站在巨人的肩膀上

2001年7月4日，对我来说是个特别的日子，因为它是本书初稿完成的日子。直到那天，我才清楚地意识到自己为什么写这本书。确实，在此之前，我是想和大家分享一些想法和观点，但那不是主要目的。毕竟，创作本书时，我并无出版合同在手。尽管我也希望书籍能够出版，但我清楚地知道，这本书对我的个人意义超出了它的市场价值。

7月4日，我坐在西雅图一家旅馆的大厅里，身边放着我的笔记本电脑。我突然意识到为什么这本书对我有那么重要的个人意义。想到这里，我觉得有必要写下来，于是，我拿出笔记本电脑，写下了这封给我的良师益友维克多·尼德霍夫的信。

亲爱的维克多：

没有什么比旅行更能让人好好反思了。一路上独特的风景，加上远离日常事务，放空自己，有助于我们以新的方式去思考，用新的角度去看待问题。旅行时，我们可以从日常事务中脱离出来，而此时，创造性的冲动也最容易

表现出来。

上次我带着书稿去西海岸旅行，就深刻地感受到这一点。我希望在路上找到创作的灵感，希望忘却日常工作而专注写作。我确实做到了，这让我很惊讶。但让我更吃惊的是我对写作的情感反应。当我一页接一页专心写作时，内心深处不由生出一种谦卑。我真切地认识到，我的观点很少是真正原创的，每一行文字都有外在灵感来源：一位老师或导师、读过的一本书、看过的一项研究、一个心目中的英雄，等等。总之，书上没什么东西是真正属于我自己的。相反，它聚合了我从比我强大的人那里汲取的思想。因此，我深刻地体会到牛顿的话："如果说我比别人看得更远些，那是因为我站在巨人的肩膀上。"

也许，这就是为什么伟人从不自大，庸人总是急于肯定自己、否定他人。伟大的人物知道自己灵感的源泉，知道自己是受人恩泽，无以为报，因此，胸怀感激，心生谦卑。

正是出于谦卑，对于你的大作《投机客养成教育》(*The Education of a Speculator*)，我也有了一份独特的理解。第一次阅读，我关注的是书中的人物故事：通往市场成功之路上的成长经历。再次拜读，我发现了一个新的阅读视角：向你成功路上的那些在道德和性格方面影响过你的人致敬，尤其是你的父亲。然而，这次旅行之后，我又发现了一个全新的视角，它的属意更宏大，是你献给你的人生楷模的礼物。你的书作就是一份致谢声明，是向阿瑟·尼德霍夫、杰克·巴纳比、汤姆·维斯维尔、弗朗西斯·高尔顿以及其他许多无以为报的人的致谢。

然而，创作一本致敬的书，也许我们至少偿还了一些债务。斯人已逝，音容笑貌已成往事，后辈再也没有机会和他们比肩而坐，聆听他们的教诲。就像我的孩子，他们不可能与阿瑟和弗朗西斯面对面交流，向他们学习。但是，通过一本致敬的书，楷模们在某种程度上得以永生。只要书籍陈列在图书馆和书店的书架上，伟人们的教诲就不会失传，他们的故事定能为后世所传唱。

这就是写书的美妙之处：讲述英雄的故事，使其得以永生，并且福泽千秋万代。旅行之前，我发誓要写一本信息量大、娱乐性强、影响深远的书。但是，现在我的目标更高远了。我要通过写作，向那些激发出我最佳潜质的人致敬，唯有如此，我才心安。

现在是清晨时分，我伏案疾书，内心真挚，胸怀感激。我知道，要想站在伟人的肩膀上，唯一的办法就是先将他们扛在我们的肩膀上。

真诚的，

布雷特

的确，交易乃生活之缩影。如果大家想交易顺利、人生得意，那么就该不辞劳苦，遍寻伟人。找到生活中的英雄，看他们如何激情燃烧、影响他人；发现市场上的弄潮儿，看他们如何与市场同呼吸共命运，著书立说福泽后人。然后，将他们扛在你的肩上，时刻牢记你对他们的亏欠。你会惊讶地发现，你站得有多高，你看得就有多远。

布雷特 N. 斯蒂恩博格

目录

前言
致谢

第1章 不会爱的女人 / 1
从汽车制造中窥探成功之道 / 1
苏的故事：风雨之后见彩虹 / 2
在问题中找到解决方案 / 6
行非常之道以加快转变 / 8
与苏背道而驰 / 9
找到解决方案 / 11
大无畏的交易清单 / 12
解决方案清单 / 15
执行解决方案 / 16
小结 / 20

第2章 不想学习的学生 / 22
失败者肯 / 22

市场多元化和生活多样化 / 25
瘫痪心理学 / 27
决策和不确定性 / 30
改变风险 - 回报等式 / 32
转变交易中的风险与回报 / 34
音乐、心情以及枢纽和弦 / 36
汤姆的枢纽和弦 / 37
打破常规 / 39
打破交易常规 / 40
小结 / 43

第3章 伍尔沃斯狂人 / 45

来自地狱的面谈 / 45
观察模式 / 47
激活内部观察员 / 51
有规则的交易 / 53
测量你的情绪温度 / 55
预防压力 / 57
努力付出与情绪变化 / 58
交易成瘾：打破止损点 / 60
交易时更加严格地遵守规则 / 61
利用情绪反其道而行之 / 63
小结 / 65

第4章 失去理智的交易者 / 67

世界上最强大的眼镜 / 67
上瘾的交易者菲尔 / 70
菲尔的双重人格 / 71
探索双重思维 / 74
交易者的思维 / 75

　　　　　重视解决方案型的资金管理 / 77
　　　　　靠在沙发上交易 / 80
　　　　　交易时的角色转换 / 81
　　　　　市场平稳性及市场情绪 / 83
　　　　　小结 / 85

第 5 章　玛丽，玛丽，矛盾的玛丽 / 87
　　　　　走进玛丽的日志 / 87
　　　　　搅乱舒适区 / 91
　　　　　模式重复 / 93
　　　　　改变反复的模式 / 96
　　　　　做不自然的事 / 98
　　　　　抵触对自己最好的东西 / 99
　　　　　在交易中创造强大的情感经历 / 104
　　　　　小结 / 108

第 6 章　邪恶的蜘蛛 / 111
　　　　　信息传递和元信息传递 / 111
　　　　　交易中的元信息交流 / 114
　　　　　交易者的肢体交流 / 118
　　　　　人类意识之下的意识 / 122
　　　　　你知道的比你以为的更多：隐性学习 / 124
　　　　　留意市场的复杂性 / 127
　　　　　小结 / 129

第 7 章　床底下的大个子男人 / 131
　　　　　沉默的大高个沃尔特 / 132
　　　　　创造强大的新体验 / 134
　　　　　回归：思维的时间旅行 / 135
　　　　　进入时间端口 / 137

当你的变速装置仍然被锁着 / 140
新意：改变的关键 / 143
治疗中的新意：转译 / 144
巩固改变的作用 / 147
沃尔特的巩固 / 152
小结 / 154

第 8 章　被活埋啦 / 155

治疗和交易中时间把握的艺术 / 156
标记和市场 / 159
纽交所跳动指数的标记 / 161
梦的力量 / 164
作为情感交流的梦 / 166
重复的梦境：生活的主题 / 168
催眠：进入他人的思维 / 170
醒着的沉睡：白日梦 / 174
小结 / 176

第 9 章　心境催眠 / 178

意识的调谐钮 / 178
通过环境转换来改变行为 / 183
创伤与调谐钮 / 184
布雷特医生收到奇怪的来信 / 187
意识试验 / 189
绘制心境图谱 / 191
交易试验 / 192
小结 / 194

第 10 章　衣柜里的雨衣 / 196

告别慌乱的早晨 / 197

纽约途中的停顿 / 198
茫然不知自己已知 / 199
琼和她的心声 / 200
修正多重性格 / 204
触发器 / 205
对琼的催眠治疗 / 207
当尝试转换失败 / 210
小结 / 212

第 11 章　弹球绝技 / 215

为世界建模 / 216
把自己塑造成交易者 / 220
玩市场弹球 / 220
逆向交易：弱化交易者的主观认识 / 222
内心图示和墨迹测试 / 227
交易者的主观认识和语言 / 231
小结 / 235

第 12 章　枪口下的治疗 / 236

杰克，危机中的男人 / 236
面对生活的挑战 / 241
命悬一线的比赛 / 241
危机咨询中的机会 / 244
布雷特医生的交易危机 / 245
创造新的角色实现转换 / 247
跳跃与节拍 / 250
小结 / 254

第 13 章　治疗亵渎的方案 / 256

了解你和自我的关系 / 256

自恋症的戴夫 / 258
回归与多样性 / 259
自恋症与回归 / 261
日常体验的状态 / 262
努力与局部意识 / 264
实现崭新的意识框架 / 266
给意识换个姿势 / 270
小结 / 274

第 14 章　靠在沙发上进行交易 / 277

对交易心理的建议 / 277
转换你的意识：应用一些原则 / 281
使交易与性格匹配 / 286
最新领域：培养专业交易技能 / 288
内隐学习研究的启示 / 291
精通与获取专门知识 / 293
蚀刻于大脑 / 295
探索掌握市场之道 / 299

参考文献 / 302

| 第 1 章 |

不会爱的女人

解决方案是问题与问题的关联模式。

既然这是一本关于交易心理的书，读者自然期望文章开篇第 1 章就讲述交易者遭遇的各种情绪苦恼。然而，本章另辟蹊径，从一个不同的角度探讨这个主题。我们将采用为人熟知的"聚焦解决方案"（solution focus）的模式，来探讨解决问题的方法有多少已然存在。如果你有一个样板，可以用来辨别并理解你的正确决定和行为，那么，不论是在生活中还是在市场上，你都已经踏上了创造成功模式之路。

从汽车制造中窥探成功之道

多年前，我在一本管理学书籍中读到一篇文章，印象十分深刻，至今记忆犹新。那时，在与美国同行的竞争中，日本汽车制造商尽显优势，不论是汽车价格还是汽车质量，日本人似乎都占据上风。

我读到的那篇文章讲述了美国和日本汽车制造商在管理方法上的不同。似乎美国汽车制造商非常担心流水线会出现什么故障，为了避免故障带来的破坏性影响,他们尽可能地放慢装配流水线作业的速度,旨在避免任何小故障的出现而导致的生产中断。

日本的汽车制造商采用的则是一种截然不同的方法。当生产高效运行时,他们还是不断加快装配流水线作业的速度,直到故障出现。然后,他们会认真研究故障产生的缘由,并制定预防措施。久而久之,他们发现了生产过程中许许多多的薄弱环节,并加以改善,这样一来,既提高了生产效率,又提升了汽车质量。

在美国汽车制造商的眼里,故障就是失败,失败是应该避免的结果。然而,在日本人看来,生产中出现的问题是供自己学习和改进的机会。可见,这是两种不同的管理哲学、两种不同的生活方式。

运用到证券交易以及制造业中,这个故事告诉我们:成功的市场参与者会发现自己的短处,吃一堑长一智;相反,失败的市场参与者则是尽可能地规避自己的缺点,因此,也就失去了学习的机会。

苏的故事:风雨之后见彩虹

当苏来到我的办公室时,我一眼就看出她不是典型的州北医学院的学生。无论是外貌还是口音,她都像是市中心贫民区出来的人。随着我们日渐熟悉,我发现确实人如其样。从苏的穿着打扮到街头英语,都表明她是贫民区一带的学生。我丝毫也没有想到,苏后来变成了我有幸帮助过的最能激发人们灵感的一个人。她也让我充分领悟到聚焦解决方案所具有的影响力。

我们第一次会面的时候,苏显得心烦意乱。这位年轻的姑娘学习相当不错,不愧是一所竞争激烈的本科院校的优秀毕业生。然而,她却坚定地跟我说,她正在考虑退学。她泪流满面地告诉我,祖母几个月前去世了,这个打击令她难以承受。

原来,苏基本上是在没有父母的家庭中长大的。在她几个月大的时候,父亲便遗弃了她们母女,所以对于父亲,她基本上没有什么记忆。母亲长期吸毒成瘾,担负不起养育子女的长期责任。当儿童福利机关发现苏的母亲为了筹得吸毒的钱款不惜卖淫和贩毒时,便正式将苏从家里带走,并将监护权交给了她的祖母。尽管当时苏还小,只有五岁,但她却看尽了母亲生命中来来往往的那些男人,见证了数次枪击和持刀伤人事件,也目睹了多次匪徒与警察的激烈交战。

苏的祖母娜娜是一个虔诚的基督徒,总是定期去做礼拜。教友们形成了强大的社交网络,他们相互扶持,共同克服贫穷、疾病和机会不均等。或许最重要的是,这个团体非常重视教育,所以娜娜拼命工作,以确保苏安心上学。

苏天性腼腆,纤弱矮小,无法在运动方面超越他人,所以她很早就在学业方面取得了优异的成绩,并赢得了别人的认同。这些年来,她被卷入母亲的生活,在某种程度上,她变成她母亲的家长了。苏最担心的,就是母亲在精神和肉体上所受的暴力侵犯,与那些男人的纠缠,使母亲不时游走在法律边缘。苏的母亲几次被一个叫戴维斯的男人打断骨头,遍体鳞伤地被送往医院。苏永远无法理解母亲为什么不去告他,为什么总也断不了与男人的这种关系。

也许正因为看透了像戴维斯这样的男人,苏对谈恋爱毫无兴致。祖母曾三番五次地告诫她未婚先孕的危险,还提醒她男人会用各种花招来占她的便宜。娜娜强调说,让自己日臻完善的唯一途径就是信仰上帝和刻苦学习。

"我在学校有一帮好朋友,"苏解释说,"在遇到苦难时,我们总是互相帮助。塔莎的爸爸以前酗酒,喝光了家里的钱,为了不让塔莎饿肚子,娜娜便请她来家里吃饭。娜娜就是这样的人。如果她喜欢你,知道你需要帮助,她就会倾其所有帮助你。"

"你和塔莎这些朋友还有联系吗?"我问。

苏摇了摇头。"塔莎怀孕后便辍学了。她黏上了一个和她爸爸一样的男人。达里尔贩毒被抓,进了监狱。朗达——你肯定不想了解她,她比我妈妈还糟糕,唯一能帮我的就只有娜娜了。"

医学院的学生都觉得苏抱着一副"敌对态度",拒人于千里之外。有位教授建议她来找我,同时暗示说"她的愤愤不平"会使她在学校难以成功。其实,一旦你有机会了解苏,就会发现她是个热情而迷人的女孩。但是,很少有人能够走进她的内心世界。她已经学会不去相信任何人,尤其是男人。每当男人靠近她时,她的本能反应就是避开他们。"我不会爱任何人,"她直截了当地说,"因为我无法相信任何人。"保持冷漠是一种防御机制，多年来这个机制一直发挥着作用。

"那么，你为什么会告诉我这些呢？"在第一次会面时我问苏，"我是男人，又是个白人，而且我从未在你的环境里生活过。你为什么会相信我？"

"因为我们第一次会面时，你没有马上就问我是多少分考进医学院的。"她笑道。

这是研究生院的黑人学生之间常说的一个笑话。很多老师对一些少数民族学生能否胜任学习表示怀疑，当然他们很谨慎，不会直接提出这个问题。所以，每当有少数民族学生出现问题时，老师总会想方设法地打听他们本科是在哪儿读的，考入医学院的分数是多少。而这样的问题，则很少问白人学生。这些问题的含意很明显：难怪你现在出现问题了，因为学院一开始就不该录取你。

"我需要找个能说话的人，"苏说，"而我又不能跟班上的同学倾诉。在做解剖实验时，我们得两人一组进行配合，你真该去看看大家对我避之唯恐不及的样子，因为他们都不愿意和我一组。有个男孩对我说，跟我一起解剖会拖他的后腿。我让他在一旁站稳了，然后动作娴熟地解剖了一具尸体，让他见识了我的速度。"

看得出来，苏可不是那么好惹的。她经历过大风大浪。可现在，她却坐在我的办公室里，盘算着退学，准备彻底放弃。她应对得了街坊邻居的枪战，也不在乎种族主义学生的轻视，还忍受住了眼睁睁地看着母亲遭受男人的凌辱。

但是，痛失娜娜却让她无法承受。

人们如何应对损失

"我做这一切都是为了祖母娜娜，"她抽泣着说，"我希望她能看到我毕业。我考进了医学院，她是那么为我骄傲。她总是在教堂里和教友们憧憬，有朝一日她的小孙女将成为医生。如今她再也看不到这一天了，这实在太不公平了。自打娜娜去世之后，我就没去上过课。这一切还有什么意义呢？"

在大多数情况下，无论是市场上还是生活中，人们都能很好地承受其中的损失。买卖赔钱、商机错失、众叛亲离，这些都会令人心痛，但总的来说，还不至于把人压垮。真正打击人们意志的是希望的丧失。如果你做砸了一笔买卖，损失了一大笔钱，其实纯粹经济上的打击不会让人多么抑郁。令人沮丧的是，再也没有希望挽回这笔损失。我记得一位交易者跟我说，他的投资组合产品在短短三个月里就损失了50%。"就算我现在加倍投钱进去，也依然无法获利。"他有气无力地解释道。他失去的是对成功的期许。和苏一样，他找不到继续前进的理由了。

苏非常珍惜她在医学院里的学生生涯，她在学业上投入的远不止时间和努力。学业成功已经成为她报答祖母的一种方式，她绝不能让娜娜为她所做的一切牺牲白白浪费掉。苏向我透露，她梦想着，有朝一日能够获得稳定的收入。"等我还清贷款之后，"她说，"我要给我的祖母买一幢新房子。我不想让她在蜗居里度过余生。"这些梦想带给苏无限的希望和无穷的动力，即便在她忍受着家庭的不幸和同学的羞辱时，这些梦想也未曾破灭。

学业、职业、经纪账户或401（k）计划书，这些人生中的大事，其重要性究竟何在？这无法简单地用金钱来衡量。因为，人们在付出努力的同时，还倾注了他们对交易成功的期待、对安稳退休的期望，以及有能力掌握自己未来的个人形象。如果他们的理想受到威胁，如果他们对未来的希望和憧憬破灭，那会怎样？我读研究生时的教授杰克·布雷姆将抑郁称为"动力受挫"。一旦重大结果无法实现，那么倾注精力去刻意追求就变得毫无意义了。抑郁是保存能量的自然之法，有助于防止将资源分配给那些无法企及的目标。

大多数抑郁的交易者将损失看作造成他们心情沮丧的根源。他们忘了，许多系统交易者有一半甚至过半的交易都是亏损的，而且他们有时还要承受连续大规模的损失。区别就在于，抑郁的交易者不但损失了金钱，而且丧失了希望。系统交易者在交易时有条不紊、步步为营，因为损失预期已经设置在系统中了。相反，抑郁的交易者因为没有机制来预期或控制损失，他们看不到未来，故而失去了所有的动力。

动力受挫恰当地表述了苏的心理状态。学业，她长期以来的激情所在，已经不再像以前那样是她人生中最重要的事情了。曾经吞噬了她儿时伙伴的绝望现在降临到她的头上。既然已经知道没有未来，为何还要做无谓的挣扎？

"但是，为什么要退学呢？"我问苏，"你真的以为这不适合你吗？如果退学，将来工作怎么办？"

苏低下头，她的声音小得几乎就要听不见了。"斯蒂恩博格医生，"她说道，那语气，就好像在跟家长说话，"我必须退学，因为我怀孕了。"

自我背叛的持续创痛

我竭力掩藏内心的震惊。

"我不敢相信自己做了这种事情，"她说道，"我当时心情很脆弱。娜娜离开了我，并且肯尼对我很好。我觉得我可以信任他。别误会，他真的很好。他说他会陪我做任何我想做的事情，他说他爱我。但是，有一天晚上我们没有使用保护措施，结果就这样了。我不会打掉我的孩子，我也不能在学校抚养小孩，绝对不能。我不会像我妈妈那样，我会亲自抚养我的孩子。"

我知道苏的宗教信仰决定了她的这种反应。在她看来，未婚先孕已经犯了一宗罪，她不会去堕胎而犯下另一宗罪。但是，我有一种感觉，这不是她内心极其痛苦的根源。

"你知道，"她抽泣道，"当我发现这一切时，我觉得很内疚。心想，好在娜娜已经不在人世了。否则，我真不知道该如何跟她说。我也许会没脸见她，她会对我非常失望，我不敢相信我居然毁掉了这一切。"

失去是痛苦的，内疚则是破坏性的。比失去梦想更加糟糕的是，意识到这种失去竟然是自己造成的。像许多来找我咨询的交易者一样，苏能够应对那些已经逝去的梦想，但却无法忘怀那些自己扼杀的梦想。

在问题中找到解决方案

当人们因为遭遇问题而焦头烂额的时候，很难将注意力集中在解决方案上。

现在，苏的心头满是内疚和羞愧。但是，如果她还想让生活继续的话，现在就该采取行动。在心理治疗中，许多转变过程就是要找到蕴含在问题中的解决方案。而对于苏，我相信，她的解决方案就隐藏在她对孩子的爱之中。苏是因为不想做一名医生而考虑退学吗？是出于自我惩罚而做出这种决定吗？

当然不是。

她之所以要退学，是因为她觉得为了孩子她应该这么做。她拒绝肯尼，是因为多年的痛苦经历教会她男人是不可靠的。她希望成为像她祖母娜娜那样的家长，而不是像她妈妈那样。因此，她会放弃一切来避免重蹈覆辙，甚至不惜付出任何代价。这既造成了她的问题，也开启了转变之门。

要理解苏的两难处境，关键要认识到她的问题，即想要退学的冲动和拒绝喜欢自己的男友，这本身就是一种解决方案。苏的童年痛苦不堪，通过效仿祖母，她熬过来了。苏走出痛苦的方式就是接纳娜娜的价值观，甚至是迎合。现在，她身怀六甲且痛失亲人。她只能做那件她唯一知道该如何去做的事情：像娜娜那样。娜娜不会堕胎，因为孩子对她至关重要；娜娜不会让一个男人毁了她的生活。对苏来说，这只能意味着：她的孩子必须成为她人生中最重要的事物。为了孩子她必须放弃学业、放弃男友。

本书将反复探讨这个主题：问题是失效的解决方案。问题就是在人生某个阶段某种情绪下学会的而现在本身又成为问题的解决模式。

举一个具体的例子：一位交易者在长期的牛市中形成了自己的交易方式。在牛市中买跌让他赚得盆满钵满。现在，他发现，行情不同时自己却一直在亏损。看涨行情中的那些可信的间歇和震荡现在已然变成了陷阱，一不小心便万劫不复。尽管有事实表明这些交易方法已经失灵，但这位交易者还是持续做着他唯一会做的事情。在行情看跌时，他一路跟进，不断补仓，结果只能是在大跌时被套牢。

很多时候，过时的解决方案会在各式的生活场景中反复上演，让人在工作、情爱、交易中一再犯错并且浑然不知。哲学家乔治·伊万诺维奇·葛吉夫（George Ivanovitch Gurdjieff）告诉我们，人是非常机械的动物。他们不断重复着某种模式，从而剥夺了原本属于他们的自由意志。从某种非常重要的角度来说，治疗的目标是延伸个人自由、提升自决能力。因为，一旦人们固守过时的解决模式，那么他们将无自由意志可言。

在与我会面时，苏缺乏自决能力。她只知道必须像娜娜那样，不计任何代价。娜娜将孩子放在首位，她也必须把孩子放在首位。要不然，就是对祖母的精神亵渎。在某种程度上，苏意识到终止学业将使她难以改变自己的经济状况。她甚至意识到，继续学业她就可以给孩子提供更好的条件。而且，在内心深处，她知道肯尼是爱她的。

但是，所有这些都只存在于理智之中。在情感上，她必须放弃追逐个人目标的想法，因为娜娜不是这样做的，她必须像娜娜那样才能让生活继续。苏的理智告诉她要继续学业，和肯尼一起共渡难关；她的情感告诉她放弃这一切。孰重孰轻，苏感到痛苦与无助，就像一名呆坐在电脑屏幕前的交易者，苏迷失了方向，不知所措。

行非常之道以加快转变

简短治疗是我的专长。在简短治疗中，治疗专家不会花费几个月甚至几年的时间来讨论问题，相反，他们力求通过创造强烈的情感经历来加快转变。其理论依据是，这种经历比普通谈话更为深刻，因此，更容易内化，进而成为日常生活中新模式的基础。

几年前，有一位年轻人来找我咨询，因为他觉得自己很孤独，被社会孤立了。治疗伊始，他便大声嚷道，他不该来我的办公室，因为所有的治疗专家都是骗子，咨询就是浪费时间。我"腾"地站了起来，一脸高兴地对他说，对于我从事的行业，我也有同感。这个行业充斥着太多未经训练、尚不合格的咨询师，我严肃地说道，对他们保持警惕是对的。然后，我请他随便发问，以确认我是否有资格帮助他。如果我无法给出满意的回答，那么，我将欣然为他推荐一位更加优秀的同事。

只问了两个关乎培训的问题之后他便"缴械"了，对此，我并不感到特别惊讶。毕竟，在回答他的问题时，我很坦诚，没有什么防备。在之后的咨询中，我了解到，他以前在与人交往时受过深重的伤害。因此，为了不再受伤害，他学会了拒人于千里之外。但是，这种方法逐渐失去价值，反倒使他陷入寂寞与孤立的痛苦之中。

正是利用他故意排斥我的行为，我说服他相信我不会拒绝他。我是怎么做到的，我也说不清楚。但是，为了创造那种经历，我必须采用一种反直觉的方式。你会问，他的粗鲁冒犯让我反感吗？当然！但是，这种反感正好提示我应该帮助他。想要做一名好的心理医生，我必须意识到自己的本能反应，如此这般，我才能恰如其分地反其道而行之。如果当时我表现出生气的样子，那么我就和其他所有人一样掉进了他的陷阱，孤立他，令他对治疗不抱希望。

要清楚你的感觉，然后利用这个信息反其道而行之。成功的交易者和心理医生都要学着行非常之道。

与苏背道而驰

当然，面对苏的问题，人的自然反应就是试着说服她继续学业，并让肯尼参与治疗。但是，如此一来，她会以为是要求她背叛祖母，她不仅会予以回绝，而且可能停止治疗。也就是说，本能反应行不通。这就像我们经常遭遇的情况，眼看着一波有利的市场行情逐渐退去，我们却未能及时退出。市场一直在运转，交易节奏不断加快，我们的每根神经都想着跟进。但是，通常在这个时候，反转已经近在咫尺。市场趋势明显时，大多数玩家已经跟进。因此，需要有切实的约束信号提示我们切勿冲动，然后利用这个信息，背道而驰，一直等待，等着市场出现反弹。

心理医生就是那样做的：他们等待着那些逆势行为，也就是患者不为问题所困时采取的行为。毕竟，很少有人会一直处于问题之中。人们能够克服生活中的困难，想必具有某些力量和情感能力。值得关注的是，这些都是解决方案的基础。简短治疗中采用的重视解决方案的治疗方法基于这样一个简单的理念：可以从人们正常状态下的行为中找到问题的解决方案。如果问题就是心理咨询时所谓的"趋势"，那么，心理医生会等到逆势行为出现时才进行干预。

如果一个人在你面前哭泣，自怨自艾，你的本能反应是什么？当然是去安慰他。但即便如此，也同样无济于事。苏会无视我的安慰，因为她觉得自己不配。在她看来，是自己犯了错，必须承担后果。但是，请记住，她会为了孩子做任何事，那正是娜娜所做的。

"你无法真正做一位像娜娜那样的家长，这真丢人，"我对满脸泪水的苏说，"娜娜喜欢与人相处，她喜欢和你在一起。你并不想生下这个孩子，对吧？我打赌，如果孩子知道你此刻的感受，她也不希望你把她生下来。"

苏猛地抬起头，瞪着我。"不是这样的！"她坚持道，"你不知道我为孩子都做了些什么。"

"除了觉得她是一个错误之外，你还做了什么呢？"我问道。

对于我的这种语调，苏显得有些错愕。我知道，如果我一味安慰她，她只会绝望，令人怜悯。然而，我一再批评挑衅，她开始反驳，不再消沉。

"我们一直在做一个拼图。"苏激动地说。

"拼图？"我很好奇，"什么拼图？"

"我要我的孩子知道娜娜的一切，"苏深情地说道，"我们一直在收集照片、信件，所有我们能找到的与娜娜有关的东西，然后将它们粘贴在一张大纸板上。等以后孩子长大了，我会和她一起看。"

我稍微放低了声调。"那很棒，"我说道，"你这样做，可以使娜娜的精神得以永存。等以后你的孩子继承了这份精神，并世代相传，娜娜就将永远活在他们心中。"

我顿了顿，然后轻声问道："你的医学院证书会是拼图的一部分吗？你会用它来告诉你的小孩，娜娜对你学业的影响吗？"

苏没有争辩，也没有回答。

我小心地说道："我非常赞同你制作拼图的想法，因为这对你的孩子意义很大。但是，我想请你做一件事，它很困难，然而为了孩子你必须这么做。"

"什么事？"苏细声地问道。

"你得让肯尼参与制作这个拼图。我知道你也许不会和他在一起，你有权选择。但是，不论你们决定是否在一起，他毕竟是孩子的爸爸。你的孩子有权知道她自己的故事，她来自哪里。而且，这么做，也许肯尼也会了解娜娜，会明白你为什么做出这样的决定。"

苏沉默了好一会儿。我能看出她在深思。"也许吧，"她最后说道，"也许。"

找到解决方案

在肯尼的帮助下，苏完成了拼图。在一次共同治疗时，他们把最后的成品带给我看，那真是一件艺术品。

在制作拼图的过程中，苏和肯尼试着交谈。苏不会降低对男人的防备，但是为了孩子她会那样做。而且，每次肯尼对娜娜的事表示兴趣，他们俩就开始有真正的交流。突然之间，两人的关系不再是苏成长路上目睹的那种背叛，它甚至是一种延伸。

当然，苏在拼图纸板上给她的医学院学历预留了空间。娜娜重视教育，这无可争辩。所以，苏和肯尼决定无论如何都要给小孩一个温馨的家，哪怕这意味着要半工半读。他们相信自己能够做到这一点，因此不再绝望。

一张简单的拼图构成了问题解决方案的基础。面临人生的种种问题，放弃爱情、终止学业，苏一心想着要给孩子留下关于娜娜的纪念。关键就在于，如何将这种纪念延伸到她的整个人生。毕竟为了小孩，苏可以不惜一切——完成学业，甚至打破心魔，放手去爱。

苏来找我时，满脑子想的都是她的问题；当她离开时，带着的并不是我提供给她的解决方案。相反，她意识到，在她来见我之前，她自己已经启动了解决方案。

许多交易者的问题不在于他们有问题，而在于他们过分纠结于这些问题。因为过分关注于问题，从而意识不到自己的正确行为，才对已然存在的解决方案视而不见。

大无畏的交易清单

在本书的前言中，对于本书借鉴的一些观点，我表达了我的感激。说实在的，我要特别感谢我在交易中的失败，它们教会了我很多东西。刚做交易者时，我相信我急需的就是清晰的数据、可靠的网络连接、一台高性能的计算机，以及一些细致研究、精心制作的指标。我搞定了这一切，而且还不止这些。我编写了一个为期多年的当天交易数据库，来检验我的短期交易策略。我找来了几十年的市场数据来检验我的长期市场模式。出于对常规数据分析的不满，我购买了最好的模型软件，来探索市场的时间序列非线性模式。我阅读各种各样的权威著作，并且编纂了一系列令人艳羡的交易书籍。

但是，我却亏钱了。

持续亏钱。

这段经历发人深省。我自认为是一个挺聪明的人，拥有双学位。持续亏损令我备感羞辱，但又不得不承认：最先进的分析工具和高智商无法让我在交易中予取予求。我拥有成功必备的要素，偶尔也闪出一些成功的希望，但是总有一些东西妨碍我充分利用它们。

我非常钦佩嗜酒者互诫协会（Alcolholics Anonymous）中敢于列出一张"大无畏的道德清单"的人。一个人需要很大的勇气，才能站在一群人面前大声宣布："我叫布雷特，我是个酒鬼。"然而，一个人需要更大的勇气，才敢于反省人生，回顾酗酒酿成的伤害与错误。列出那样一份道德清单，就好像是瞪大眼睛看着镜子中的自己。没有多少人能够忍受在不断加快生产进程的同时，像日本的汽车制造商那样克服自身缺陷。

但是，我知道，要想在市场游戏中升级，我只有列出自己大无畏的交易清单。因此，我对以前的交易进行了反思，一个接一个，既有成功的也有失败的。

我不停地寻找着模式：成功的交易有什么共性？失败的交易有何重复因素？

结果惨不忍睹，但意义深远。

我发现，不论是成功还是失败的交易，我的交易方法实际上相差不大。我往往使用同样的市场指标，然后以相似的方法将它们组合起来。在交易过程中，我形成了一套核心数据组合，并在很大程度上据此做出交易决策。这些方法，不论是在以往的测试中还是在模拟交易中，都非常奏效。这便说明了一个非常重要的结论：使用同样的方法既可能成功也可能失败。形成新的、更加复杂的方法未必能够解决问题。

我在成功和失败的交易中发现的这些模式证实了这种感觉。检查我的交易流程时，我头脑中忽然冒出了一些我写在日记上的结论。

我的持仓量前后不一

很多时候，我会在一连串的成功交易后加大持仓量，结果却发现，当损失不可避免地发生时，亏损巨大。就像知名交易者马克·库克（Mark Cook）在他早期的交易中发现的那样，如果亏损的规模比赢利的规模大，那么，很可能交易整体的成功率很高，但是你却亏损了。当我进行小规模交易时（规模小到成本和利润几乎可以忽略不计），我的胜率非常可观。然而，在大规模的交易中，我的胜率却小得可怜。

我的交易准备前后不一

交易时的心态是区分交易成功或失败的一个非常重要的特征。成功交易前，我都会花大量时间研习市场数据，并反复在脑海中演练各种假设情境。相反，失败的交易则多是冲动的惩罚，全然不像成功交易时那般全神贯注、准备充分。也许，这听起来有点玄乎，但是，当我专注市场潜心研究时，交易自然就会成功。我无须寻觅、上下求索，成功的交易便会自动浮现在我的脑海，并且我的内心深感确信。但是，当我忽视市场而胡乱交易时，失败便接踵而至。我发现，一旦我下定决心要在某天交易，我会很容易说服自己相信这样或那样的交易模式和理论，从而决定买进或清仓。

我在执行交易时前后不一

我是一名短线交易者，短线交易一直以来都是我最擅长的交易模式。但是，当我重新翻阅我的业绩记录时，我发现自己有把亏损的交易变成长线交易的可怕倾向。这样做总是放大了我的损失，而不是缩小了。具有讽刺意义的是，当损失最大时，我最容易放任短线交易变成长线交易，其结果必然就是，仅仅一次愚蠢的交易就毁掉了我积攒数日的利润。

我的交易角度前后不一

通常，当交易出现小额亏损时，我变得过分关注实时交易细节，而忽视了市场大势，许多原本可以大赚的交易都因此而被我过早斩仓了。在成功的交易中，我会从高到低不断调整我的短期仓位，确保其与市场大势一致。然而，奇怪的是，在失败的交易中，我太执着于实时交易细节，以至于无视市场大势而做出交易决定。

我的清仓方案前后不一

平均而言，与研究如何清仓相比，我花在研究何时进仓的时间要长得多。对于每一种可能出现的市场情境，我缺乏明确的清仓策略。因此，当市场走低、我最需要指引时，我却总是无计可施。如果我遵循一个计划周详、久经考验的清仓策略，那么，很多交易原本可以扭亏为盈。除了有时我会放任短线亏损交易变成长线交易之外，其他时候我都会尽可能规避风险。赢则过早斩仓，输则不忍亏损，以至于我的持仓规模没有足够的赢利空间。

大无畏的交易清单结果就摆在我的面前，赫然瞪着我。凡此种种，可以归结为一个词：一致性。交易前要精心准备，交易时要止损赢利，这些尽管我都在书上读过，但是，几乎在交易中的每个环节，我都没有做到前后一致。更糟糕的是，我之前居然没有意识到自己前后不一。不知为何，我总是说服自己去相信，我已经阅读了很多关于市场的书，收集了大量的数据，做过了许多的统计与图表，我已经很努力了，准备很充分了。但是，在事实面前，这一切形同虚幻。

但是为什么会这样？我的行为不可谓不规律。每天早晨我5点起床，去上课，做咨询，出版了50多本专业书籍，从事交易，养家糊口。这些都说明，我可以集中精力和注意力去制定一份交易计划并严格执行。可现实中我却没有做到，有什么东西阻碍了我，有什么东西夺走了我的注意力。就像苏，我内心哀怨、愧疚，在交易中，我成了自己最大的敌人。

解决方案清单

此后，我进行了仔细、严格、实时的自我观察和自我评估。这样做是为了将那些影响我交易稳定性的因素分离出来。我羞愧地意识到，我的问题与那些因为无法坚持戒烟或节食而前来咨询的客户们的问题并无二致。帮助他们解决问题，给了我全新的视角来看待我自己的问题。我发现，问题并不在于交易本身，而是更为深刻：无法坚持任何需要付出努力和决心的活动。

这种进退两难，给了我一个重要的提示，那就是：与大额交易相比，我在小额交易中的好结果要多得多。在小额交易中，我更能承受正常的市场下跌，并让利润持续走高。这是因为不论输赢，涉及的金额不大，我觉得没必要对交易进行微调。在反思的过程中，我还意识到，每当第一次测试新的交易理念时，我的交易金额往往最小。而且，在这个时候，我的交易准备以及市场研究做得最精细；也就是在这个时候，我最认真地听从了维克多·尼德霍夫的建议，确保了我的交易方法简单、有据、直接。

确实，大无畏的交易清单会让人心生谦逊。但是，它也有助于提醒我，当持仓量小、交易方法直接、交易头脑清醒时，我能做出一些非常好的交易。

这种认识使我在面对市场灾难时可以采取重视解决方案的策略。就像我们在苏的事例中发现的那样，心理医生不能一味关注病人提出的问题，而是应该反其道而行之，去发现问题中的特例情况。如果一对夫妇因为婚姻纠纷前来寻求咨询，他们不争吵的情形值得我们关注。饮食问题？心情忧郁？重视解决方案的心理医生会选择那条少有人走的路：他们会询问病人饮食良好的时候，或者他们心情开朗的时刻。苏的拼图就是她的特例情况，一种直面问题而不是回避问题的有益尝试。

重视解决方案的策略之所以有效，是因为它将人的现有勇气作为杠杆，用它来轻松解决原本难以解决的问题。前来咨询的夫妇常常惊讶地发现，原来他们可以长时间不争吵。心情忧郁的人，因为太在意自己的忧郁状态，而没有注意到一天或一周内他们心情并不沮丧的间歇时刻。一旦人们能够将思维定式从以问题为中心转向重视解决方案，就会发现，他们已经在学着适应，并可以在这方面做出更多的努力。

这是一个非常重要的概念：模仿市场专家，你无法成为一名更好的交易者。只有通过发现自己交易的成功时刻，并以此作为未来交易的模式，你才能成为一名更加优秀的交易者。如果你还在交易中苦苦挣扎，那么，请试着将它搁置一段时间（就像苏那样），试着去找到自己的拼图，即那些你正在从事的能够冲破你的问题模式的事情。

当你能像一位心理成熟的市场参与者那样靠在沙发①上进行交易（trading from the couch）时，你还是原来的你，你并没有发生什么改变，只是更多地表现出了最佳状态。从某种意义上来讲，每个准备充分的交易者，至少会表现出两个自我：一个自我，能够在交易中严格执行交易策略；另一个自我，内心充斥着欲望、恐惧、矛盾，以致在交易中迷失了。有趣的是，等到失败的交易者心情沮丧前来寻求心理帮助时，他们更多的是认识到了自己的破坏性模式，而忽视了自身的能力。大无畏的交易清单最大的益处就是，能够让交易者自己认识到，失败中其实孕育了成功的种子。

执行解决方案

你知道篮球场上连续投篮的球员吗？不幸的是，作为一名交易者，我就是这样的。我可以连续赢钱，让人难以置信，也可能持续亏损，让人沮丧。当我在

---

① 本书"couch"特指心理治疗室专门用于催眠和治疗的沙发椅。——译者注

写本书的时候，运气火爆，收获了一连串成功的交易。我四分之三的交易都是赢钱的，并且每笔交易的平均净利都是好几个标准普尔指数。在这种时候，写交易日志似乎根本没有必要。但是，重视解决方案的策略则认为恰恰相反，因为，越是碰到问题模式的特例情况，越是要注意。如果交易出现连续成功，很有可能你在做一贯正确的事情。深谙心理学的交易者会将交易的最佳状态记录下来，从而创立自己的交易模式，然后有意识地加以执行。尼采曾经说过，伟人只是自我理想的表演者。这正是交易和人生成功的神奇模式——成为自己最高理想的表演者。

首先，这确实像一场表演。大无畏的交易清单让我越发意识到许多与交易成功和失败相关的微妙因素。比如，我的背部和手臂的舒适度与那时的交易最后成功高度相关。当准备恰当并做出胜算很大的交易时，我通常会对自己的交易决定感到很放心。我会舒舒服服地坐在椅子上，不时地点击着各式图表来监视交易的进程。但是，在分析失当准备欠妥的情况下做出交易时，我发现自己会出现过早的焦虑，会担心交易能否成功。这种时候，我会不安地坐在椅子上，身体前倾，焦急地点击图表，急切地希望以此来增加对交易成功的信心。最终，我的手臂和背部因为持续保持弓形点击鼠标而疼痛。我们的身体往往会比我们的意识更快地对交易的状况做出反应。

在准备交易或开始交易时，当我下意识地采取放松的姿态时，表演就开始了。在每天的交易中，我们可以在身体状况和心理状态之间建立一种强有力的关联。让自己进入良好的身体状态是将自己置于成功的思维模式最便捷的方式之一。篮球运动员和大联盟的棒球投手都深谙此道，这就是为什么如果赛前没有活动开，他们不会盲目投篮或投球。宗教庆典同样也充满了那种仪式和象征，那些正式的社交场合（如婚礼）也是如此。一旦一种思维状态和某种仪式关联起来，我们只需要通过启动那种仪式来唤起想要的那种状态。

如果能在最成功的交易模式中建立这种仪式，并且避开那些与失败的交易有关的模式，那么你就可以获得特别有利的结果。请回想一下苏，以及她是如何将学业、她与肯尼的爱情关系纳入她的拼图的。你会发现，即使最不起眼的解决方案，也能成为引发人生变化的起锚点。以下是一些我从自我观察中发现的解决方案：

交易时要学会劳逸结合

活跃的交易者往往不敢休假，因为休假必然要暂时性离开市场，这就意味着错失良机。当一波大行情出现，你却在休假，没有关注市场，还有什么比这更加令人懊恼呢？但是我发现，长假之后，我的交易变得尤为成功。因为休假打破常规，使你能够以一种全新的视角回归市场，并且能够觉察出那些以前并不怎么显眼的模式。许多活跃的交易者都会选择在中午前后休息（因为午市波动最小），尽情地投入到一些不用费脑子的活动中去，比如体育锻炼。体力的恢复，对于需要长时间集中注意力的后市，显得极为重要。

尽情想象各种假设情境

通过反思审查我发现，交易成功与交易前的准备时间成正比。对交易成功而言，准备时间的质量和数量似乎同等重要。因此，我开始每天都要回顾过去几年中与当天市场相似的所有情形，统计学家称其为"最近领域"（nearest neighbors）。如果今天市场在连续三天交易量持续低迷之后震荡下跌，我会在我的数据库中搜索以前发生的所有类似情形。然后，我会分别打印出它们的一分钟和五分钟走势图，研究接下来的市场走势。这种定性分析让我准备充分地迎接即将到来的交易。就像耶尔·赫希和杰夫·赫希在他们的著作《股票交易者年鉴》（*Stock Trader's Almanac*）中引述巴斯德的那句话："机会偏爱有准备的大脑。"

交易时心态要放松

我发现如果交易当天心态放松，我很容易就做到思维敏捷、反应迅速。但是，当心情紧张、过分严肃时，我就会茫然失措，情况也会变得糟糕。我的交易同行亨利·卡斯滕斯常常感叹，交易是多么了不起的游戏啊！对于他在交易中取得的成功，我一点都不惊异，因为交易时他的心态特别放松，就像是在跟他的小儿子埃弗雷特玩耍一样。相反，另一位同行素来将交易视为战场，难怪每次交易亏损之后，他都似乎遭遇了创伤后的压力综合征，这使他以及他的资产净值曲线在很长一段时间内持续低迷。许多成功的交易者在交易所保持放松的状态，就像拳击手和球员在赛前和赛中保持心态放松一样：听听轻快的音乐、和朋友开开玩笑以及赛前热身训练。为此，最近我开始使用生物反馈（biofeedback）了。

交易时做到不执着

对交易者来说，当他们需要交易结果来维系自尊时，一种异常致命的情形就出现了。通过对自身交易的审查，我确信，当不计较交易结果时，我的交易表现最好。确实，我最成功的交易就是那些金额小到成功与否可以忽略不计的交易。杰克·施瓦格书中提到的金融怪杰之一拉里·海特（Larry Hite）曾经说过，他没有什么英勇故事可以告诉同行们。每一笔交易都只占了总股本的百分之一，并且每笔交易都是如此。这是交易心理学中一种值得关注的模式：把一些事情做好，然后经常不断地加以反复。要知道，信心并非源于积极思维，而是源于镇定自若地面对失败并能避免执着于市场结果的能力。只有当参与者沉浸于过程而非纠结于结果时，交易才最令人愉悦、让人满足。

交易时要树立象征

象征通过与重要事物关联而获得意义。国旗是一个国家的象征，凝结了它所代表的一切。根据每个人的心理倾向，美元符号要么是一切邪恶根源的象征，要么是个人进取成就源泉的象征。成功的交易者会树立属于自己的象征，让自己沉浸在成功的思维之中。在这一点上，我发现有一种做法非常有效，那就是，定期从账户中取出一部分利润，给自己或者心爱的人买一些特别的东西。它可以是平时不会肆意挥霍的奢侈品，但是，它象征着某种成就。也许有人会嘲笑那种积攒式的消费是愚蠢的物质主义，但这种批评没有认识到象征的心理作用。你周围的环境既是反映你心境的镜子，也是塑造你心境的原因。让自己置身于通过努力而赢得的回报之中，你就将周围环境的点点滴滴变成了自我效能的象征。

在制作大无畏的交易清单时，你也许会发现各种与交易成功有关的不同方案。病榻上的交易不断地挑战着你，促使你改变聚焦问题的思维方式，检查自己在交易不当时的行为。就像苏那样，也许你会发现，无意间你正在创作一件艺术品呢！

小结

也许你拿起这本书，是因为对自己的交易结果不满意。果真如此，那就对了。心理治疗的研究文献表明，那些承受着适度痛苦的人最可能从心理援助中获益。痛苦太多，容易导致封闭，让人放弃；痛苦太少，则不足以促成改变。失败皆有因，像那些汽车制造商一样，当努力没有达到期望，就总有值得学习借鉴之处。遭遇挫败，应该感到庆幸，因为这样能让你最深切地发现自己的优势——那些无意间采取的措施。

大卫·鲍伊（David Bowie）曾唱颂称雄一日足已。也许，诺曼·梅勒（Norman Mailer）描述的每个人"一刻钟的名望"更加真切地道出了真谛。一日也好，一刻钟也罢，请记住：一次伟大的表现足以成为一生卓越的样板。作为一名交易者，自我改变的第一步就是制作一份尽可能最诚实、最无畏的交易清单，评估每一笔成功或失败的交易。检查你的交易模式：失败时，你做错了什么？成功时，你做对了什么？每个模式都有一个目的：让你更好地了解自己的交易，认识你自己。

这样一份大无畏的交易清单需要记录大量的交易日志，让你可以在每个周末进行回顾。交易日志应该包括交易操作、交易原理、利润目标、止损参数、交易心态以及交易结果。每周你都应该给自己打分，看看自己到底怎样遵循了交易计划；每周你都需要对自己交易的正确和错误方面进行回顾。目的就是要形成一个反馈循环，不断提高交易质量。

需要注意的是，在记录这样的交易日志时，重点不在于每笔交易是盈是亏，而在于你是否准备充分、交易时是否遵循了交易计划。有把握的交易也可能亏钱，偶尔冲动的交易也可能赢钱。你无法控制下一笔交易是盈是亏，你能做的就是通过细致研究使交易的胜利天平向你倾斜，利用研究结果制订交易计划，并在一定时期内确保对你有利。在某种意义上，你的目标不是挣钱，而是遵循交易计划。如果交易计划有根有据，那么财富会不请自来。相反，如果交易计划无凭无据，这也会在你的交易日志中体现出来，可以促使你重新发现自己的交易优势。

找到问题模式的特例情形，也就是什么情况下你所做的事情让你更接近你的目标。然后，通过不断反复将这些特例变成问题的解决方案。这就是以解决问题为中心。苏通过制作爱的拼图，从而学会了如何去爱。交易者则应该立足成功的交易，使自己在更多的时候处于最佳的交易状态。

| 第 2 章 |

不想学习的学生

轻车熟路：自由的源头，奴役的渊薮。

一旦我们找到解决问题的方案，接下来的挑战就是如何坚持执行。我们很多人都知道，生活中什么是正确的（善待人生伴侣、耐心教育儿女、经常锻炼身体、健康饮食），但是我们却无法坚持下去。交易是典型的有目标的活动，成功的交易多是计划周全的。在本章中，我们将探讨目标这一话题，以及一些能够增强你的人生方向性和目标性的因素。通过学习如何坚持目标（拓展你的自由意愿），你也培养了制定并执行成功的交易计划的能力。但是，最佳的交易系统就像是最好的锻炼计划，如果你不坚持执行的话，它也无法帮助你。

失败者肯

某个周一的早上，我很早便来到办公室，手里端着一大杯咖啡。因为，我知道又将是忙碌一天的心理咨询。你大概已经看出来了，我的工作不是普通的心理治疗，我的咨询对象主要是医学院的学生、主治医生、护士、医学院毕业生以及其他各种健康专业人士。这些人大多颇具成就、为人聪慧，生活中的他们时间紧、压力大。白天12个小时都在医院工作，晚上还要学习，根本就没有时间进行长时间的心理分析。这就是为什么许多学生来我这里进行"简短治疗"（brief therapy）的原因。工作忙碌的人偏爱能够在短时间内促成心理转变的方法。

当然，不是每个人都适合简短治疗。有些人经历了长期的情感问题，必须接受持续的医学和心理治疗。但是，大多数在工作中有创造力的人很少会有长期性问题，即使他们知道自己在不断体验破坏性模式。那样的人心智成熟、情感丰富，并且确实通常效率都极高。说我的工作是"为精神正常的人提供心理治疗"，这么说，我并不是在开玩笑。如果，你把人看作汽车，那我与其说是汽车修理厂，不如说是汽车性能专家，帮助他们将油门和刹车调试到最佳状态。在那些需要大量时间和精力的高风险、高回报的环境中（如医学和交易），每增加一点情感投入就会有一份回报。

在翻阅周一的日程安排时，我注意到肯是我第一个会谈对象。我深吸了一口气，我非常清楚，这不会是一次轻松的会谈。

肯第一次来找我是在病理学的两门考试不及格之后。一想到有可能要挂科，他吓坏了，因为这将使他无法进入医学院学习的临床实习阶段。另外，这还将使他无法在竞争激烈的医学行业占得一席之地。肯知道，接下来的两门考试事关重大，不成功便成仁，他需要打起十二分的精神和注意力。

但是，他做不到。

他玩了命地学习，甚至几夜不眠不休，可是努力换来的还是不及格。他百思不得其解、沮丧万分。要知道，他学习的材料和其他同学并无两样，但是分数却低得多。让人更抓狂的是，做练习时他总能拿到高分，但是一到真正的考试，他的脑子里就一片空白。第一场考试没有通过，他非常难过，他决心无论如何一定要通过这门课程。为此，他没日没夜地刻苦学习，睡眠不足、身体消瘦。

直到第二场考试，这一切才戛然而止。尽管没日没夜地学习，他的成绩却依然毫无起色。

他还是不及格。

正因为如此，肯第一次意识到，第二学年最重要的这门课程，他可能真的要挂科了。由于一门心思备考病理学，他眼睁睁地看着其他课程成绩下滑，他惊恐地意识到，自己甚至可能面临退学的危险。

要知道，肯还很年轻，如果真的被迫退学，结果将非常悲惨。实际上，肯和苏很像，但是成长环境却截然不同。肯在一个酗酒的家庭长大，他的家位于纽约阿迪朗达克（Adirondack）北部的一个小镇。肯不想被束缚在那样一个边陲小镇，于是，中学时，他拼命学习，赢得奖学金，进了一所名牌大学。在大学里，他痛苦地发现，面对那些来自更加富有、正常家庭的同学，他总觉得浑身不自在。尽管如此，他还是竭力让自己融入进去，极大地依靠学习成绩来装点自己。

肯害怕回老家。他的父亲一再训斥他读大学就是浪费时间，呵斥肯去找一份工作，养活自己。他喝醉了发酒疯的时候，逮着家里人就是一顿长训，尤其喜欢贬低肯的男子汉气概。肯一语不发，强忍着这一切。他咬紧牙关，下定决心要继续努力，赢得自己的独立。终于有一天，在激烈的争吵之后，肯忍无可忍。父亲要着酒疯，肯站了起来，和父亲面对面，坚定而又平静地宣布道："我要去追求自己的生活。"

尽管他在家里度过了少年时代，但是，从那以后，肯很少回家。我们第一次见面时，他冷冷地说："学校就是我的家。"

我很难相信，现在坐在候诊室里的肯，与那个敢于和尖酸刻薄、酒气熏天的父亲做斗争的"战士"是同一个人。他瘫坐在椅子上，其垂头丧气的样子告诉我，过去的几天并不顺利。

"这真的很糟糕。"肯一边说，一边挑了办公室里的一张大躺椅坐了下来。

"怎么了？"我问他。"你的学习吗？"

肯嘴角划过一丝自嘲的微笑。"我一直没怎么学习，"他低着头说，"我无法让自己静下来看书。下周就要考试了，我跟不上。我甚至都还没开始看那些新发的资料。"

这很糟糕。刻苦学习对肯不奏效，但是，不学习自然也不是办法。我能看出他的双眼因为缺乏睡眠、夜夜落泪而布满血丝。要说曾经有什么彻头彻尾的失败者走进我的办公室，那说的就是肯了。从瘫坐的神情到沉闷的声音，他都算得上是一个状态衰竭的研究对象了。

"我不知道该怎么办,"肯痛苦地说,"我学习越多,知道的反而越少。但是,我又的确懂那些玩意儿。你可能不会相信,当我和室友一起学习的时候,是我给他讲解练习题的答案。你知道他得了多少分吗?85 分。差 5 分就可以评优了。当他问我的分数时,我能说什么呢?他不敢相信我居然只得了 68 分——和上次一样低。"

他停了停,等我的反应。看到我没有什么反应,他又低下了头。"我再也受不了了……"声音越来越小。

那一刻,我所有的注意力都集中在肯的身上。我清楚地知道,不管接下来的治疗结果如何,对于他的个人发展和职业成就都将至关重要。

这时就是心理医生一展身手的时刻。心理医生和大联盟的棒球投手或篮球运动员没有太大区别。当比赛进行到每球必争时,优秀的选手都希望自己掌控球权。像大多数市场交易,很多治疗都很平常,有收益的机会,但是收益大多都很有限。只有偶尔出现大的波动,交易者情绪高涨,市场大幅震荡时,收益才可能最大化。

当然,这时风险也最高。

我看着肯一脸沮丧的样子,然后深深地吸了一口气。现在,球权就在我的手中。之前,我给肯做了两次治疗,但是,真正的治疗现在才开始。

市场多元化和生活多样化

肯是怎么了?虽然在细节上人皆不同,但是他与许多写信向我抱怨交易鲜有成功的交易者没有太大的区别。

肯希望在医学院学有所成。这很明显。他很想成功,因此废寝忘食地阅读各类资料。实际上,为了实现目标,他愿意离开家庭。纸上谈兵的心理医生也许会以为肯内心想要失败,那就大错特错了。肯的每一根神经都希望获得医学学位。

为什么?肯希望学有所成的动机是什么?

这很明显,他想成为一名医生。但是,这也不全对。确实,他是想当医生,但是，成为医生对他来说又意味着什么呢？一个人追求的结果仅是心理意义吗？为什么每个人都希望交易获利？为什么获得那个学历对肯那么重要？

在肯的案例中，答案要回到他与父亲的冲突，甚至要回到那之前，要回到他在中学和大学的刻苦努力。学业成功是肯的安身立命之所，是他的强项所在。他的父亲可以指责他、质疑他，但是他的父亲无法消除肯内心对自己学业有成的渴望。先哲萨缪尔·约翰逊（Samuel Johnson）在听到贝克莱（Berkeley）主教的"存在即被感知"的观念之后，非常震惊。他踢起一块石头，说道："这就是我对贝克莱的反驳！"同样，学业就是肯反驳他父亲的方式。这是他证明自己的方式，"我是成功的"。

对肯来说，学业有成还有另一层深意，那就是一张逃离少年时代的船票。肯觉得小镇束缚了他、误解了他。在家里，他是个异类；在大学时，他也没有真正融入。学医，不论是从个人成就来讲，还是从职业发展来说，都很不错。至少，他可以和那些通过努力改变自己命运的人在一起。

简而言之，肯对自己的认可与他在医学院的成就交织在一起。他不仅仅是因为一场考试而焦虑，他是被迷失自我的可能性吓呆了。他的自尊取决于他的表现：这是治疗一个人焦虑和失败的不二法宝，任何领域都是如此，不论是参加考试、公共演讲、体育锻炼、爱情关系还是市场交易。

让我们以金融做类比。如果说医学是肯的交易仓位，那么他把一切都押进去了。肯把自己所有的情感资本全部投资到医学院的学业成绩中。病理学第一门考试的失败是正常的下跌，其他所有的好学生都可能经历过。但是，他们能够经受住这种下跌，因为他们的情感鸡蛋放到了不同的篮子里。但是，肯却没有将投资多元化。他把所有的钱都投进去了，手头没留现金。如果说他的情感杠杆是50∶1的话，那么，正常的下跌也能冲破他的心理底线。

像其他人一样，就算你不是市场参与者，你也是一名交易者。一个人，要想正常地生活，就必须将情感投资到人生的不同方面。只有通过情感投资才能带来回报或是幸福、满足、自尊。当然，有一些长期忧郁自闭的人，无法充分融入这个社会。在生命中，就像交易中那样，那些敢于投资并且追求高回报的人才有可能获得高回报。

大多数人都持有一个多元化的情感投资组合，他们将相当规模的资本投入到爱情关系、儿女教育、职业发展，以及其他个人活动和社会关系中。和多头金融投资一样，这种多元化的情感投资也会带来情感收益：当人生某一个方面出了差错，其他方面可以适当缓冲。人们一般都会持有一些不相关的人生投资，这样便足以承受住大多数人生压力。

这种多元化是管理风险强有力的工具。在某种意义上，风险代表了损失的可能性。为了获得高回报，你必须将你的情感资本投资出去。但是，这种投资也有产生重大损失的可能。如果你在婚姻中投资过多，那么失去配偶会让你很受伤。当你过分看重某样东西时，回报可能变高，风险也就大了。人生任何领域中的伟大成就者是那些把毕生精力投入自己追求的人。他们是情感投资者，他们愿意承担那些伴随着风险而出现的极大不确定性。

但是，即便是最投入的艺术家或科学家，工作之余还是有其他的兴趣爱好，就像大多数最忠诚的夫妇也不会把人生兴趣局限在人生的另一半身上。很少有人会持有完全单一的人生投资组合。

但是，肯就是这样的人。肯不谈恋爱、不睡觉、不吃饭，他只能用人生最后的一点情感资本来勉强补仓。

结果，像许多生活为交易而非交易为生活的交易者一样，肯资金短缺了。

瘫痪心理学

将肯的问题定性为情感投资问题，有助于解释为什么他会像现在这样暂时性地停止学习。他就像一位交易者，面对已然失控的熊市，不知所措。交易中，一切都存在风险，而他将面对巨大的账面损失。在那一刻，他痛苦到了极点，都不忍看报价机。他像一只把头缩进龟壳里的乌龟，处于自我保护的停顿状态。

区别在于，龟壳的确能够保护乌龟，但是，处于停顿状态的学生和交易者，一动不动只会面临更大的风险。2000～2001年的科技股大股灾让人深刻地认识到这一点。一年之间，纳斯达克综合指数的市值蒸发了60%，许多以前的互联网、电信以及网络强势股票下跌了80%～90%。自1998年谷底以来一直表现突出的基金，突然发现自己的净资产价值严重缩水。

在此期间，我为MSN Money网站写了几篇文章，详述交易者如何面对损失。令我惊讶的是，文章在读者中引起了共鸣，有许多人写信给我，讲述他们惨遭重创的财务计划。有几位诉说了眼睁睁地看着退休金缩水的痛苦。原本他们急切地期盼能够安享晚年，不曾想，现在却有可能要重返职场或缩减退休开销。像肯一样，他们将自己的情感和资金全部放在了一个篮子里。现在事实证明篮子是不稳定的，可想而知，他们的未来也就堪忧了。

一边是市场风险，一边是思维不确定，面对这样的怪异组合，这些交易者是如何应对的呢？他们什么也不做。有几位交易者来信明确地告诉我，他们再也不忍去看报纸中的股票报价。"我不能买，"一位读者告诉我，"但是，要卖也为时已晚。我所能做的就是继续持有，等待股市反弹。"在他写信告诉我的时候，他重仓持有的一只股票的股价已从75美元跌至35美元。短短几个月，毕生的储蓄就蒸发了大约50%。

几个月后，这只股票（华尔街的宠儿，多数大规模、成长型共同基金的核心股）已经跌至16美元。这只股票如果想要重回75美元的高点，则需要大涨4倍以上。

再后来，市场确实有小幅反弹。这位读者的股票涨到20美元左右的低点。但是，股价最后也就是在这个低点附近徘徊。这位交易者不作为，一直坚持高风险的做法。市场不允许不作为，每一个长期持有或短期持有的决定，就是在当前市场买进或卖出。

如果你保持某个仓位，不再买进卖出，你之所以这样做，很有可能是出于心理原因，而非出于理智。持仓不动的决定经常被看作是不作为，而实际上，这是保持股市投资比率的主动选择。同样，肯不是在学习上不作为，而是主动决定不学习。课本，就像那位读者眼中报纸上的股票报价，已经变成肯心头的痛处，让他不敢打开。

阿莫斯·特沃斯基（Amos Tversky）和丹尼尔·卡尼曼（Daniel Kahneman）的开创性研究有助于解释这种"前照灯下的麋鹿"现象。他们发现：盈利时，大多数人都希望规避风险；但是，亏损时，他们却乐于承担风险。斯科特·普劳斯（Scoot Plous）在其《决策与判断》（The Physchology of Judgment and Decision Making）一书中给出了一个研究案例。给一个人1000美元，然后让他二选一：要么以50%的概率获得1000美元，要么以100%的概率获得500美元。在这种情形下，84%的被试者都选择了后者。但是，如果换一种情况，给他们2000美元，然后让他们选择：要么以50%的概率失去1000美元，要么以100%的概率失去500美元，将近70%的被试者都选择风险更大的50%。所以说，人们愿意承担风险减少损失，而不愿承担风险扩大收益。

在市场交易中，许多盈利的股票被早早斩仓，许多亏损的股票却不忍被割爱，这都是心理作用在作祟。肯，就像那些回应我在MSN Money中文章的读者，因为无法接受账面损失，间接地选择了高风险的赌博。肯惊呆了，于是他选择了与解决方案背道而驰的方法：继续做那些没有用的事情。

问题在于，人们应对不确定性的策略往往和他们所需要拿来管理实际风险的策略相冲突。对旁观者而言，市场不利时不敢看股票报价的交易者，以及考试不顺时放弃学习的学生，他们的这种行为是在自我挫败，甚至是自我虐待。但是，从情感的角度来看，他们这种不作为，绝对无可非议。因为，他们保护的是自己的心理，不是投资组合，也不是成绩报告。就像那些企图用被子蒙头来躲避魔鬼的小孩，他们希望做到眼不见、心不烦。

令人惊讶的是，许多自我挫败的模式都可以看作是危险时管理风险和不确定性的错误尝试。两年前，我碰到一个名叫鲍勃的年轻人，他非常渴望开始一段恋情。以前，他有过几段随意的恋情，但是一年来，他没有正式谈过一次恋爱。最后，他碰到一个喜欢他的女孩。课后，她会找他聊天，并且似乎彼此都有意思。他欣喜若狂，总是忍不住想她。

接下来的一个星期，在一个聚会上，他们再次见面了。鲍勃做了什么？他什么也没做。

为什么？

"她在和别人聊天，"鲍勃解释，"所以，我认为她不喜欢跟我聊天了。"

"那你有什么举动吗？"我问道。

"我离开了，"他解释说，"我不想再次被拒绝。"

两年后，鲍勃再次前来咨询。他开始了一段恋情，但是并不圆满。在过去的一年里，他知道自己的女朋友在欺骗他，但是，他不敢分手。鲍勃就像卡尼曼和特沃斯基的研究对象，就像肯，他为了维护自尊，愿意做任何事情来避免损失。这个年轻人，害怕在聚会上和彼此心仪的女生聊天，结果，他更加担心失去这个和自己没戏的女人。

决策和不确定性

结果证明，鲍勃这种厌恶损失的心态，是影响交易决策认知和情感偏见的一部分。行为金融学（behavioral finance）领域越来越多的研究有助于交易者更好地理解这些扭曲作用，以及它们对交易者处理交易行为的潜在影响。

赫什·谢夫林在其《超越贪婪与恐惧》（*Beyond Fear and Greed*）一书中，总结了影响交易者的两大偏见。

（1）**先验偏见**。交易者会形成一些经验法则来帮助自己理解并预测交易事件，并且过分信赖这些并不完美的先验结论。交易者广泛认可的一些经验智慧，比如，不要相信市场会无止境下跌，以及认为"市场大势是你的朋友"的想法，都是一些只图方便省事的先验主义。但是，不幸的是，这些先验主义经不起考验。在市场不确定时，交易者很容易固守这些先验主义。先验主义认为，短期交易指数（TRIN），亦称阿姆氏（Arms）指数处于偏高水平时，市场就会出现放量反弹。结果，新千年伊始，我们就见证了固守先验主义带来的危险。由于2001～2002年大盘股遭遇大规模抛售，较高的短期交易指数创造了更高的盘点，并进一步大规模下跌，尤其是纳斯达克的股票。

（2）**心境依赖**。状况的呈现方式或框架会影响人们对此的反应。卡尼曼和特沃斯基的研究对象所表现出来的对风险的回避意识就是一个绝佳的例子。正如特伦斯·奥迪恩（Terence Odean）的研究所发现的，那些刚刚取得一些交易成功的交易者更可能在接下来的时间里进行更加具有风险的交易，因为他们觉得反正是"赚来的钱"，输了也无所谓。交易者根据最近交易的输赢来制定金钱管理策略，这种事情一点都不稀奇。这使他们在赢钱之后变得过度自信而冲动，在输钱之后又变得过度谨慎、厌恶风险。

在交易中，上述这些偏见是如何出现的，我们可以从突围交易（breakout trading）中找到一个很好的范例。交易者的普遍经验是，从一个范围中突围出来，会引发与突围同方向的趋势。但是，心境依赖决定了交易者到底将什么看作是突围交易。我调查了一些交易者，他们基于不同的规模却制定了相同市场数据的表格。其中，X轴标示时间，Y轴标示价格，交易者眼中表示突围交易的点因人而异。我进一步扩大了实验范围，在一个发声格栅（sonification grid）上制作了表格数据，赋予每个价格水平不同的音调。然后，让研究对象闭上眼睛，根据他们听到的声音从表格中辨别出突破交易的点。基于声音得出的突破交易点与视觉判断出的突破点完全不同。

这些实验的有趣之处在于，两组被试者确定突破水平的能力都比那些决定什么时候突破很重要的数学公式要好得多。那些使用图表和声音确定突破点的交易者，通常在价格创下新高或者新低时做出判断，但是，这些新高或新低还会在一个随意的范围内下跌。这些感觉，尤其在不确定的时候，未必是做出决策的精准指导。交易者从市场数据中发现的东西远比从实际中发现的东西重要得多。

然而，卡尼曼和特沃斯基的研究表明，人们会固守错误的先验和结论，就算他们早就发现了相反的证据。如果人们能够应用这些先验来解释他们大多数的经验，他们将不愿意改变那些想法。在实际交易中，这就导致了一种非常危险的情况。只有当损失达到极致时，交易者才觉得有必要对他们面对的情形做出重大修正。这种面对新证据的无所作为（尤其是面对让人不适的证据的无所作为），是妨碍他们做出成功交易的主要偏见。

里德·哈斯蒂（Reid Hastie）和贝尔纳黛特·帕克（Bernadette Park）进行的

研究可以解释这种认知僵化（perceptual rigidity）。他们的研究表明，人们仅仅根据以往的经验做出的判断与那些根据实时的新数据做出的判断有极大的不同。在前面的情况中，长时记忆能力与人们做出的判断密切相关。但是，在后面的情况中，比如说交易，我们无法根据记忆力预测出将要做出的判断。哈斯蒂和帕克解释说，研究对象会根据先前的判断和推论做出新的判断，而不是基于长期记忆的信息。他们的研究表明，最直接地根据市场实际做出的决策往往和人们的实际经验偏离得最远，这个结论进一步证实了面对市场时根据久经考验的规则和研究做出决策这种做法的价值。

总之，人们似乎更善于提出想法，而不是对它们进行修订，这对那些喜欢在风险和收益之间保持平衡的人来说，尤其如此。此外，当不确定性很大，市场波动剧烈，人们需要做出实时决策时，人们更容易沦为他们认知和情感偏见的牺牲品。大自然以近乎残酷的方式将人类设计成失败的交易者，使其无法很好地处理实时的风险与回报。

改变风险－回报等式

我知道，我唯一能够帮助肯的就是改变他看待风险与回报的方式。他不想学习，因为尝试而失败的心理风险比压根就不尝试的心理风险要大。帮助肯的关键在于，心理医生要认识到，从医学院辍学不是肯的最大恐惧。他最大的噩梦是：他的父亲一直是对的。多年来，肯一直觉得自己与其他大学或医学院同学不同。他觉得自己是一个冒名顶替者，来自于一个偏远的小乡村，出生于一个没有什么教养的贫穷家庭。他渴望一种归属感。尝试然后失败，这就意味着他必须面对残酷的现实，而这个现实他根本无法融入。他无法挣脱这一切，因为他的家也许就是他的宿命归属。

生态学家发现，动物会拼命厮杀，直到一方明显占据上风。这时，失败的一方会突然停止打斗，扬起脖子，好像等待致命一击。有趣的是，这会抑制进攻者的好斗本性，让失败者得以逃脱。如果抑郁也能这样放过人们就好了！肯在争取独立的战斗中败下阵来，现在，他坐在我的办公室，扬起他的脖子。

我挪近他，轻声说："我需要你帮我一个忙，你能不能为我试一试？"

肯抬起头，有点困惑。他压根儿没想到我会求他帮忙。"可以。"他回答。

"接下来的两周，不论你干什么，"我解释道，"我希望你都能诚心去做。你一直对你自己还有你的家人都很诚实。"我问他："你能继续下去吗？"

"是的，当然。"肯爽快地答应了。

"好，"我一边说，一边和他保持着眼神交流，"你知道，如果你不学习了，病理学的最后一门考试，甚至是期末考试，你就会不及格。那样，你整个课程也就不及格。而且，如果其他课程的期末考试你不充分准备的话，你也将无法通过它们。那样，你就有可能被开除，对不对？"

肯的眼睛睁得更大了，"对的"。

"所以，如果你决定不学习，你实际上是决定离开学校。"我接着说道，"如果我们对自己、对彼此都诚实的话，那就是我们的底线。"

"但是，我想要学习。"肯抗议道。声音中开始有些许情感，这很好。

我立刻反驳："不，肯，你想要通过考试。但你压根就不想学习……特别是，下次考试你再拿68分的话。"

肯没有回应。

"如果你拼命学习，可结果还是不及格，你会怎么想？"我提高了音量。

"那我就不学了。"肯抱怨，声音又变低了。

"你根本就不会去学，对吧？"

"对。"肯淡淡一笑。

"所以，你不想学习。你宁愿接受必然的失败，也不愿意让自己经历尝试然后失败的痛苦。肯，这没什么，"我强调道，"如果那是你的选择，我支持你。但是，你一定要诚实地做出这一决定。"

"你什么意思？"肯一脸迷惑地问道。

"肯，"我柔声地说，"如果你选择离开学校，你需要找地方住。还有几千元的助学贷款就要到期了。你需要改善和家人的关系。"

肯的脸色苍白。但是，他直直地看着我，并没有低头。

"肯，"我慢慢地说道，"你需要打电话告诉你爸爸发生什么了。你需要向他道歉，收起你的骄傲，承认自始至终他都是对的。至少，在一段时间里，你需要他，你需要一个家。"

"我做不到，"肯坚定地说。"绝不可能，我不会那样做。向他道歉？承认他是对的？说我自己做不到？"肯提高声音，充满愤慨，不再沮丧。

"但是，肯，"我继续轻声说，"这不就是你一直在告诉自己的事情吗？跟自己说自己做不到？我只需要你真实地对待自己，对自己说的话要和你对你父亲说的话一致。"

肯顿了顿。他似乎意识到情感赌注已经改变。要么接受一定程度的失败、灰溜溜地搬回家，要么抱着一丝能够通过考试的希望。肯的行为还是处于特沃斯基和卡尼曼的模式中，但是，非常微妙地，我们已经重构了选择。那个原本我们认为最安全的选择现在变成最危险的了。

"我要开始学习。"肯宣布说，他又找回了决心。

"当然！"我笑着说，"你必须分秒必争、竭尽全力、废寝忘食地学习。你要利用失败的恐惧鞭挞自己，那就是你自己处于无法学习状态的原因。"

"或者，"我突然严肃起来，"重新做回自己，做对的事情。如果你失败了，那就失败了吧。你不会是第一个挂科的学生。给自己一个夏天慢慢消化和接受它，然后忘却它，继续向前。虽不是什么高兴的事儿，但是，也没有什么大不了的。去柏林顿、新奥尔良或者芝加哥过夏天总比待在家好，不是吗？"

肯笑了。这种转变，是心理咨询的价值所在。在那一刻，我确信，肯会找到方法度过这一切。重新定义风险和回报之后，短短几分钟的时间，他就由一个坐以待毙的失败者转变成一位勇敢的斗士。

转变交易中的风险与回报

肯的心理治疗说明了一个重要的概念：要做出重大的人生改变，不一定要改变你的性格。你只需确保性格对你有利，而不能让性格成为成功的障碍。

肯真心不想失败，所以以前来找我咨询；咨询结束时，他是真心不想失败。心理咨询帮助他找到了真正的问题，重新定义了什么是失败。此外，你会发现，这是所有心理转变的一个重要过程。每个重大的改变必然会引起视角的变化以及对风险和回报的重新定义。

许多交易者都想改变自我，却无法专注于那些他们希望改变的具体模式。他们希望谈论他们的自尊、过去的苦恼或者糟糕的人际关系。这样以问题为中心，只会进一步强化他们的苦恼。超额交易的冲动、对进仓的恐惧、风险管理的前后不一，这些错误产生的原因是他们找到的解决方案其实早已失灵。陷入这种困境的交易者就和肯一样：他们目前应对的是情感压力，而不是实际生活的挑战。

肯把以前的解决方案（避免工作）看作自己最大的失败，这使他的心理发生了转变。本质上，肯是成就导向型的，所以，我们以此作为调节他情感变化的杠杆。一旦他将旧的模式看作是失败的，那么，即使不用长时间的治疗，他也能做出180°的行为转变。

同样，交易者也是成就导向型的。他们讨厌失败。改变的关键就在于要认识到，他们冲动的或过于谨慎的交易模式会导致最严重的损失，因为这些模式剥夺了他们现在和未来成功的机会。**当交易者将成就导向作为解决问题之道，停止打击自己，不再无休止地分析自己的缺陷，不再将问题模式看成是最大的敌人，他们才可能做出改变。**

受情感所困的交易者将自己看作问题，只有他们内心深处的成就渴望才能激发他们。他们在做一些正确的事情，尝试着从根本上解决问题！找出失败的旧模式，并把它们看作需要解决的问题，交易者就打破了失败-自责的恶性循环，然后，像肯一样，他们可以利用动机这一武器来打败真正的敌人。

但是，他们怎样才能打赢这场持久战？他们怎样才能做到始终如一地集中精力打败那些破坏交易的模式，而不伤害自己？

非常奇怪，答案可以在音乐中找到。

音乐、心情以及枢纽和弦

音乐就在我们身边，不离不弃。几乎每部电影都有配乐：为《驱魔人》(*The Exorcist*)添彩的管钟乐；《洛基》(*Rocky*)中拳击手跑过费城大街的伴奏黄铜管乐；《烈火战车》(*Chariots of Fire*)中范吉利斯(Vangelis)随着跑步者步调制作的电子音效；以及《大白鲨》(*Jaws*)中鲨鱼行进时令人毛骨悚然的音效。很难想象，如果没有配乐，这些电影会是什么样。视听合一共同创造了一系列让人难以忘怀的记忆。

广告商深谙此道。他们在展示产品的同时，制作了生动的视觉和音乐形象。仅仅说明可乐、肥皂或者汽车的优点还不够，广告商需要在一系列令人目眩的图片中展示愉快欢笑的人物形象，不仅如此，还得伴有轻快的音乐以及充满激情的推销。实际上，很多商业广告对产品的介绍并不多，相反，它们展示产品，将它与难忘的形象和声音联系起来。心情固化信息，让它扎根于消费者的脑海。

以前，士兵跟着音乐的节奏行军。现在，运动队把音乐带进了更衣室，运动场里的体育迷们则沉浸在乐队的音乐节奏和声音系统里。拳击运动员和摔跤手听着他们最喜爱的、斗志昂扬的歌曲登上擂台。不仅如此，像丧葬礼仪、宗教仪式、毕业典礼上都有音乐伴奏。通常，哭泣的婴儿听到摇篮曲之后便会安静下来。长大后，这些音乐会被记在心里，开车时或者洗澡时会不经意地哼唱出来。人们按照一张乐谱生活，按照人们潜意识里的节拍生活。音乐影响心情，构成了生活中方方面面的情感基础。

心理医生莫什·塔尔蒙(Moshe Talmon)在心理治疗时提及枢纽和弦(pivot chord)这一概念，即人的意图变成理解及感受事物新方式的转化点。在音乐里，枢纽和弦包含多个不同的主音元素，能够自动转化为新的主音。枢纽和弦弹奏出来时，乐曲最模糊，因为乐曲可以朝着任何一个方向进行下去。

作曲家通常会延长枢纽和弦，来维持一种期待和戏剧化的感觉，不断累积紧张气氛，然后在接下来的主音变化时释放出来。菲利普·格拉斯(Philip Glass)在电影《过渡人生》(*Powaqaatsi*)配乐中的乐章就是间歇性的枢纽和弦(口哨声)，配以富有动感的重复性简短插曲。当口哨声最终消失，感情投入的听众体验到一种发自肺腑的转变、变化。塔尔蒙认为，治疗过程中的转变点（急剧变化的点）就像是这种音乐结构。

汤姆的枢纽和弦

汤姆是一名交易者，因为不堪焦虑前来向我咨询。通常，每个交易日大清早，他的焦虑会达到顶点，这使他无法进行交易，即使他对这些交易非常有把握。接下来的一整天，他会责备自己在早上错过那么好的机会。这样做，只会加重他内心的焦虑，于是，他会在晚市时尝试交易，以减轻内心的焦虑感。但这种交易通常出于冲动，结果是原本应该获利的交易，却被套牢了。

所有这些会构成一种自动的循环——错失机会、交易损失，会加深他的焦虑；而这又让他再次错失机会，导致冲动交易。在跟我交谈时，他刚浏览完自己大部分的交易资金情况。

会谈中，他明显很紧张。因为紧张，他喃喃自语，连珠炮一般："我不知道为什么我会那么紧张。我醒来时，就觉得心慌。我非常紧张，很纠结。我立马就想到，这将是糟糕的一天，交易肯定会搞砸。然后，接下来的一整天，我都很紧张，甚至不想出门遛狗。我不希望有任何事情发生让我不开心。我实在受不了这样。昨天，我很生气，我确信我想给自己来一拳。我心跳加速，觉得自己就要生病了。但是，我停不下来。"

这种交流很难处理，因为谈话者越来越感觉到自己的问题，就连在尝试描述问题时都是这样。累积的紧张感会传染。面对这种情感狂热，咨询师自己要保持平静，还要安慰病人，这是一种挑战。但是，任何安慰性的话语以及帮助策略都可能无效。对于任何别人提供的信息，情绪激动的谈话者都会置若罔闻。所以，第一步是要扭转情绪。这就是枢纽和弦的目的。

我扬一扬眉，用平稳、缓慢而沉着的声音回答汤姆说："你养了一条狗？跟我说说吧。"

突然变换话题通常会让人惊讶，但是，人们很少抱怨抑或评论。通常，你可以改变生活节奏或换一种角度看待问题来摆脱某种人生状态。我突然转换话题，汤姆只是笑了笑，然后说："它是一只西班牙猎犬，才几个星期大。我是通过报纸上的一则广告得到它的，它的名字叫妮波。"

"当你抱着妮波的时候，你感觉如何？"我问。

汤姆再次笑了笑，说话略微慢了下来，语气更柔和了。这是一个转变。"可能只有妮波能让我平静下来。我把它放在我的大腿上，它会让我抚摸它的肚子。它舔舔我的手，我全身都觉得温暖。"

"你能闭一会儿眼睛，想象一下你和妮波在一起的画面吗？你能感觉到她柔软的皮毛还有温暖的舌头吗？你能感受到当你抚摸它时，它的身体在扭动吗？"

汤姆点了点头，睁开了眼睛。现在，他看上去轻松了许多。

是弹奏枢纽和弦的时候了！

"当你醒来，满心焦虑，说真的，你愿意抚摸一下吗？"我问他。

他脸上闪过一丝错愕，"什么？"

"抚摸一下妮波，"我立刻澄清，"当你在抚摸妮波时，你让它觉得被疼爱、被需要，并且你也很享受这种感觉。想象一下像抚摸妮波那样抚摸一下自己？"

"很有趣，你提到这个，"汤姆说，"我跟上一任女友在一起时，我一烦躁，她就会抚摸我的脸，我就会马上平静下来。"

"也许，你和妮波一样，"我说，"下次你紧张时，你试着给自己一个抚摸，而不是给自己一拳，怎么样？你闭上眼睛，想象自己和妮波在一起，想象一下它的感觉。试着感受一下被拥抱、被抚摸的感觉。想象爱抚自己的小狗，然后试着钻进它的脑海，看看它感觉多温暖、多舒适。如果你在家，也许正在抚摸妮波柔软的毛发，想象一下正被抚摸的是自己。"

汤姆喜欢"给自己一个抚摸"的想法。那成了我们后面几次会谈的主题，他学着接受压力，并以此锻炼自己，不让内心的灾难感累积。情感上，他的主音发生了转变，由焦虑、恐惧、消极转向关心、爱护。当他情感波动明显、内心逐渐变得温暖时，我抛出的"抚摸"隐喻就是最终促成转变的枢纽和弦。

心情可以强化信息。这种强化，我们在广告中可见，心理治疗中可以使用，交易中同样可以使用。唤起一种强烈的状态，枢纽和弦才会变得可能，比如一首新的曲子、一个新的节奏、一种不同的生活。

打破常规

心情和信息是心理转变的重要组成部分。关于治疗有效性的研究文献表明，当人们以新的方式处理信息时，他们最容易做出改变。这就是为什么各种治疗方法都会采用角色扮演、隐喻、讲故事、日记以及梦的分析。每一种都可以用来以非常规的方式发现自我。当研究者让患者说出治疗成功最重要的时期时，患者通常都会提到那些新信息和精力用新的方式呈现出来的时刻。按照常规呈现出来的信息同样会被常规性地加工。只有新意才能打破常规。

肯重新获得学习的能力，不是因为我和他谈论了他的问题，而是因为我设置了一个他意想不到的情境：如果他不学习，就打电话给父亲，承认自己的失败。面对这种可怕的情境，他无法再拖延下去。与考试失败相比，他更不愿意向父亲屈服。新的情境转变使他能够以不同的角度看待问题。如果我们只是一味谈论他的恐惧，以及不学习可能导致的后果，那么他很可能永远也通不过那门课程。改变他的行为需要以新的方式看待他的问题。肯重新定义了什么是"失败"，汤姆重新定义了"抚摸"。当人们发生转变时，他们实现了一种转化——一种看待问题模式的意义及价值的转化。

然而，单单靠新奇还不足以促成转变。对治疗结果的研究表明，当人们在转变过程中投入情感时，他们最可能改变问题模式。各种各样的治疗技术用于加强患者的体验：对立冲突、角色扮演、身心放松等。这些都有助于一个人从一种体验模式转换到另一种体验模式。咨询研究表明，当人们处于这种兴奋状态时，他们会更加深入地、长时间地加工信息。心情可以强化信息。

像苏、肯和汤姆，很多人来心理咨询时，已经处于高度激发状态。他们因为自己的问题而苦恼，他们的心理意识已经不正常、不同于平日。在危机一触即发的状态下，他们更可能以一种新的角度看待自己的问题。危机，既是危险，也是机会，因为处于这种状态下的人对于新的信息保持着一种开放心态。

有经验的心理医生通过诸如改变语调、出其不意等简单方法就可以转换病人的体验。心理医生们意识到，在常规的心智状态下，人们只会以常规的方式看待事物，然后中规中矩地为人处世。只有当他们改变音乐曲谱时，他们才变得能够以全新的、建设性的方式处理哪怕是最棘手的情感问题，才能够接受新的行为模式。

打破交易常规

这些转变机制如何才能用到交易中，我们要如何利用那些使肯和汤姆受益匪浅的变化要素？下面的这条交易惯例适合所有人，可以消除大部分致使你交易失败的观念。

清早，国内股市开市前，习惯性地进行体育锻炼：慢跑、游泳、武术或者有氧运动。不论哪种运动形式，唯一的要求就是这项运动对你有挑战，能持续一段时间加快你的心跳、让你呼吸加速。我习惯做快速的伸展运动，如仰卧起坐、俯卧撑以及健身操。健身后我总是觉得四肢更灵活、精力更充沛。

一旦情绪高涨，你可以检查当天的交易计划，大声地说出来，这很重要。不要像平时那样只是简单看一遍报表或电脑打印件。大声将它们说出来，就好像在评论另一个人。要描述短期和长期趋势、你发现的市场模式、预期的入市点、适当的退市点，等等。

早晨，通常在锻炼结束后不久，在开车上班的路上，我会说出我的评论，我会说出我能想到的每一项意外：如果开市走低，我会这样做；如果市场回转并创下新高，我的计划是这样，等等。关键在于，要以平时说话的声音大声说出来，就好像你在跟另一个人说话。

结果十分有趣。自己跟自己说出交易计划时，你一人分饰两角，既是说话者，又是倾听者；既是演讲者，又是听众。倾听自己的交易计划，尤其是头脑清醒、精力充沛时，使你能够从一个独特的角度评价它们。倾听自己的交易计划，这种方式很特别，因为你的处理方式很特别。锻炼，是激发全新思维的催化剂。实际上，你以一个更加客观和中立的身份在检查自己的交易计划：处于一种特别思维状态下的你。正如詹姆斯·彭尼贝克（James Pennebaker）的研究表明的那样，说出情感体验，是重新加工它们的重要手段。当交易灵感从思维的禁锢中解放出来，它们经得起更加客观的审查。

难以置信的是，一旦你把交易计划说出来，许多内容就会留在你的脑海里。你将知道"我在想什么"。这样你能够在没有交易之前就否定它。找出自己的错误思维是掌控交易的重要方法，这使你在后续交易中避免重复错误。毕竟，正如耶尔和杰夫·赫希在他们2002年出版的《股票交易者年鉴》一书中所指出的那样，"如果你不从交易错误中获利，肯定有其他人会从中获利"。

相反，你会发现，当你将交易计划大声说出来，那些最好的交易计划听起来感觉很好，会让你感觉很对。而且，有趣的是，当你稍作休息，不看交易屏幕，然后再以不同的思维方式观察图表的时候，你看市场模式的角度也不同了。那些原本看似走势不明、杂乱无章的交易，现在明显看出市场在走强；原本以为将重挫的市场突然看出有冲高之势，让你有利可图。市场信息一直在那儿等着你去解读，前提是你要找到合适的方法。

一直以来，我发现交易者都有这样的问题：他们分析市场的思维角度与其实际交易的思维角度不同。大多数交易者，就像我一样，在傍晚或清晨时下载市场数据、检查市场指标、更新海外市场数据、搜索新闻资讯等。通常，这是一个安静的常规活动。但是，一旦开市，股票的实时价格走势绝非常规，有许多指数和市场要追踪，有一堆数据要处理，有不可预见的突发事件要应对。与常规平静时相比，人们在激动时处理信息的方式会截然不同。面对交易的压力，冷静分析时准备好的交易决策和市场分析突然都不翼而飞，很像肯在病理学考试时原先准备的考试材料都弃他而去。

这是交易者无法在市场交易时坚持目标的主要原因。市场变化会引发计划之外的重大变化，从而改变交易者处理信息的方式。确切地讲，市场是反心理治疗的，致使交易者忘记以解决方案为中心，而陷入更加糟糕的以问题为中心的情境。

面对市场给我们交易者带来的新奇变化，我最爱的应对方式之一，就是在有压力和不确定性的时候，暂时离开交易屏幕。休息间歇，我会快速更新交易指标，重启运行模式，浏览各种指数和市场的图表。毫无疑问，这会让我冷静下来，就像每天清早准备时的状态那样。通常，以全新的角度看待数据也会让你看清那些原本模糊的事物。

最近，我在一分钟交易图表中发现了标准普尔和纳斯达克期货有向上突破的趋势。在这之前，我刚刚从一个空头交易中获利平仓。发现这种逆市波动，我很兴奋。

但是，在我进行交易之前，我将交易计划大声说出来，很快我就打断了自己，自责道："那不在我的交易计划之列！"我把目前的优劣状况和以往的相似情形做了比较。通过检查过去类似情况下后续市场的走势，我发现了可能存在的未来方向性偏见，在这种情况下，显然是要下跌的。我没有因为兴奋、冲动而进行多头交易，相反，我进一步研究评估了先前的交易计划。我很确定走势会下跌，于是，我决定对这次短期上扬突破不予理睬（很快就发生了），然后，充分调整好状态在下一次上扬时做空头交易。

许多股市投机者和短期交易者认为自己没有时间进行这样的市场研究，因为落后市场走势将使他们错失交易良机。"只有挥拍才有可能击中球。"他们坚持道。他们没有意识到，最优秀的击球手会爱护他们的球拍，并且有时他们故意挥空，以便等待击球良机。快速交易的关键在于研究自动化，这样一来，数据和指标可以做到实时更新。我有许多与市场实时状况动态链接的 Excel 表格，可以通过预设的公式进行更新，然后用表格加以呈现。将它们浏览一遍，我很少会错过交易机会，相反，这样能帮助我避免因为无视大局而进行错误交易。

只有当亢奋的心情沉寂下来，才能认清市场环境。运用分析能力是避免感情用事最有效的方法之一。那些著名的交易行家，比如维克多·尼德霍夫、琳达·拉什克和马克·库克，写过不少文章强调市场研究的价值。但是，少有人注意到，那种研究也是一种心理策略。当人们潜心研究时，他们加快了信息处理中的转变，就像汤姆那样，开启了通向新的行为模式的大门。研究的价值不仅仅在于它透露的信息，还在于它有助于形成良好的思维方式。

思维方式和身体状态可以巩固行为模式。当人们状态不稳定时，他们发现自己在无意中采用了意识清醒时绝对不会选择的模式。这样，他们就无法保持目标了，生活中如此，交易中亦如此。一旦学会如何转换情感和身体状态，他们就可以自由创造并执行新的行为模式。在市场研究时养成冷静、集中的状态，然后在交易日专心研究，这样就可以打破因为市场价格波动而引起的冲动性、情感性问题模式。许多交易者太害怕错过可能出现的市场行情，以至于他们不敢花时间不断关注交易计划。他们没有意识到忽略计划、胡乱交易会带来更大的风险。

交易计划就是你的船锚，当波涛涌动时，你迫切希望使用它。在制定和执行交易计划时，任凭股市波涛汹涌，保持行为目标明确，你就能够控制自我、把握股市。对付贪婪和恐惧的心理良药不是冷静，不是自信，而是行动目标。

小结

2001年年底，琳达·拉什克两次邀请我参加交易者研讨会，调研他们的性格以及处事方式。而后，我进一步扩大调研范围，研究了她交易聊天室的会员以及劳拉·肯纳和维克多·尼德霍夫发起的"投资客清单"中的交易者。64名回复我调研的交易者代表了各种各样的交易方式、交易经验以及成功水平。

我采用的性格问卷是 NEO 5 大因素评估表，它源自罗伯特·麦克雷（Robert McCrae）和保罗·科斯塔（Paul Costa）的研究，从一生中相对稳定的5个特点分析一个人的性格：

（1）**神经性**——对消极情绪的倾向；

（2）**外向性**——待人接物时的外向特性；

（3）**开放性**——对新奇、变化和风险的渴望；

（4）**合群性**——乐意与人相处的倾向；

（5）**尽责性**——可靠、稳定、可信的能力。

结果令人大开眼界。报告中最成功的交易者（他们愿意让我在案例分析时核实他们的成功）往往在尽责性方面得分较高，他们非常稳定、可靠。

报告中问题最严重的交易者往往在神经性和开放性方面得分较高，他们经历许多负面情绪，常常以交易为乐。

交易时，尽责的交易者往往严格遵循规则，他们很少变得兴奋冲动。相反，他们高度一致地制定和遵循交易计划。

神经质、好风险的交易者大多冲动地做出交易决策，事先并无计划。他们往往喜欢和别人吹嘘自己交易时的大起大落。

这次调查让人明白了一个重要的道理：交易成功与否与交易时是否前后一致、计划周详相关。有些交易者失败，不是受情绪影响，而是因为他们的情绪使自己偏离了目标。在制定交易规则和系统时，成功的交易者找到了方法，使自己免受市场波动引起的情感波动的影响。确实，在很多方面，成功的交易者和失败的交易者一样，忧心忡忡。只是成功的交易者担心的不是市场下跌，不是错失交易良机，他们担心的是偏离交易计划。坚持目标是他们成功的基石。

| 第 3 章 |

伍尔沃斯狂人

超越观察

经验丰富的交易者都知道,市场有其自身的语言体系。每只股票、每项指数、每件商品都有其独特的模式。许多交易之所以能成功就在于它们破解了其所在市场的语言。

在本章中,我们将讨论语言问题(人类语言和市场语言),并且看看心理医生的工具和技巧如何帮助我们更好地了解市场。到目前为止,我们一直关注交易者的主观经验。但是,现在我们要换个话题,把市场放在治疗室的沙发上。这样,我们可以知道如何成为熟练的市场观察员,以及如何更好地控制我们的交易。

来自地狱的面谈

在我接受心理学培训的第一年,发生了一件极其不可思议的事情。我们一组初级水平的研究生被安排进行一次有人观察的面谈。这是很有意思的事情,我们轮流采访诊所里的病人,找出他们的问题,然后想办法帮助他们。

组员们的紧张情绪暴露了此次面谈的与众不同。这位病人最近刚从州立精神病院出来。确实,他人生的大部分时光都是在这样的医院度过的。他表现出精神分裂症的典型症状:思维混乱、语言错乱、幻觉错觉、情绪怪异。有人事先警告我们,不论他说什么,他说的话大多毫无意义。我们还被告知,他很少会安静地站着,有时如果他兴奋了,他还会和别人拉拉扯扯。诊所的主任告诉我们,他之前突然停止用药,所以才来向我们寻求心理帮助。

我们专心地听着病情报告,越听越不安。小组里大多数学员之前从未真正和精神病人进行过面谈。我们在单面镜后面坐了下来,一股不安的寂静弥漫在整个观察室里。作为行业新人,似乎我们每个人都在内心拷问自己、怀疑自己:他是个什么样的人?我该说些什么?轮到我采访一个真正的精神病患者时,我将如何表现?

我们表现得很糟糕。

这个人胡子拉碴、凌乱不堪。他在会谈室里踱来踱去,一会儿扮鬼脸,一会儿嚷嚷着:"我是伍尔沃斯㊀!我是TG&Y商店!我是伍尔沃斯!"他手舞足蹈、面目狰狞、疯了似的咆哮着自己是一家折扣商店。我们所有人都吓坏了,不知道该说什么,该问什么问题。

有几个学员尝试着跟他进行常规标准化的谈话。我们问了几个问题,试图了解他的生活细节,抛出了精心设计好的开放式问题,但是,所有这些都没用。他根本不予理睬,就好像没人在跟他说话一样。他继续在那里踱来踱去,并反复念叨自己是一家零售商店。我们很多人都希望课程尽快结束,最好在轮到自己采访之前就结束。

最后尝试和这位精神病人交谈的是一个更有经验的研究生。他不像其他学生,不仅因为他有经验,而且因为他确实有些与众不同。那是一种无形的感觉,仅仅一个眼神交流就能感受到他的独特。他看上去就有那么一点不寻常,这让我觉得他非常有趣。确实,我曾听闻他非常善于和精神病人打交道,说这话的人未

㊀ 伍尔沃斯(Frank Winfield Woolworth,1852—1919),美国商人,他创建的伍尔沃斯公司是美国最大的零售商之一。

必都是心怀敬意。

他平静地坐在那个狂人身旁。他的这个举动，让人觉得他是要和一个正常的人进行一次正常的谈话。与此同时，那个精神病人晃动着脑袋、挥舞着胳膊，继续念叨着："我是伍尔沃斯！我是 TG&Y 商店！"

那位学生不为所动，目光直视着眼前的狂人，平静地问道："卖什么？"

我坐在观察镜的后面，觉得自己心跳都停止了。凭直觉，我知道他问了正确的问题。

狂人顿了顿，语调平缓、毫无情感地答道："什么也不卖。"

"为什么？"那位学生问道，"为什么不卖东西？"

狂人停止踱步，也不再手舞足蹈。他第一次正眼看了一下和他谈话的人，然后说道："货架是空的。"

"那顾客呢？"他继续问道，"他们都到哪里去了？"

狂人面部抽搐，一脸痛苦，双眼炯炯有神，低声道："他们都走了。"过去的几个小时里，狂人一直试图让别人注意到他不是一个病人，而是一家商店——一家灯光昏暗、货架空空的商店，等待着重新进货。我惊呆了，其他研究生则不以为意。有些甚至在窃笑。我扫视着他们，急切地想知道是否有人和我有同样的顿悟。我意识到，这位病人根本没有失去理性，他只是在说一种不同的语言罢了。这份顿悟让我打开眼睛，彻底改变了我们的职业观念。

23 年后，我已经是心理治疗方面的老手了，我接触过形形色色的人，解决了各式各样的问题。那时，我看尽了市场的沉浮起落，但是，我依然希望遇到一位完全非理性的病人。

或者，一个真正意义上非理性的市场。

观察模式

当你觉得他人或市场似乎毫无理性时，很有可能是你没有理解他们的语言。梦境、小孩的谈话、艺术品等许多深刻的事实杂糅在一起，以至于其心理感觉多于逻辑感觉。当你认识到市场波动是市场参与者情绪的直接反映时，原本非理性的市场会突然变得豁然开朗起来。那样的市场，就像伍尔沃斯狂人，一直在呐喊，以传递他们的信息给你，只要你能恰当地翻译他们的语言。

许多交易者试图预测市场走势，找到可以适时跟进的价格。伟大的交易者理解市场的语言并一路跟进。要想读懂伍尔沃斯狂人的语言，心理医生需要有点另类。同样，要想最好地理解市场信息，你需要关注自己的变化。

刚入行的心理医生和交易者中盛传一种说法，即行家走进办公室之前就会控制好自己的情绪，并且他们行事富有逻辑、充满理性。以这种方式摒弃情感，可能吗？有必要这样吗？

有趣的是，认知神经学研究正好探讨了这个问题。有许多研究调查了一些脑部受伤的病人，他们似乎很符合交易者的理想：推理思维完整无缺，但感知能力已然迟钝。结果，这并没有造就出老版《星际迷航》（*Star Trek*）系列片中斯伯克先生那般超理智、聪明的人物。确实，失去感知能力的人很像伍尔沃斯狂人，乱七八糟胡说一通，暗示了很多，明示的很少。正如神经学家约翰·卡廷（John Cutting）发现的那样，失去感觉的人，只能用手势比画，说话往往词不达意。

这是为什么？似乎，对一个人来说，感觉指向事物的价值及意义。在认知心理学的语言中，情感反映了一个人对世界的评价。假如，在一条昏暗、空荡的街上，一个人朝我走来。如果我把他看成我期待已久的朋友，我也许会很期待。但是，如果我认为这个走过来的人想要行凶，那么我的情感反应将完全不同。好和坏、安全和危险、有利和有害，感觉从感知者的角度刻画这个世界。很难想象，如果没有感觉的指引，心理医生将如何帮助别人，交易者将如何理解市场走势的意义。

就像伍尔沃斯狂人的心理医生一样，成功的交易者会去感觉市场，但又不会迷失在感觉中。情感就是信息，就像柱状图中的一根宽柱子。确实，强烈的情感可以看作个人变化的突破。经验老到的交易者能敏感地觉察出当前的模式，同样，充分了解自己的交易者能注意到自己的交易模式。转述罗伯特·皮尔西格（Robert Pirsig）在《禅与摩托车保养艺术》（Zen And The Art of Motorcycle Maintenance）中的话，交易的真谛在于和自己博弈。

一个真实准确的市场指示器就是我在交易成功之后的骄傲心态。一开始，我会赢得一系列的短线交易。对于这种成功，我会非常满意，然后我发现自己迫切希望尽快重回市场，以期连续胜利。我下单交易，有时增加头寸，小心翼翼地选择入市时机。在这种特殊情况下，交易实际上是对我有利的，因此，交易连续成功。不经思考我开始自命不凡，开始规划如何使用尚未入袋的利润。我开始和别人谈论我的头寸，幻想着为咨询机构撰写文章，或者管理更大的资产组合。不知不觉中，我的情绪已经高涨了。

一旦如此，原本获利颇丰的交易通常会出现反转，而且，我此后的交易往往少有成功。这几乎就像是我交了厄运，到底怎么了？

在任何体育运动中，篮球也好，田径也罢，抑或是拳击，记分员绝不可能成为一名成功的竞争者。当我开始计算利润、关注自己的记录时，我就不再关注市场了。我就像是伍尔沃斯狂人，满脑子都是自己内心的声音，与外部世界完全脱节。

我如何才能摆脱？是不是应该尽力摒弃内心情感？当然不是！

自控的关键在于，交易要少从自我出发，多从心理医生的角度出发。如果我想成为一名真正成功的交易者，我就需要在交易中模仿成功的心理医生。在治疗或交易时，一旦情感强烈，关键就在于激活内部观察员（internal observer）。内部观察员是自我的一部分，它不受情绪的影响，冷静地观察着一切。如果我和内部观察员观点一致，而不是骄傲自大，我就有机会从情绪所包含的信息中获利。

内部观察员的培养需要多加训练。善于冥想的人很早以前就知道，放慢呼吸、静止不动、心无旁骛时，人们最容易做到置身事外。身体放慢，大脑容易变得安静。如果我坐在一间昏暗的房间里，闭上眼睛，慢慢地深呼吸，把注意力集中在一处、尽可能排除各种杂念，我就会开始放松下来。如果持续训练，我会变得厌倦，大脑变得渴望刺激，这个时候真正的改变就要发生了。

激活内部观察员的关键就在于深呼吸、隔绝感觉、集中注意力，就算厌倦了也要坚持下去。当你的身体蠢蠢欲动，大脑开始游离走神，你觉得自己无法再忍受哪怕多一秒的冥想时，再坚持几分钟。因为，接下来发生的事情会非常惊人。就像一名体能达到极限、已经筋疲力尽的跑步运动员，只要再坚持一会儿就能再次充满力量，你的意识在超出了厌倦的极限之后会再次兴奋起来。这需要努力、需要训练，但是回报丰厚。超越厌倦之后，你就能找到内部观察员。

我一直都知道什么时候能找到内部观察员，因为那种感觉就好像大脑很安静。我身处现世，但是却又置身世外，这种感觉非常奇特。几分钟前还令我烦躁压抑的事情不再显得那么重要。我第一次尝试这种训练时，花了好几分钟才激活内部观察员。现在，在经过了大量的训练之后，因为更加熟悉自己的心境，只要定睛看着某个事物、做几次深呼吸，我就能激活内部观察员。在狂躁交易时，它已经变成一种信手拈来的能力。

当我醉心于自己的交易成功、感觉飘飘然时，内部观察员就会跳出来说："布雷特，你知道，你最近感觉棒极了。你最近交易非常成功，现在情绪正高涨着呢。你知道，情绪涨得越高，它摔得就越重。你要注意了，令你满心欢喜的交易就快要反转了。"

如果我能听到内心的声音，就可以不那么关注我自己。这可以使我能够特别关注那些表明我目前头寸不利的迹象。这样一来，我不会以不可战胜的姿态投入市场交易，相反，我会转变我的心理，更加专注，愈发努力，就好像我最近的5次交易都亏了，不能再亏了一样。

因此，过分自信变成了一种线索，提醒人们行事谨慎，跟人们的正常反应刚好相反。在交易中，就像在治疗时一样，最佳的反应策略通常不是本能反应。如果我对病人非常生气，这时，我通常应该考虑支持他。如果病人在会诊时觉得无聊，这通常提醒我寻求更有成效的谈论方式。心理医生是这样想的：正常的本能反应是病人在日常生活中经常会遇见的。如果这也成了治疗方案，那么他们何必还要来你的办公室浪费时间。

市场交易与此如出一辙。如果正常的本能反应也能带来收益，那么普通的交易者也能大发横财。每个人都赚钱,这当然是不可能的了。如果人们跟着感觉走也能从市场上赚得盆满钵满,那么人们就不会有什么兴趣去研究交易心理学了。

激活内部观察员

事实证明,我不是唯一一个与交易时过分自信的心态做斗争的人。尽管恐惧和贪婪是众多交易情绪中最常见的两种,研究者特伦斯·奥迪恩却发现,股市里的散户们普遍对自己的能力过分自信。有趣的是,他发现男性比女性更容易产生那种过分自信的心理。例如,在一份针对 10 000 个交易账户的调查中,奥迪恩发现交易者在开通网上账户之前交易都很成功。一旦他们开始在线交易,他们的交易频率大幅增加,交易表现却远远低于平均水平。

我在追踪 Ameritrade 指数(www.ameritrade.com 在线散户买卖活动的每日记录)时发现了非常相似的情形。在市场大幅下跌的当日,散户们大量买入,很显然,他们相信自己抄到了市场的底。然而,同样是市场下跌,这些散户们抛售的却相对较少,说明他们中有许多人幻想着股市会一夜反弹。通过唤起我的内部观察员意识,我不会像大多数交易者那样过于自信,相反,我会借此提醒自己格外谨慎。事实上,我多次利用了他人无法抓住的信息,从下跌的行情中获利,而那些过于自信的交易者则损失惨重,把钱交给了别人。

有一个工具对我在市场中保持自己的观察立场很有用,那就是声光机器(sound-and-light machine)。有许多公司生产这样的机器。我的那台 Nova 200 Pro 由 Photosonix 公司生产制造,很多经销商都打折销售。

声光机器"声"的部分可以在两只耳朵里分别发出两种频率相近的声音。这些两耳搏动的频率可以调节,与各种脑电波频率保持一致,从放松精神的西塔和阿尔法电波到让人紧张的贝塔电波。这种设备背后的理念就是,一段时间以后,人的脑电波会适应耳机中发出的声音频率,从而唤醒某种相对平静或警惕的状态。这种现象被称为"频率后续反应"(frequency following response)。

声光机器"光"的部分利用眼罩内侧的一串小灯来发光。灯泡随着耳朵听到的声音一闪一闪。戴眼罩的人需要闭上眼睛，但是，可以透过眼睑感受到灯光的闪烁。眼睛接收到的灯光闪烁的频率和耳朵听到的声音的频率保持同步。灯光闪烁和两耳搏动产生的浸透式刺激根据预先设定的程序或紧张或放缓。注意，这种机器不适用于患有突发性疾病的人。

能证明脑电波的确能够在真正意义上对眼耳接收到的刺激分别做出反应的相关试验不多。通过个人经验我发现，当连接到机器时，我的生物反馈会随着冷静与专注的增加而出现重大的转变。眼罩和声音创造出一种独特的刺激环境，这能抓住使用者的注意力。这种方法特别有用，因为人在受到情绪影响的情形下，会极度关注内在线索以及事物的自我关联。通过向外转移注意力，以及使用不断反复的灯光和声响吸引注意力，交易者能够快速摆脱因市场下跌而引发的恐惧心理，继而转入较为中立的心态。

最后一点尤为重要。问题不在于交易者经历了痛苦的情绪，而在于那些情绪会改变他们处理信息的方式，分散他们的注意力，致使他们不再关注环境中的信息，不再按信息行事。社会和人格心理学方面的大量文献已经表明，长时间关注自我会引发负面的思维模式从而扭曲一个人处理事物的方式。当交易者遭遇负面情绪时，他们往往会关注自我以及自己的交易，而不是关注市场。在这种时候，他们更可能放弃自己的交易计划，本能地进仓或抛盘，要不然就是以有悖于自我素养和经验的方式进行交易。

冥想锻炼和声光机器练习的价值在于这种训练可以打破情感事件之后的自我关注循环。这是用来治疗经历创伤性压力的病人的常见心理技术。在"回忆"时，当被要求转动眼睛或打响指，人的压力反应会被打断，从而不会产生一连串的焦虑、抑郁、自责和冲动行为。同样，当市场不利时，打断交易者的自我关注有助于帮助他们从中吸取教训甚至获益。

刚入行的心理医生无法帮助伍尔沃斯狂人，因为他们过于关注自己的内在心理：面对非理性的不适，以及害怕自己显得无能的恐惧。有经验的心理医生面对伍尔沃斯狂人也会觉得不适，但是他能够退一步，意识到自己的这种感觉，然后利用它，反其道而行之。既然大家都不喜欢病人说自己是一家零售店，那么为什么不走那条少有人走的路，问问卖什么。最疯狂的莫过于大多数人都试图回避这个问题，而这个问题其实才是最值得追问的。

有规则的交易

在本书第 2 章中，我提到琳达·拉什克和我对 64 位活跃的交易者进行的性格调查。那次调查研究中的一些发现，特别能说明交易中的情绪问题。

调查中，我们采用的理查德·拉扎勒斯（Richard Lazarus）和苏珊·福克曼（Susan Folkman）研发的"应对方式"量表。该量表评估了应对压力的一些基本策略，其中最重要的两项是以问题为中心和以情绪为中心的策略。

以问题为中心的人通过形成行动策略来处理具有威胁的事情。调查实际情况、制定应急计划、征求他人意见都属于以问题为中心的范畴。以情绪为中心的人通过发泄情感、寻求帮助、直面挫折来处理具有威胁的事情。每个人在人生的不同阶段会采取不同的应对策略，问题在于哪些策略占主导地位，尤其是在面对巨大压力时。

在性格测试中神经性方面得分高的交易者多采取以情绪为中心的策略，这并不奇怪，因为他们在交易时不但会产生大量的负面情绪，而且会以情绪化的方式应对市场，比如发泄情感、责备自己或他人，等等。这样的交易者往往会抱怨交易时受到情绪的干扰，导致交易结果不尽如人意。此外，他们不注重市场调研，没有精心制定交易计划，更多依赖临时决定。

相反，受情绪困扰较少、交易更加成功的交易者多采取以问题为中心的策略。和其他的交易者一样，他们也会遇到许多挫败，但是，通过更加专注于市场研究和制订计划、更加善于收放自如，以及其他的方法，他们通常能够更好地渡过难关。通过本书前面的讨论，不难预测，这些交易者在尽责性方面得分最高。

尽管有时可以将交易者简单地分为两类：放任型（根据主观判断进行交易）或机械型（自动遵循经研究证实的交易信号进行交易），但对交易者的调查研究却表明实际情况要复杂得多。在受规则约束的程度上，交易者之间存在差异。有些交易者单纯依靠直觉作为交易向导,入市和离场时没有什么规则和具体指导;有些交易者,和我本人一样,遵循一些关于市场大势、变动方向、止损水平等方面的基本规则,但是,他们允许自己根据以往交易实践的结果做一定程度的主观判断;另外一些交易者则严格遵循市场信号,根据付诸文字的既定规则配置资产。

在采访了许多交易者之后,我觉得情绪对交易的净效应就是打破规则的约束。基于他们对市场趋势、动力和其他因素的解读,大多数接受调查的交易者的确有一套交易规则来指导他们的交易。但是,在受到情绪影响的情况下,他们的注意力会转向关注自我,不再注意自己的交易规则。通常,与其说情绪让他们质疑自己的交易规则,不如说他们根本就忘记了交易规则。

心理学家熟知这种现象。这在那些患有多动症(ADHD)的人身上体现得最为明显。多动症是一种无法集中注意力的慢性疾病,患者多为儿童。此外,它还表现为行为冲动以及无法抑制兴奋。患有多动症的小孩通常需要老师和家长提醒他们关注自己的行为,有时甚至需要刺激性药物来帮助他们达到足够的认知注意力水平。罗素·巴克利(Russell Barkley)的研究表明,多动症妨碍人们处理和遵循规则的能力。因为注意力高度分散,小孩无法长时间遵循行为规则,因此在学校经常受到训斥。就是在规则尚未内化时,即他们需要积极关注和注意力集中时——多动症最可能制造混乱。

似乎当交易变得极度情绪化时(至少暂时如此),交易者的行为方式与多动症小孩非常相似。身体的高度兴奋状态分散了注意力,导致注意力和专注度下降。同时,情绪化激发了负面的思维和行为模式。由于时间紧迫,导致冲动性行为,而没有考虑到事情的严重后果,人的规划性和预见性变差。就像多动症小孩那样,情绪激动的交易者变得毫无规则。如果交易规则没有被内化,那么这种注意力的分散足以全盘破坏规则的实施。总之,在高度情绪化的情况下,交易者的行为更像调查中失败的交易者,而不像成功的交易者。难怪交易者希望在交易时不带任何情绪。

但是,解决这一进退两难的问题的答案就在于遵循以解决问题为中心的变化模式。如果规则的约束性与遵守规则的尽责性及交易成功有关，那么交易者希望利用情绪调动更大的关注度来关注交易计划和交易规则。这意味着要在情绪激动与成功的交易行为之间建立关系。当交易者和市场非常情绪化时，他们在交易时才会变得最有计划性。

测量你的情绪温度

要在有目的的行为和情绪激动之间建立联系，一个重要的步骤就是周期性地测量你的情绪温度。白天，人的情绪会在情绪低落（无聊、冷漠）和情绪高涨（焦虑、热情）之间摇摆。他们也会从相对积极的状态（高兴、满足、喜爱）转向更加消极的状态（压力、抑郁、愤怒）。一般说来，重复性行为模式就存在于人的激发程度和行为习性的交叉点上。在情绪高涨时，有些交易者更容易冲动，其他交易者则毫无兴致。在情绪低落时，一小撮交易者往往反应迟缓，其他交易者则蠢蠢欲动。定期测量你的情绪温度，并且观察你的心情反应，有助于你认清自己的模式，并在适当时有针对性地做出改变。

同样，情绪容易影响人们对信息的处理。康奈尔大学爱丽丝·伊森（Alice Isen）的研究表明，与那些心态消极的人相比，思维模式积极的人更不会去冒险。因为人们在开心时往往对现状很满意，他们不会像不开心的人那样去随意冒险。在市场上，这使得交易者在盈利之后会规避风险（过早抛盘，见好就收），在亏损之后会偏爱风险（继续持有，等待反弹）。

测量你的情绪温度意味着要定期评估你的情绪状态，是情绪高涨还是情绪低落，是心态积极还是心态消极。这种评估本身就会激活内部观察员。在测量情绪温度时，你会暂时置身事外，打破常规思维和行为，然后观察你的思维状态。这样做的目的在于保持自我意识，就算在市场上再忙碌，也要如此。

一旦你注意到自己的认知、身体和情绪状态，根据医生的信条，你的首要目标就是"无论如何，避免伤害"。如果你觉得无聊，情绪低落，那么不要交易。你想利用你的心理和身体状态作为每次交易的正式组成部分，就像在多头交易之前，你会等待股市出现上扬那样，在进入市场之前，你需要等待自己进入正确的思维模式。任何思维分散、思想不集中都是在告诉你有东西出了差错，要么是市场，要么是你对市场的处理（也就是信息）。

通常，你会发现注意力分散既反映了过激的市场走势，也反映了你对这种过激走势的处理。市场波动小，就像看着油漆慢慢变干，非常无聊。不止一次，面对这样的市场，我百无聊赖，于是我不假思索，蠢蠢欲动，试图做些短线交易（也就是行动）来缓解这种无聊。结果，这些交易很少盈利，因为和市场下跌、佣金相比这些交易的预期波动非常小，而且根本不值得为这种差劲的市场时机冒险。在这种交易中，我很少亏损，但是，我仍然发现，一旦新一波的市场趋势逐渐明朗，我需要集中精神时，这些交易会分散我的注意力。

同样，我发现，我的情绪激动水平（尤其是恐惧和过度谨慎）与市场波动水平密切相关。因为最剧烈的市场波动往往出现在一波趋势的初期和后期，尤其是在市场下滑时。因此，当我赚到一定的利润后，我会适度地规避风险以顺应我的情绪。确实，这样做让我赚了不少。如果将钱投进亏本的交易，那么"有回报总比没有回报好"这句话就不适用了。

在关注市场之前先关注自己。如果你不在交易状态，不要把辛苦赚来的钱拿去冒险。交易亏损或者错失良机之后的懊恼，盈利之后的急切、无聊以及对兴奋的渴望，面对机会时的恐惧与拖延，这些就是情绪变化改变你对事情的看法和反应、改变你的交易的最常见方式。

一旦你测量了自己的情绪温度，发现自己过热或过冷时，你就应该暂时从目前的情形中脱离出来，进行练习，然后再次集中注意力。闭上眼睛，身体保持不动，慢慢地深呼吸，把精力集中到一件事物上（音乐、想象的情境，等等），这有助于你重新回到自己熟悉的交易状态。通过反复练习，我发现同时利用声光机器和闭眼深呼吸能产生快速变化，让我快速恢复之前的情绪温度。这对需要快速重回市场的超短线交易者尤其有价值。在情绪中立、注意力集中的状态下，你可以更好地从你的反应中获得信息，制订并遵守你的交易计划。

在前面的章节中，我提到自动研究市场的价值，它使交易者能够快速从情绪化的市场信息处理状态转向中立的分析状态。利用生物反馈，我发现我能够自动地测量情绪温度，并觉察到严重偏离基准线的情形。通常，在我意识到自己很紧张、沮丧或者焦虑之前，情绪温度就已经偏离了平均水平。这能让我做好预防措施，在压力反应干扰决策之前，事先弱化这种反应，提前换挡。

预防压力

认知行为心理学家唐纳德·梅肯鲍姆（Donald Meichenbaum）提出一项技术，对有效处理情绪化交易情形非常有帮助。他将这种方法称为压力预防，其工作原理是医学免疫。医生为病人接种疫苗预防疾病时，需要将少量病毒注入病人的血管，来激活病人体内的自然免疫反应。同样，你可以接种少量压力疫苗来激活理想的处理反应，以应对未来的交易挑战。

交易时这一点很重要，因为尽管实时的价格变化不大相关，但是股市波动的确体现了重要的序列关联（serial correlation）。股市的波动周期往往是一波接一波，因此你可以通过观察前一个波动周期来大致估计下一个波动周期。

这个信息非常有用，因为它可以帮助你为下一波交易做好准备。你可以观察出市场波动是大还是小，是扩张还是收缩，依此预测市场将如何影响你的情绪。当市场波动小时，你可能情绪低落：无聊、分心，因为缺乏交易良机而感到沮丧。相反，当市场波动大时，你会产生典型的情绪反应：恐惧、贪婪、过度自信。

开市前，在脑海里预演可能遇到的交易情境，你就可以做到一定程度的压力预防。你闭上眼睛，集中精神，慢慢地深呼吸，然后在脑海里放电影。在电影中，你可以生动地想象自己可能遇到的交易情境，你在面对这些交易情境时的情绪反应，以及你打算如何处理这些情绪反应。例如，在市场下滑而且波动越来越大的交易日，你可以详尽地想象自己遇到了市场大跌，标准普尔期货在巨大的TICK（纽交所的 TICK 综合指数是上涨股票和下跌股票数量之和）负值中下滑触底，成交量急剧上升。你可以生动地想象自己在进入这种市场时的犹豫不决，担心自己被套牢。

这时，你可以想象自己会如何采取行动，集中注意力（通过呼吸等方法），打破恐惧和拖延的恶性循环。然后，你可以想象自己置身于电影之中，在执行自己的交易计划，遵循交易规则或系统。总之，你脑海中的电影会展示你如何遇到并应对你在后面的交易中最可能遇到的挑战。

在电影中，当你发现自己感觉不适时，你可以随时停止脑海中的形象，闭上眼，深呼吸，然后当心情平静下来时继续播放电影。目标就是：在真正入市交易前，做到可以在脑海中多次播放电影而无须任何停顿。到那时，你已经消除了大部分压力反应，当真正遇到担心的情境时可以做出正确的交易。

压力预防是有效的，因为它是反条件反射的。通过在可控的身心状态下预演担心的情境，你能做到在其他情形下反应不那么情绪化、冲动化。心理学家利用这种方法来帮助病人克服恐惧症和行为焦虑问题，比如公开演讲时的紧张心态。人们的正常反应是尽量避免那种不愉快的情形，但是，通过在可控的情况下反复面对这种情形，你就能形成一种内在的控制力。当棘手的交易情形出现时，你就可以利用你在预演中的"曾经沧海"的那种感觉来应对。因为熟悉，所以自信。

努力付出与情绪变化

诸如压力预防之类的方法，其效果不但取决于它们使用的频度，而且取决于其强度。当交易者尝试使用冥想、脑波诱导、脱敏这类方法时，他们往往会在大致做出某种努力之后就放弃，从而无法取得重大突破。而这种突破（积聚力量）才是决定这些方法成败的关键。

健身为我们提供了一个极好的例子。已故的冠军兼教练迈克·门策（Mike Mentzer）发现，健身并不需要在健身房里争分夺秒地不断训练。相反，他发现，在相对短时期高强度的训练中间歇性地休息几天，效果最好。门策指出，连续性举重训练最后的几个重复性动作效果最明显，因为最后那几个动作对肌肉的要求最大。与正常资源分配相比，这种体能要求对高负荷下的肌肉投入更多，为那些肌肉冲入血液和营养，有助于肌肉的快速生长。门策发现，高强度训练期间的休息和举重训练本身一样重要，因为在这个时候身体会给受负荷的肌肉提供营养，促使它的生长。

类似地，心理训练的强度会促使你去开发超常资源储备。与断断续续的短暂性训练相比，长时间深呼吸和想象的效果更好。与即时将自己的情绪暴露在恐惧中相比，将自己置于生动的想象和引发恐惧的真实情境中，可以更加有效、高效地让你脱敏。这利用了让人再次兴奋的基本原理。通过迫使自己走出自己的舒适区，你就是在锻炼自己的认知和情绪"肌肉"，就像健身者锻炼自己的肌肉一样。如果这种锻炼并没有让你觉得费力，那么很可能你一直在做相当于9千克的仰卧举重。这种锻炼可以持续多年，但是效果全无。

这就引出了自我发展时最可恶的敌人之一：时间。大多数人都过着忙碌的生活。因为需要大量的研究和规划，成功的交易往往非常耗时。此外，交易者还有家庭责任、谈情说爱、居家义务，这些事情加起来会让交易者忙得焦头烂额。这种压力使交易者根本无法腾出额外的时间来做出最大的努力。因为，人们往往倾向于利用空余时间来休息和放松。

有些人每周长时间工作，身兼数职，仍然有时间和精力处理各种社会关系和家庭关系，他们是如何做到的？在外人看来，那种生活似乎让人疲惫不堪。只要亲身经历过就不难发现，答案就是重大的努力会释放更多的能量，而不是消耗更多的能量。第二次、第三次、第四次兴奋时的突破，会让你找到新的活力源泉。但是，如果没有高强度的训练，这些源泉就无法开启。

生物能心理学家亚历山大·洛温（Alexander Lowen）撰写了大量文章，描述如何让抑郁症患者躺在床上猛击床垫，拳打脚踢。在患者至少做出了25次拳打脚踢之后，让他们大声叫出他们能想到的任何东西。许多患者，尤其是那些受过虐待的患者，大声说出了郁结胸中的诸多愤怒。在这种训练之后（我也邀请你尝试一下），患者常常觉得他们不再焦虑、不再忧郁。原本沉闷消极的患者现在觉得生龙活虎、精力充沛。

简单地坐在椅子上提高说话的声音无法得到洛温所描述的那种床上训练的效果。完全背离日常行为准则，可以让你打破常规，形成新的行为模式。

交易成瘾：打破止损点

也许，与没有遵守止损点相比，没有什么交易情形更能体现因情绪导致的信息处理扭曲了。肯·沃尔夫的 Mtrader 交易者培训网站甚至为那些长期打破止损点的交易者列举了 12 步计划，类似于股市交易的"嗜酒者互诫协会"。这种做法非常有远见。过于自信、远离基本、旧瘾复发，然后又自怨自艾，这使得有问题的交易和滥用药物的康复治疗非常相似。

对活跃的当日交易者（尤其是投机者）来说，确实很少会出现大的差额迫使他们平仓。多数重大的亏损都是由小亏损随着时间的推移而逐渐放大的。一旦发生了这样的损失，交易者往往情绪激动、身体亢奋，通常把这些损失当作失败来处理。在这种"激活"的状态下，交易者会执迷于赢回亏损的钱，以弥补出现的损失。所以，他们会本末倒置，方寸大乱，而不再遵守止损点。

与我交谈过的相当一部分交易者都是在为数不多的几次大好行情中赚了大钱。他们很多交易都是小赚、小赔或者不赚不赔。但是，如果他们没有遵守止损点，一两次大的亏损就可以输掉他们之前偶尔赢得的大钱，让几个星期积攒下来的成功交易前功尽弃。尽管在交易之前交易者会提醒自己要更加谨慎小心，但是交易者很容易就会忘记遵守止损点，从而导致交易溃败。

前面提到的压力预防练习是量身定制的，有助于交易者预演如何遵守止损点。确实，我发现，我大部分成功交易都是以预演消极的假设情境开始的，在预演时我会在脑海里过一下自己的止损策略。相反，我发现，最糟糕的交易都是以粗略估算潜在利润开始的。通过在脑海里预演在身心放松和认知集中的情况下的止损策略，在脑海中播放市场下跌时遵守止损点的电影，你可以将损失最小化变成行为中自发的一部分。实际上，你希望以平常心去看待交易亏损的过程，熟悉它，从而不再感到畏惧。要知道，市场本身就具有不确定性，亏损本来就是交易的一种成本。通过预演亏损、预演你对亏损的反应，假以时日，你就可以极大地控制你的情绪。

交易时更加严格地遵守规则

回想一下前文提到的那位患有多动症的小孩吧！面对种种苦难，学业变得艰难，因此老师们通常会强调行为规则和期望以期规范这个小孩的行为。把规则用语言表达出来，可以让小孩在原本可能会分散注意力的时候遵守规则，想起规则。

交易中规则的作用与此非常类似。通过强调和预演交易规则，交易者在情绪波动时更能想起它们。一份针对那些提供即时交易培训的主要网站的调查（包括琳达·拉什克和肯·沃尔夫创办的网站）表明，这些网站为交易者提供了具体的规则，并通过许多例子来强化这些规则。

制定具体的退出交易规则是一种非常有用的方法，它可以缓和情绪化交易对行为的影响。通常，这些止损规则可以分为三类。

（1）**基于价格的止损规则**　这是最常见的止损规则，通常根据交易者在一笔交易中愿意承担的一定金额或一定百分比的损失来制定。基于价格的止损规则也可以根据明显的支撑位和阻力位来制定，某一特定价格目标就是止损点。在标准普尔和纳斯达克期货市场上，后一种策略可能非常危险，因为这两个市场的明显支撑位和阻力位区域经常会出现虚假突破。正因为这样，我最不喜欢基于价格的止损规则，只是把它们当作避免灾难性损失的最后机制。

（2）**基于市场指标的止损规则**　这些规则利用市场指标水平，而不是单独利用价格来确定止损点。指标/价格的混合策略也许会根据目前市场的波动水平来调整基于价格的止损点。比如说，如果市场走势对交易者不利，已经偏离最近某时期均价两个标准差，这可以被看成非随机性（趋势性）走势，从而触发止损点。

其他基于市场指标的止损规则可以在市场预测达到预定水平时确定止损点。例如，我发现，如果纽交所TICK综合指数在两小时均线上出现重大突破（两个标准差）时，这种突破趋势会在接下来的 5 个小时里延续下去。相应地，我会在 TICK 向对我不利的方向显著突破时止损出局。很多时候，TICK 突破发生时，我已经根据基于价格的止损规则平仓出局，使我可以很好地避免亏损。

基于市场指标的止损规则也可以用作获利目标，来确定止损出局的时机。通常，就像我前面提到的，我会在市场放量大幅震荡时退出交易。尽管以这种方式出局，我也许会错过市场高点和低点，但是我经常发现，在市场出现仓皇买入卖出时止损出局是明智的。同样，道琼斯工业平均指数股票的剧烈变动（以 TIKI 来衡量，TIKI 是道琼斯工业股票上涨点数和下跌点数之和）经常出现在因为机构投资者买进卖出而引起的短期市场极端情况中，这也可以视为止损点。

（3）**基于时间的止损规则** 这些是我最喜欢的止损规则，因为它们包含在我研究的那些特别交易中。例如，假设一大早市场就在 TICK 负值区域出现为期 2 小时的大幅下跌。与前一个平淡的交易日相比，这种下跌创下了新低。在这种情况下，我会立刻查询历史数据库，看看以前类似的市场是如何发展的，比如下跌将持续 5 小时。如果出现明显的方向偏离（趋势持续可能与 TICK 突破方向一致），我会计划在未来 5 小时内采取卖空策略。但是，如果我的头寸在接下来的 5 小时内没能达到目标利润水平，不管价位如何，我会坚持平仓。对我来说，这是最理性的止损了，因为这说明我研究出的市场优势不复存在了。

这种退出策略之所以有效，还有一层更微妙的原因。比方说，我预计接下来的 5 小时会持续下跌，然而走势却相对平稳。在这种情形下，我发现我的研究通常都是正确的：走势平稳就是我预计的下跌趋势的持续。然而，由于下跌幅度不大，让我觉得这是市场正在走强的信号。这可能会提醒我去调查是否存在可以做多头交易的向上突破的趋势。换句话说，市场未能持续以往的走势可以看作是逆势交易的信号。

通过遵守基于价格、时间、市场指标水平的止损规则来进行交易，即便在最动荡的交易时期，交易者也可以预演具体的策略。如果真心让我推荐一种对付情绪化交易的有效策略，那就是要做到交易时更加严格遵守规则。这种历史分析是有效克服主观性、冲动性交易的良药。乔恩·马克曼在其对部门强弱的逐月研究中采用过；耶尔和杰夫·赫希在他们对市场趋势的日历模式研究中使用过；维克多·尼德霍夫在对过去市场和预期市场趋势的统计分析中也采用过。在这种意义上，尼德霍夫的研究忠告"用数据说话"对交易者来说也是一剂良药。

利用情绪反其道而行之

告诉大家一个有效的思考角度：面对市场，如果你过于自信或者担心，那么很可能其他交易者也有同感。如果市场的下跌趋势让你坐立不安，并且你注意到标准普尔指数的 E-mini 图表存在放量下跌趋势，你可以确信其他交易者正在清仓。在这种时候，我会把情绪当作重新研究的线索，查询数据库并找到最近几次类似的抛售行情，看看后市都发生了什么。通常，我发现与市场恐慌相反的方向偏离，使我可以寻找进行多头交易的机会，从而在这种普遍性的过激反应中获利。

在这种下跌行情中，我会比较交易次数的增长与已交易的合同或股票数量的增长。通常，与交易量的增长相比，交易次数的增长来得更快一些，这说明清仓抛售的大多是那些较小的散户。那些小规模的散户（往往资金不足）通常在这样的情绪化抛售中犯下错误。我也会看看那些最受欢迎的交易设备（比如 QQQ 和 E-mini 指数）中的交易量的增长，把它们和整个市场交易量的变化进行比较，以便发现市场下跌时投机性极端情绪的证据。

利用情绪反应来激活内部观察员的策略是靠在沙发上进行交易的核心。然而，这种策略需要大量的训练。首先，训练需要在非交易时间完成。通过训练，你要做到能够熟练地进入心态平静的状态。一开始让身心平静下来，可能需要花费几分钟时间。但是，一段时间之后，你就可以熟练地使用声光机器进行冥想训练，直到能够通过几次深呼吸或者使用声光机器几秒钟就平静下来。这种快速使心态平静、精力集中的能力对投机者和场内交易者来说非常有用，因为他们无法在市场高速运转时进行大量训练。

我发现，这种有助于激活内部观察员的心态平静、精力集中的状态与训练中使用的刺激有关，很像巴甫洛夫的条件反射。例如，你一边聆听一段放松的音乐，一边进行深呼吸练习，那么这种平静专注的状态就跟这段音乐有关。通过这种经过不断反复而建立的联系，你就可以在交易日播放那段音乐，做几次深呼吸，保持身体完全静止。即便在最情绪化的交易中，你也可以轻松地激活内部观察员。

为了让这种方法奏效，首先需要把情绪看作能够激活内部观察员的有用信号。这是对人们消除负面情绪本能倾向的挑战。我清晰地记得有一位交易者，在回复我给一个金融网站撰写的专栏时，他央求我教他如何在交易时"消除恐惧"。我回复说，你不该想着消除恐惧，恐惧是一种重要的信息，不亚于引擎故障时仪表盘上的红灯。红灯亮当然会让人不适，没人愿意看到红灯亮，但是妄图用绝缘胶带把它缠起来绝不是解决办法。许多交易者都希望摆脱"负面情绪"，他们用胶带遮住自己的仪表盘。无视可以带来一时的快乐，但是当引擎发生故障、问题急剧恶化时，无视就会带来痛苦。

交易者想要在交易中摆脱恐惧，这可以理解。在市场下跌时，有经验的交易者同样会产生焦虑感，他们首先会希望自己的头寸能够反弹，并会为此而祈祷。当你满腹自责，因为恐惧而手足无措时，眼睁睁地看着自己的头寸一点点贬值，可以算得上是人生中最糟糕的体验了。当你确定愿望无法实现、祈祷不能兑现时，你别无他法，只好出售头寸，内心既绝望又欣慰。但是，当你痛苦地发现你的抛售可能是最糟糕的止损点，甚至可能是最低价位时，这种复杂的情感很快就变成后悔了。

尽管很痛苦，但期待、恐惧、祈祷，这些情感的确提供了有用的信息。正如文章前面所说，其他交易者可能和你有同感，因此，这可能不是变现的最佳时刻。在我跟踪和存档的诸多交易日指标中，纽交所的 TICK 综合指数是我最喜欢的指标之一。我从马克·库克和琳达·拉什克对 TICK 的真知灼见中获益良多。当 TICK 位于 –1000 及以下，说明大多数股票在下跌，这意味着交易者不假思索纷纷离场。TICK 数值就是交易仪表盘上的红灯，当情绪高涨时就会变亮。

在那种时候，市场似乎难以理解。即使是最好的股票、最好的公司，也有可能会下滑，熊市一波接着一波。如果此时能激活内部观察员，你就可以更好地读懂市场信息。你不会像面对伍尔沃斯狂人的研究生那样被市场的疯狂所惊吓，你可以问："卖什么？"作为内部观察员的你会注意到你作为交易者的恐慌，并将其转化为市场数据，甚至是一笔有利可图的交易。

小结

如前所述，将情绪看作信息是心理医生工作的核心。在与病人打交道时，心理医生会经历各种情绪，这是不可避免的。但是，成功的心理医生会将情绪用作数据，而不是麻烦、人身威胁或者可靠的行动指导。有一个经典的案例，讲的是一位心理过度依赖的患者。他也许会抱怨做决策时的恐惧，反复强调决策失误的可怕后果，倾诉自己进退两难时的痛苦心理。他甚至会哭泣着征求心理医生的意见。这时，心理医生自然会同情他并给出一些指导。但是，那一般都是错误的做法。因为，不管你给出什么建议，都只会强化一点，那就是他无法自己做出决策。

因此，好的心理医生会激活内部观察员，意识到自己的同情心理，然后思考，"嗯……我为什么会有这种感觉。我想试着去征求这个人。也许，这也是其他人对他的感觉，但这让他越来越没有自信。也许我应该试试相反的方法，找出他能自己做出正确决策的情境。然后，他也许可以利用自己的经验自己做出选择，而不是依赖他人"。

"成功的交易者不会摒弃自己的情感"，这一点再明显不过了。确实，他们充分体验着各种情感，以至于他们完全意识到自己的感觉。但是，他们并没有迷失在自己的情绪中。确实，他们会利用内部观察员的优势，置身于情绪之外，去理解、回味它们。

要找到最好的练习方式来培养自省能力需要花费一些时间。我发现，生物反馈以及声光机器对我的工作极为重要。其他人则依靠自我催眠或冥想入定的方法。我们前面提到的在脑海中放电影的练习方法有一个有趣的变体，那就是找到一种舒适的坐姿，放慢呼吸，保持身体完全静止，在你的脑海中想象一部不一样的电影。在这部电影中，你生动地想象自己正在观察着身为交易者的自己——或过分自信，或惊慌失措，或贪得无厌，等等。

注意练习中重要的新方法。你不是在观察自己变得过于情绪化，你是在观察着电影中的自己对市场的过激反应。你就是内部观察员：你甚至可以想象自己正在微笑、摇头、安慰和同情可怜的情绪化的自我，等等。通过练习，你可以像心理医生一样，对自己说："嗯……我很好奇我为什么会有这种感觉。"一旦形成了自省能力，你就获得了自由，可以去做那些原本对你来讲非常艰难的事情。

通常，在市场中，那才是正确的行为。

金融作家倾向于给自己披上专家的外衣，以期引起广泛的关注。但是，我却要诚实地告诉你：布雷特医生是一名相当糟糕的交易者。他很容易就沉迷于市场走势。依靠各种交易设备，他通常会在情绪达到顶峰和落到谷底时把钱全部投出去。他很像那个伍尔沃斯狂人，与周围的节奏完全格格不入。但是，感谢上帝赋予了他内部观察员的能力，他的谦虚为他自己赚得盆满钵满。

| 第 4 章 |

失去理智的交易者

维持一种视觉只需一个"我"。

在第 3 章中,我们探讨了市场是怎样引起情绪变化的,而这些变化会进一步引起后续思维与行为的变化。本章我们将更深一步,分析认知神经科学的研究发现,深入探讨这一主题。这些研究的发现,提出了一个有趣的话题,那就是讨论我们的身份,质疑人类有着固定单一的人格这一观念。确实,长期以来,多重人格的显现仅局限在相对少数的病态情况,但目前似乎已成常态。这使得交易者陷入困境,他们会发现,一旦自己的思维、情感以及行为发生质变,他们原本精心制定并且久经考验的交易策略就会失败。

世界上最强大的眼镜

假设我告诉你,你不用医生开处方就可以拥有一副最强大的眼镜。它由透明塑胶制成,简单安全。你可以去任何一家五金店购买,可以在做木工或园艺活时佩戴,阻挡飞溅的碎片,保护你的眼睛。

正如哈佛医学院精神病学家弗雷德里克·希弗(Frederic Schiffer)所发现的

那样，问题在于你必须购买两副这样的眼镜。然后，你用绝缘胶布遮住第一副眼镜的四分之三，这样你就只能看见你右眼的外眼角部分。同样，你遮住第二副眼镜的四分之三，只留下左眼的外眼角部分。

结果证明，透过两副眼镜，人们不仅看到的世界不同，而且他们看待自己以及看待世界的眼光都不一样。

对此，希弗的解释非常到位，而且通俗易懂。早有生理研究表明，一个人视觉范围的最右边映射到左脑，而视觉范围的最左边则由右脑控制。大多数人都用左脑处理语言信息，而大多数情感信息都是右脑处理的。左右脑的分工如此显著，以致认知神经科学家约翰·卡廷曾提出人类实际上有两个大脑。大脑 #1 主要集中在左脑，帮助人们理解事物是什么。大脑 #2 集中在右脑，帮助人们感知价值、意义以及事物之间的联系。卡廷强调，两个大脑的主要特征在于它们的运作方式不是串行而是并行。在任何时候，这两个大脑都持续不断地扫视这个世界，确认人类遇到的事物是什么，并自行关联这些事物。思维运作得天衣无缝，实际上就是这两个大脑的精密协调促成的。

没有解剖脑胼胝体（左右脑相通的纤维）的外科手术，希弗的眼镜精细地分离了大脑 #1 和大脑 #2。多年前，罗杰·斯佩里医生的癫痫病患者需要进行脑裂手术，目的是阻断信号，这种信号会导致恶性癫痫。研究人员惊奇地发现，做这种手术的病人能思考，有感觉，但不能轻松地组织各大脑的输出。

此后，迈克尔·加扎尼加（Michael Gazzaniga）和他的同事发现，当脑裂患者只有左眼能看见图像（与右脑相通）时，他们能指认出自己看见的图片，却无法说出它是什么。他们知道自己看见的是什么，但是无法表述出来。更奇怪的是，给左右眼同时呈现不同的图片时，病人能分别指出看见的是什么，却只能口头描述出右眼看见的图片。（试验结束后，加扎尼加才想起来询问脑裂患者，为什么他们能正确指认出两幅图片，但却只能描述其中的一幅。他得到的回答成就了当代认知科学最重要的发现之一，后文中我们会讲述，这个发现对理解交易心理学至关重要。）

后续研究没有做脑胼胝体分裂手术，但是成功地研究了左右两个大脑。那些半脑严重受伤的病人给大脑的认知模式提供了有用的见解。给一个大脑半球做麻醉而另一个大脑半球却不做处理的过程被称为 Wada 检验，这个过程也非常能说明问题，因为这个过程可以确保病人在一个大脑半球不运作时接受提问。

杰弗里·埃亨（Geoffrey Ahern）和他的同事进行了一些有趣的研究，他们对两位癫痫病患者实施了 Wada 检验，研究了其情感功能。希弗对他们的研究进行了总结。两位患者都经历过极端的情绪波动，他们似乎有着两种完全不同的性格。经过 Wada 检验，埃亨医生能够证实每种性格都与某个大脑半球相关联。麻醉患者的一个大脑半球，患者会相对比较开心，乐于交流；但是，麻醉患者的另一个大脑半球，患者会变得抑郁寡欢、闷闷不乐，甚至激进好斗。

罗伯特·奥恩斯坦（Robert Ornstein）在他的《右脑》（*The Right Mind*）一书中描述过类似的案例：一位脑裂患者用左手打他的妻子，同时试图用右手阻止他的左手；让另一位脑裂患者指出哪些词能描述他的人生目标时，他的左手（右脑）指着赛车手，右手（左脑）指着绘图员。查阅众多认知神经科学、心理学及哲学的文献资料后，卡廷得出这样一个结论：人还有一个大脑，它控制着人的情感、意志和以需求为导向的行动，它主要集中在右脑，与控制语言与思维的大脑相分离，可独立运作。

埃亨和奥恩斯坦描述的病人都很罕见，因为这些病人的第二人格似乎非常明显。也很有可能是你我与这些病人不同的仅是极端的程度而已。阿诺德·戈德堡（Arnold Goldberg）在其优秀作品《两个大脑的人类》（*Being of Two Minds*）中，描述了众多治疗患者都呈现出人格分裂，他称之为垂直分裂人格。这种人格完全不同于正常人格，此时，病人变成了另一个自我。通常，这个自我会强迫自己做出某些行为，而这些行为与他平时的正常行为大相径庭，进而令患者感到特别内疚、羞愧和尴尬。

我见过很多这种垂直分裂人格的事情。最近，我遇到一个女人，她很自信也有能力，长得也很漂亮。然而，她经常觉得自己完全没有能力去做决定，哪怕是最基本的决定。每当这个时候，她都大量进食巧克力和冰激凌，导致体重迅速增加。之后，她回顾自己的所作所为，根本无法相信。她会"振作起来"并维持一段时间，直到下一次情绪失控。

一位成功医生的事例更为惊奇。他来见我是因为他的婚姻遇到一些问题。他的妻子体贴并有能力，曾经也有一份很成功的事业。他们有一个孩子，据说夫妻彼此相爱，家庭生活幸福美满。然而，这位医生时常感到一股强烈的情感，那就是希望去当地的赌场赌博。他为这种行为而感到愧疚，甚至觉得"猥亵"，因为大多赌徒都不让人待见。他努力不让他的妻子知道他去过赌场。最后，他的妻子查看储蓄账户时发现巨大的资金缺口，觉得有些不对劲。她很震惊，觉得丈夫背叛了自己。而他却无法解释自己为什么要去赌博，这让妻子更加恼火。像其他那些倾诉自己为什么浏览色情网站、裸露自己或吸食毒品的病人一样，这位医生只能无力地解释说是什么东西突然"造访"。他一再强调，他爱自己的妻子，并不想伤害她，更不想失去她。

戈德堡医生认为，这些病人讲述的也许都是事实。真的是什么东西突然造访，他们无法完全控制它的出现。第二种人格从正常的人格中分裂出来，似乎具有它自己的特点、需求和表现。也许在困境中，人们常常说"我心里想的是一回事，但是我脑子里想的却是另外一回事"，他们是在描述一个超乎他们认知的真相。这时，一个人因为有两个大脑、两个自己而备受煎熬。

我认为，在交易中，这种寓意也是具有里程碑意义的。交易者抱怨被迫交易或不能启动交易时，即回顾这场交易时会想："我究竟为什么要持有那样的头寸？"也许他们事后的这种自我反省是有原因的，也许他们根本没有进行交易，也许像这名赌博的医生和加扎尼加的病人一样，他们真的没有用右脑思考（思维不正常）。

上瘾的交易者菲尔

我曾和菲尔在电话里交谈过，他的思维真的有过不正常。菲尔经常会达到他资金曲线的上限，然后他继续加码，延长持股期限，不考虑他的止损点。毋庸置疑，这会造成巨大的损失，使资金跌至曲线低谷。从这一点来看，受到教训的菲尔会减少份额，按正常规则交易，按部就班地按计划退出股市。

菲尔发邮件给我之前，这种情况出现过好几回。考虑到工作、家庭和投资的需求，我通常不会介入交易者的治疗过程。菲尔不论如何都算得上具有一定的投资能力，但却因为他那近乎自我毁灭性的行为而受尽折磨。为了能简单地解决这个问题，我礼貌性地同意和他通电话。

菲尔的双重人格

从我对他的所知来看，他之所以会进行一些不正常交易，是因为这与他的基本人格不一致。这似乎很明显。大家都知道哲基尔（Jekyll）医生和海德（Hyde）先生的故事，以及超人克拉克·肯特（Clark Kent）的故事。菲尔的人格有着相似的双重性。

大多数时候，包括在和我通电话时，菲尔都是一个温文尔雅、谨慎保守的交易者。他是个十足的居家男人，认真地担当着做父亲和丈夫的责任。但自从他全身心投入交易以后就再也无暇顾及家庭。去年，他只要一想到这点，就痛苦万分。他特别想在事业上获得成功，也立志要更加努力来获得成功。

然而，一旦菲尔的辛勤耕耘有所收获时，他的观点似乎连同他的人格就变了。他的妻子察觉到，因为他突然说要成为一个成功的交易者，要为这个家挣很多钱，等等。他变得异常豪爽、自信，开始和妻子精心计划假期和购车等。每当他在交易上变得过于自信时，他的妻子都会发现这种状况。她求他，要他"慢下来"。

思维、情感和行为都特别极端，所以我觉得这是双相障碍的表现。事实上，菲尔在生活中的其他时候不会出现这种情况。从事交易之前，他从来没有出现过这种波动；不交易时，他也从不盲目自信。

我一直很困惑，他的问题本质是什么。直到他告诉我，大学期间及毕业后的一段时间，他曾大量服用可卡因。他向我坦言，之后很多年他都没有碰过可卡因了，这也不是他从事交易的原因。

我让菲尔描述服用可卡因之后的感觉。和你想的一样，他觉得振奋有力。他说自己"站在世界的顶端"。说到这里，他停住了。他指出这样一个明显的事实：

交易时的他和服用可卡因的他一样兴奋。一旦他连续交易成功，他就开始陶醉在自己的成功里，觉得自己站在世界的顶端。

这点对菲尔来说具有很大意义，就像他回忆时说的那样，受可卡因的影响，他变成了另一个人。他变得善于交际、自信满满。他轻松攻克各种难关，觉得没有什么可以阻挡他前进的道路。他尴尬地向我描述着，最近他在交易市场上的表现就是这样。在网站的广告版里吹嘘自己的交易，自信地给别人建议。正是因为他拙劣的在线咨询意见，那些交易最终惨遭失败。

菲尔喜欢可卡因和交易，因为它们让他变成了另一个人。在市场和药物的作用下，他似乎觉得自己有点像英雄。不幸的是，这只是人工诱导的、不能长久的假英雄。但是他的初衷是积极向上的：强大起来，主宰自己的生活。从重视解决方案的思维角度出发，我们的任务是找到有效的方法，让他获得同样的感觉，并帮助他将这种感情延续到交易中。

服用可卡因之后能获得成功，这是菲尔感觉能主宰自己生活的最明显的方式。遇见这个女人（也就是他后来的妻子）之后，菲尔就不再服用可卡因了。她显然说得很清楚，如果他继续服用可卡因，她就会离开他。他意识到这会失去很多，所以他参加了戒毒协会（Narcotics Anonymous，NA）。戒毒协会和戒酒协会一样有着12步原则。他之后成了很多新成员的导师和担保人，帮助他们保持清醒，克制欲望。菲尔在戒毒协会很自觉，也很称职。他喜欢这件事，他的妻子因为他的进步而更尊重他。

我问菲尔，为了改变这种毁灭性的交易模式，他是否愿意参加课程学习。我告诉他，他已经做出了很大的进步，改掉了生活中的一个坏习惯。我们可以学习上次的经验，来改变他的交易模式。"我会尽一切努力。"菲尔说，他就想成为一个成功的交易者。

我让菲尔把电话给他妻子朗达，她也急切地想帮助菲尔。让我觉得奇怪的是，她说（在菲尔能听见的情况下）现在这种情况下她的婚姻无法继续下去了。"我需要经济保障，"朗达说，"我们付不起账单。"朗达解释说她从小在贫穷家庭里长大，她无法忍受经济没有保障。她爱她的丈夫，但她不能天天想着该怎样支付这些账单。

我安抚了一下朗达，让菲尔听电话。他的声音在颤抖，他知道问题比他想象的更严重。我意识到我的电话会诊很快变成了一次全面的危机干预。

激活内部观察员

当菲尔重新拿起电话时，我能意识到自己对他的气愤。起初，我以为自己会责备他，怪他让我卷入了比预想更深的麻烦。但是，我很快打消了这种念头。通常，我喜欢处理危机以及治疗中的高压情形，我由衷地想看看这对夫妻如何解决他们的问题。

不，我承认，我是生菲尔的气，因为他让他的妻子不安到如此地步。很明显，她是一个称职的妻子，她迎接着生活的挑战，一步步成长。菲尔怎么能无视她的痛苦？我在想，交易时间之外他为什么不去找份兼职，多挣一些钱呢？他肯定知道他的妻子正在为账单发愁。

这时我的内部观察员闯进来了。我生菲尔的气，也因为朗达想着要离开他。他只顾着自己而忽视了朗达，只想着成功而忘记了交易原则。很显然，菲尔不仅在可卡因和交易的作用下显现了他的人格模式，而且在婚姻中也出现勤奋和忽视的循环往复。只是这一次，有可能失去一切，包括交易和妻子，所以他害怕了。

我认真地告诉菲尔，我知道他很关心他的交易和婚姻。我告诉他，他的交易模式会让他同时失去这两者。他需要让朗达参与任何决定，和他当年参加戒毒协会时一样。菲尔认同这个想法，而且在我要求和朗达说话时，他立即把电话给了她。

我叫朗达帮助菲尔成为家庭支柱。最后，我建议她保留所有交易方面的凭证。至少一年内不再把资金转入交易账户。在菲尔过分自信之前，一旦账户里的钱增加了10%，这份收益就转存到家庭储蓄账户，再也不用于交易了。这对夫妻一起绘制储蓄"资金曲线"，用剩余的钱为他们自己买些好东西，因为这是双方努力的结果。

我告诉菲尔，他也有必要帮助朗达。我说，朗达小时候因为穷受过伤，他要在旁边支持朗达。他能做的最好方式是关心朗达的资金曲线（家庭储蓄账户），而不是他自己的交易账户。

他认同这个观点,并立刻付诸实践。朗达也很高兴,因为她觉得这样她就可以更好地掌控财权,监督菲尔兑现他的承诺。几个月后,得知他们已经走出经济困境,婚姻生活幸福美满,我很欣慰。毕竟,菲尔在戒毒协会做担保人时,有帮助别人走出困境的经历。每次我们再谈到朗达时,他都愿意满足她的各种需求,这样可以满足她的支配欲望。如果在家里他有被需要的感觉,对家庭有贡献之后,他就不会想着成为商业巨头了。

同时,菲尔的交易获利了,因为他的股份不可能突飞猛进地增长。账户资金增加到要诱发他的追求能力之前,钱就会被取出来存到家庭储蓄账户上。事实上,这次咨询结束后,菲尔一直延续着这种模式,即挣了钱之后再回归到原点。只是这一次,是他和朗达故意把账户回归到原点,这样就不会造成更多的损失。因为他不再拥有所有的收益,不能再疯狂地交易。菲尔必须严格遵守规则,否则他的交易事业就会永远结束。

重视解决方案的治疗证实了有两个菲尔存在:一个是体贴的,想做所有对的事情;另一个则是渴望变得强大,热情高昂,却忽视了一些基本职责,如身体健康、投资增值和婚姻幸福等。我们不认为一个菲尔坏而另一个菲尔好,我们设立这样一个情境,"坏菲尔"做了正确的事情,满足了需求。如果我要菲尔放弃交易或者最多只能持有100股,他是不会答应的。可是他却很乐意地放弃利润,限制账户金额,只为挽回他的妻子,拯救他的婚姻。如果菲尔能帮助其他吸毒者,从中得到快感,他就不需要可卡因。如果他能帮助朗达,从中得到快感,他也就不需要更多的投资增值。

探索双重思维

我们回顾一下弗雷德里克·希弗的发现性研究,以及它和交易心理学具有的关联关系。遮挡住透明眼镜的镜片——希弗医生这样做的目的与斯佩里、加扎尼加在本质上是一致的,就是把正常人变得和脑裂患者一样。他从视觉上分离了左脑和右脑的运作。这一过程中的发现是非凡的。

他的研究对象是他自己的诊疗病人。大多数人都是因为抑郁和焦虑来找他。希弗医生让他们戴上眼镜，遮挡住大部分的镜片，只留下左边缘的一点视线。这时他们就表现得焦虑不安和失落。如果有什么区别的话，就是感觉比平常更糟。然而让病人惊奇的是，等他们戴上另一副眼镜，同样遮挡住大部分的镜片，只留下右边缘的一点视线时，他们发现自己很快冷静下来，感觉好了很多。连安慰剂都没有这种立竿见影的效果。如果遮挡的是两副眼镜的上下视野（没有分裂大脑的运作），就不会出现这样的结果。

在我的工作中，我用了类似希弗医生的眼镜，我自己戴过，我的病人也戴过。我的病人提供了最可观的实验数据，因为我起初没有告诉他们眼镜是什么用途。从实验来看，并不是每个人戴上眼镜后，都有明显的效果。但是对于受情绪或自尊困扰的人来说，他们确实有思维状态的转变。这些人的变化特别明显。他们有时觉得自己的状态特别好，有时觉得紧张、自责、没有自信。在这种情况下，垂直脑裂现象显而易见。

眼镜本身不能治愈希弗医生的病人，也不会对我的病人造成任何永久性的变化。但这确实告诉病人一个重要的事实：他们的问题不在于这个世界，而在于他们怎样去看这个世界。一个是焦躁低落的自己，一个是完全没有这种感觉的自己，两者并存。在眼镜的作用下，人们越来越相信这点了。他们经历过才发现，消极的自己不全是现实的问题，而是他们的认识不同造成的。

眼镜是一个巧妙而实用的工具，但要追求自我发展，最重要的是找到一个方法，不戴这种眼镜时也能改变视野。要想连续交易且不受情感干扰，交易者需要一定的技巧来实现思维转换。

交易者的思维

希弗医生的病人的情况有重要意义，使得希弗深刻理解了感性交易者的困境。他们懊悔、害怕或是自负。经验丰富的交易者详细分析市场，权衡他们的选择，最后才会做出交易决定。他们用卡廷命名的大脑#1思考，分析交易模式和相关数据。从这点上说，他们好像戴了这样的眼镜，遮住了大部分镜片，只留有最右边的视野。

一旦市场出现重大波动并影响到交易者，思维转换就会骤然发生。交易者开始从自己的角度考虑市场波动，评估市场波动对他的账户、尊严及荣誉的影响。就如同换上了另一副眼镜，遮住了大部分镜片，只留下了最左边的视野。交易者不再"全神贯注"，而是从自身角度考虑市场运作，对市场数据和交易模式非常敏感。更奇怪的是，他们不是根据之前研究和测试的结果来决定交易。

在市场中，人们之所以会交易失败，是因为决定交易和管理退出交易的不是同一个人。也就是说，另一个自己（也就是另一种思维）出现了。

很早之前我就在想，为什么实现新年的愿望会那么难，比方说减肥、坚持运动等。脑裂研究以及希弗和戈德堡医生的工作合理地解释了这一点。人们决定减肥和运动时，他们是认真的。他们只想到了运动给健康带来的好处，只想到一定要保持健康的各种理由。可是之后，他们厌倦、疲惫、绝望。他们转到另一种思维模式，他们的愿望不再那么强烈。做决定的那个人消失了；另一个感性的自己太累了，不想运动了，不愿放弃享用食物之后的那种满足感了。他们开始打破规则，直到最后忘了所有的规则。

生活中人们不能坚持他们的目标（交易是一项目标性的活动），因为他们是本质上分裂的人类。

早在20世纪，俄国哲学家乔治·伊万诺维奇·葛吉夫就对认知神经科学的眼镜发现有所贡献，他强调人没有一个完整统一的自己。葛吉夫说一个人是由好几个"我"组成的。每个"我"都想引起注意，但又意识不到彼此的存在。人从一种情境转到另一种情境时，激发了不同的自我，随即做出不同的行为。这是无意识的、机械性的反应。葛吉夫说，更为重要的是人们在睡觉，他们并不是很清醒。他们相信自己是自由的，他们容易进入另一种状态，激活另一个自我，做出一系列行为。

人类大脑内部处理信息的系统多种多样，所以才会给人类带来困扰。这种困扰摧残了那些想从市场中获利的人。各种新闻、热帖、市场动态和生活问题干扰着交易者，他们发现很难坚持完成一个交易计划，就像很难减肥一样。因为没有一个完整统一的我，这个小"我"就胡作非为，冲动地决定交易，忽视了最浅显的市场模式。

也许你曾有过这种经历：回顾一场失败的交易，看看到底哪里出了问题。你找到当时的市场数据，分析你的交易，你肯定会想"我究竟是怎么想的"。

你的反应完全属于事后之明。你当时也许已经掌握了所有的数据，足够做出一个正确的决定，但你没看懂数据，因为你压根就不想分析那些数据。你的焦虑、厌倦或是一时的自负左右了自己的思维，就像希弗的病人戴了那样一副眼镜，右边的视野完全被遮住了。回头分析这次交易的"你"不是那个决定交易的"你"。

这是很有启示的。

同时这也很重要，因为这就意味着你可以做很多实验，知道更多新的指标，接受最好的教育，但仍然与你的交易目标相差甚远。如果你正在睡觉，正从一种思维状态转到另一种思维状态，你不会持续实施客观合理的策略，即使你知道这些策略。邬斯宾斯基在《第四种方法》(*The Fourth Way*) 中写到，只要你睡着了，你的梦想就可能会变，但你可能会永远被困在床上了。

理解了希弗的研究后，人们就能更深刻地理解内部观察员了。这种内部观察员就是葛吉夫模式里的那个"我"，即没有任何个人情感的你，一直持有一个观点。内部观察员会和你一样问："我现在戴的是哪副眼镜？这时我要怎么看待这个世界？"

简单地问这些问题后，人们在交易时会有一股强大的心理暗示。"情绪温度"反映了你是怎样认识这个世界的。吸热的你和过热或过冷的你完全不同。问你戴的是哪副眼镜时，其实目的远不止是问眼镜。

重视解决方案型的资金管理

设想一下，几个资金管理员共同管理着一个基金。其中几位管理员比较机敏，对市场数据和模式也比较敏感。其他管理员不关注整个市场变化，交易频频失败。算上那些拙劣管理员带来的收益，基金的整体情况也仅是一般，因为这些拙劣管理员造成的损失抵消了机敏管理员带来的收益。

如果你是这个基金的执行总裁，你会怎么做呢？

你肯定会说，很简单。你会辨别出哪些是成功的管理员，然后把所有的资金都交给他们。你会解雇那些失败的管理员，或者确保他们不再左右基金交易的最终决定。

现在想象一下，在你身体内部，就有好几个不同的交易者。每天每个交易者都管理你的账户一段时间。其中的一两个相对比较机敏些，其他的完全就是破坏者。结果是你的账户的整体状况不佳。作为你自己账户的总观察员，你要怎么做？

要是你的固有倾向是找出你内部那些不好的交易者，然后根除他们，那么说明一点，你没有从菲尔的案例中获得教训。解决问题的第一步是：菲尔的失败交易（像服用可卡因）是有一定目的的。事实上，他本来的目的很积极，但弄巧成拙了。要解决他的问题，不是简单地停止交易，或是严格限制交易额。他想感觉自己强大不是他交易惨败的理由。菲尔和朗达找到了一个方法，用另一种方式满足这种需要。

同样，如果你的身体内部有多个交易者，有些谨慎，有些冲动；有些成功，有些失败。那么，你的首要任务不是给交易者贴上各种标签，而是要站在旁观者的角度。你必须弄清楚为什么是那些糟糕的交易者在工作。他们显然不是单单为了钱在交易，要是这样的话，他们是永远不可能战胜那些成功的交易者的。他们工作不是为了获得一只普通股带来的收益，很可能是另有所图，比如兴奋感、自尊心或是一种强加的自我形象。

因为你几乎自虐的心理，或者因为你喜欢失败或觉得自己应该失败，你没有交易失败。可是，因为你有多个不同的人格，每个都有自己的需求，每个都要管理你的交易账户，所以你毁了你的交易。因为你交易时并没有把股权太放在心上，所以你的交易失败了。奇怪的是，一场失败的交易也许是成功的，因为那个你从市场中追求的是兴奋的快感，不是利润。

总的来说，我是一个情绪相当平稳的人，不太容易抑郁、焦虑或生气，至少不会持续很长时间。我生活的各方面都很顺利，所以我不会太在意交易结果。尽管如此，我发现自己也会因为交易而困扰，和菲尔的唯一差别只是程度不同而已。

我的大多数交易都是有一定限额的，分析以往的市场模式，判断我哪儿有优势，所以很多时候我都彻底退出市场。尽管市场的收益没那么完美，但还是很大的。如果没有人捡起，钉子也不会一直在地上；同样，如果没有人抓住，市场上的机会也不会滞留很久，特别是在已经众所周知的情况下。优秀的交易者会抓住这些机会，他们分析复杂的数据，进而掌控众多市场。我觉得交易的最根本原则不是进出市场，而是要一直处于场外，直到具有明显优势。也就是说，很多时候我都在谨慎地观察市场，但没有交易。

大多数时间我都能遵守这原则，然后把时间放在我的研究上，满足我的巨大数据库的需要。有时候，我的 A 型人格出现，我会觉得看电视很浪费时间。我要做点什么，我要投资。在这种时候，我不会深思熟虑，而是在优势微弱的情况下投资。我在这时投资，不是因为这次交易构思良好，稳赚收益，而是因为它提升了我微弱的成就感。我意识到，如果我不能清楚说出和写下交易的充足的逻辑基础，那我能肯定决定交易的原因是在心理层面上，这时我必须退出市场。

我唯一能做的就是找到一个解决办法，再也不去放纵交易。在市场低迷期，我能用其他方式满足我的成就感。为了满足自己的心理需求，觉得自己是个有用的人，菲尔帮助其他吸毒人员，而不是继续服用可卡因。除了交易，我积极迎接其他挑战，努力获得成功，以此来取悦我的 A 型人格。因为要写书，所以我就不能经常研究交易（我已经有几个月没有钻研交易了）。但写书期间我的股票收益很好，对此我一点也不觉得惊奇。在市场状况不佳时，我就遵循自己的策略不变，然后去继续写作，只是偶尔看看股市行情，做些细微的调整。我的成就感从写作上得到很大的满足，所以我能耐心地等待更好的时机。我要成功，但同时不影响我的收益。

靠在沙发上交易

如我之前强调的，交易成功的第一步是心理上的，记录你所有的交易以及每次交易时的心理状态、想法和感觉等。不久之后，你会发现有时你是优秀的交易者，有时你是糟糕的交易者，进而你就会知道哪副眼镜对你有效，哪副不会。更重要的是，你培养了作为观察员的习惯。

你做的记录还有另外一个好处：可以帮助你理清自己为什么要交易。

当认清自己的其他人格后，就像我认知我的 A 型人格那么清楚，你可以根据记录问自己："是我身体内的哪个交易者决定了这次交易？决定交易是因为形势真的对我有利，还是为了弥补前期损失，抑或是为了在股友们面前吹嘘？"

通过做记录你会认识到，你跟希弗医生的病人以及我是一样的，身体内部有很多个自己。每个自己的出发点都很好，能掌控交易都很兴奋。所以交易大师亚历山大·埃尔德（Alexander Elder）写了《以交易为生》㊀（*Trading for a Living*），建议交易者记录每一次交易。这种记录可以帮助交易者认识到成功和失败的模式，这样以后就不会重蹈覆辙了。

就算是白费口舌，我也要再次强调一下：现在的问题不是交易者遇到问题，而是交易者和问题纠结在一起了，而那个已经清楚理解市场信息的自己，他却无法控制。

你不想从本质上解决你的问题。你想这是你要转换眼镜的信号，激起身体内部最佳状态的自己。

我最近就对交易特别有信心，想到可以增加交易额就兴奋。很快，另一个声音告诉我：别那么做了。

那天晚上，我强迫自己重复做了两次开盘前的准备。除了最安全最清楚的交易信号，其他我都不关心，然后保持交易额不变。截至昨天下午，我减持 12 点标准普尔期权，并带来了很大收益。感觉更棒的是，"我"战胜了那个 A 型人格的"我"。

这就是被拯救过来的交易。

㊀ 本书简体中文版已由机械工业出版社出版。

交易时的角色转换

在不同思维和自我之间转换可以改变自己的心理，这个想法听起来很激进。但这确实跟苏和肯的变化动态很吻合。如果你以一种全新的视角理解信息，那你就处于另一种思维。而且，当你转换成内部观察员时，你就会用不同的处理系统考虑问题。认识到身体内部有很多自己时，你会理解为什么有时行为很荒谬，为什么有时会加快那些行为的变化。

在《交易心理分析》(Trading in the Zone)（John Wiley 出版社，2001 年）中，阿里·基辅（Ari Kiev）总结了自己的经验，他给几个世界顶级交易者做过心理辅导。他介绍了几种扩大交易的有益办法，重点强调要培养重心和原则。他的其中一个案例就是库尔特，很好地证明了短期治疗的寻解思维。库尔特过度交易，没有机会他也要制造机会。这样他就后悔自己卖掉了期权，他谴责自己，觉得自己是个糟糕的交易者。这在情感上影响了他后来的交易决定。基辅医生发现，库尔特简单处理交易，以免自己事后懊悔。继续持有亏损的头寸或者很快换成其他新头寸，他都不需要去想是怎么回事。这样他会暂时觉得好一些，只是这些会打破库尔特的底线。

幸运的是，基辅医生给他心理辅导之后，库尔特发现自己能更好地处理高尔夫球场上的状况了。挥错杆时（每个高尔夫球员都会有挥错杆的时候），库尔特都集中注意力挥下一杆，而不是内疚自己在上一杆出了什么状况。在交易时，库尔特唤起高尔夫球场上的思维，像对待球场上失意的球一样，应对股市跌势和失败的交易。他现在能卖出头寸，随后在有优势的情况下再买进，这样他的交易有了一定的灵活性。基辅医生发现，回想曾经的成功对培养稳赢的心态很有帮助。像库尔特那样，寻解治疗相当有益处，即使回想的不是交易上的成功。

基辅医生对库尔特的细心观察说明一点，每个人在交易时都会出现一定程度的垂直分裂。这和葛吉夫的理念相呼应，人由很多的小"我"组成，很多个"交易者"都有自己不同的需求和动机。想着过去的成功或回想自己擅长的领域，你就可以转换到这个"我"，可以处理目前交易的"我"。

这种方法很有用，即在股市低迷期，停止交易一段时间，积极投身于你擅长的任何其他事物。这样会唤起你成功状态下的思维，并延续到你的市场交易中。对我来说，写作是我喜欢做的，也让我有种成功的感觉。所以在市场对我没多大优势时，我就会看我的图表数据，并集中注意力写我的观察报告。写的时候我经常会想到一些东西，而在我只想着市场动态时这些东西是不会出现的。写作对我来说就跟希弗医生的眼镜一样。

左右脑的动态（情感模式与特定脑半球相关的概念）解释了市场准备的心理价值。众多顶级交易者都关注周密的计划。优秀交易者交易的每一步都是有目的的。他们把交易当作生意，制作一个精密的商业计划。每场交易的目的都很明确，详细研究后再买进或卖出。基辅医生给交易者辅导时，特别强调两方面的重要性，一是要把注意力放在已确定的目标上，二是要根据目标制定相应的买进卖出计划。正是把注意力放在目标上，才有助于激活大脑的某一部位，而这个部位主要负责解决问题，能够抑制大脑内驱动感性内心部位的工作。

我曾有此殊荣，见识了几位世界顶级交易者的交易过程，准备工作对他们成功的重要性让我诧异。维克多·尼德霍夫用"计算"（引自英国著名科学家弗朗西斯·高尔顿）来描述他对市场的经验调查。尼德霍夫每天分析很多案例，检查目前的市场模式，吸收往年的处理方法。杰克·施瓦格采访了著名的市场向导琳达·拉什克，她同样强调市场成功中计划的重要性。下面是琳达记录的一些案例，摘自她的交易方式研讨班手记：

- 集中注意力，抵制诱惑，避免在你成功的路上分心，这是艰难的。专心、常规和惯例是你最有力的处理工具，可以帮助你抵制诱惑、减少情感焦虑，不会阻碍你的良好表现。（第3页）
- 交易者必须制定计划，采用一定的方法，按计划执行。若没有计划，市场就已经将你击败。做决定的部分也很重要，因为你可能会交易过度，也可能会过于保守（犹豫），还会犯一些粗心的错误。保持一致性是能赢的唯一方法，而一套投资计划是取得成功的唯一保障。（第6页）

- 建立自己的日常常规。常规和惯例的形成有相当大的自由性。这些可以帮助交易者解放思维，不再自言自语，不再心存疑虑。可以帮助交易者关注眼前，保持进程。在另一个抽象环境中建立模式。(第9页)

琳达观察到的要点值得我们注意：一致、计划以及惯例。而基辅特别强调重心和纪律的重要性。假设以解决问题为目的，能刺激那些语言和分析能力，特别是与左脑相关的那些能力。为了抑制大脑#2的活跃度，你不需要通过脑科手术、麻醉或是遮住的眼镜，就可以转变大脑思维。从这个层面上说，市场研究、计划和前期准备远不只是用以估算下一阶段市场价格的可能波动，它们的意义在于产生和维持精神上追求市场成功的满足感。

市场平稳性及市场情绪

克利福德·谢里（Clifford Sherry）关注市场价格变动的平稳性，这在交易领域具有重要意义。许多交易者很陌生，但这却是非常重要的一个概念。

平稳价格产生于一个简单的过程。在21点游戏中，随意抽出一张纸牌，纸牌的分布也会呈现平稳性，也就是说它们会遵循稳固的分布，是可预测的。

然而，如果赌场里的发牌员不用一副牌，而改用多副牌，那么抽取的牌的分布就会发生变化，而不再呈现出一定的平稳性。用一副牌和多副牌，纸牌出现的频率会出现巨大的不同。

平稳性对交易者来说很重要，因为市场经常会更换所发的牌数。市场在一段时间内，会沿着一定的方向低幅度地发展，然后幅度会骤然加大。看一下价格波动的数据分布，你会发现并没有显现平稳性。

市场结果的骤变并不是特殊情况，而是一些常规现象。相对中午而言，股市一般在上午都更活跃一些，波动性更大一些。基本上，午后的价格波动也比中午更明显。节假日之前的股市很低迷。期权和期货快到期时，交易经常比较多，价格变化也比较大。夏季股市一般都很低迷；10月的股市跌宕起伏比较大，呈现下滑的趋势。

我会见过很多交易者，他们采用的方法的最大不足是，做决定时没有把平稳性因素考虑在内。他们不确定所处的市场情况，也并未采用与该市场相对应的具体交易方法；相反，他们对所有的市场都一视同仁，采用机械式的信号和统一的图表或震荡模式。只要市场出自同一副牌，他们的方法就能产生收益。一旦尼德霍夫描述的变化周期发生改变，之前的有效方法就会效果不佳。

如果在市场不稳定时期频繁的交易，任何一种方法或规则都容易崩溃。为什么？为什么市场会在稳定和波动之间摆动？也许这和认知神经科学研究中所观察到的动态变化是一样的。交易者从一种思维转换到另一种思维，在很多"我"之间转来转去，市场也是类似的情况，从一种状态转到另一种状态。市场和人一样，都有一定的特性。就像希弗的病人一样，用很多不同的方式处理信息。

如果确实如此，那么交易的衍生物是实质性的。不是找到一劳永逸的、任何时期任何市场都通用的交易方法，而是了解市场的特性，洞察何时会从一种状态转换到另一种状态，这样也许会更有成效。我自己交易时，整合了几个主要的市场变量（如价格变化、发展速度、市场波动及相对强度），形成一个指标，即综合统计，我称之为"力量"。高力量的市场有明显的上升趋势，低力量的市场有明显的下降趋势。力量值接近零表示市场没有任何趋势。

借鉴历史分析时，我只观察那些力量值与目前市场相同的历史时期。力量值是预测趋势和分析市场波动的一种方法，能表现某一特定时期的市场特性。力量这个变量的变化意味着市场特性的变化，此时我会重新分析，预测新特性是如何体现价格变化的。市场由上升趋势转为下降趋势时，期货价格就会相应地变化。研究就变成了正在进行的交易过程的一部分。交易过程中嵌入了研究，这有助于将交易的利润需求停留在逻辑层面，而不是心理层面上。

即使是在一定关注度内，也有直觉和感觉的作用。如果在做定量研究，你会开始注意到，你在关注自己思维转变的同时，也能知道市场状态的情况。我建议你做一张表格，记录你的心情和正在交易的市场的发展方向和波动情况。你可能会特别惊讶于你思维状态的转变是以怎样一种方式使得自己意识到市场状态的变化的。我的市场统计不止一次地发生变化，完全是因为我自己的状态随着市场数据的变化而转变了。

经验和分析间的相互作用错综复杂，正是这种作用使得交易充满挑战。之后你会发现，你的情感，即右半脑的作用，会在潜意识里推翻你的分析，隐晦地指出那些分析什么时候出错了。拉马钱德兰（V. S. Ramachandran）和桑德拉·布莱克斯利（Sandra Blakeslee）合著的《脑中的幽灵》（Phantoms in the Brain）中非常恰当地描述了这一现象。左脑像个将军，对资本的支配有决定权。右脑就好比是童子军，给将军提供最新情报，以便将军更改策略。越权的童子军和失职的将军是交易的两大破坏者。

小结

我才刚开始揭露一点真相，交易者面对的最大挑战不是情感紊乱，而是在于大脑的构造。大脑左右半球的明确分工，特别是在处理语言或概念信息、情感或空间信息时，有助于转变信息处理方式，进而破坏交易原则。

本章要表达的是一心只为交易的交易者实际上很难以交易为生。自从写交易专栏以来，不计其数的绝望的交易者来找我，希望我给他们一些建议，然后他们告诉我，交易是他们生命中最重要的事。我有责任告诉他们，这正是他们的问题所在。

大多数糟糕的交易都是因为太多的需求或愿望未能得到满足，如果这是事实，那么任何不能满足需求的失败举动都会导致后期干预。如果交易者一心只想着他的交易，那么，他就会忽视生命中其他的需求，如安全、激励、情感、认可以及精神。这些都是至关重要的需求，但这些需求并不能让你决定，在期权和期货市场上是否要买进或卖出。不是让你去忽略这些需求，而是说找到如何满足这些需求的方法更重要，这样它们才不会影响你的心情，更不会干扰你做交易的决定。

我最近遇到的一个交易者，他在市场上失意了，主要是因为他采用了占卜和其他迷信的方式，奉为交易原理。大多数时候他都有计划地买进卖出。然而，他经常会沉溺于占卜或者股市中各类数字模式。听到他虔诚地跟我讲述他的那些方法，我明白了，这些方法的迷信之处（暗含的某种意义和秩序）是他感兴趣的地方。他没有选择宗教或哲学，我并不觉得奇怪。他试图找到一条普遍规则，才会有这种兴趣。我坚信，他想继续交易，唯一能做的就是过另一种远离股市的精神生活。满足上述需求，他就不会再坚持那些曾干扰他交易的兴趣了。

在线聊天室和公告栏里都是那些孤独且窘迫的交易者。他们一生只为交易，如果交易没有达到他们的期望，他们就没有其他可炫耀的了。成功的交易者不需要交易很成功；他们交易的成功只是生活里其他成就的补充。市场就好比是一个充满挑战和奖励的竞技场。但它毕竟不是生活，不能满足人类的所有合理需求。若作为交易者要以个人的发展为代价，那就会影响他们的情绪，最后呈现出一种不合逻辑的现象。

| 第 5 章 |

玛丽，玛丽，矛盾的玛丽

一切改变源于模式的中断。

从上文中我们了解到，个人生活和投资生活中的问题模式体现了我们处理情感压力的良苦用心。这些努力经过无数次的反复，已经深深印刻在我们的脑海中。所以，当新的压力来源出现时，它们会自发地做出反应。来看心理医生的人，通常是希望把自己的问题说出来，或者通过积极的自我对话打破这些模式。然而，这种方式却极少带来改变。通常人们发生改变，是因为他们遭遇到强烈的情感经历，这些经历挑战了他们旧有的方式，帮助他们巩固新的模式。并不是自我感觉更好时你就能更好地投资，而是强有力的情感经历破坏了旧的投资方式，形成新的解决方式时，你才能更好地交易。

在本章中，我们将探讨临床医生如何在短期的治疗中，利用甚至是创造危机加速改变过程，制造强有力的情感经历。之后，我们将详细讨论交易者利用极端情绪摧毁破坏性模式从而实现自我改变的方式。

走进玛丽的日志

当玛丽第一次来见我时，她的衣着立即引起我的好奇。不像大多数学生，她当时穿着一身特制的服装：一件银色的夹克和裙子，这种装扮适合任何公司的办公室。浅棕色的头发绑在脑后，鼻子上架着一副金属边框的居家眼镜，让人联想起上了年纪的英语老师。这种不协调的装扮让我很吃惊，因为，实际上她非常年轻漂亮。

玛丽说话时，手上紧紧攥着一个大信封。她简洁地描述了她与异性相处的苦恼。她觉得自己总是付出的那一位。她觉得自己不被重视，觉得自己被利用，这使她自我感觉极差。她之所以来咨询，是因为刚刚和一位男性结束了一段关系。尽管她努力维持这段关系，但他似乎根本不在乎。他只在自己方便的时候才见见她，她怀疑所谓方便的时候，就是他没有其他女人陪他睡觉的时候。尽管如此，失去这段感情，她还是觉得非常难过。

玛丽痛苦地说：“我不知道自己为什么会有这种感觉。知道他不在乎我，我为什么要在乎他呢？我觉得自己很软弱。我讨厌自己这样。"

在心理辅导的前几分钟，你可以对一个人有许多认识。心理治疗是一个完全非自然的过程。你是在要求一个脆弱的人在一个完全陌生的人面前赤裸地敞开自己的情感。只有非常有安全感的人或者彻底崩溃的人才会那样做。一方面，如果人们在第一次心理治疗时态度非常谨慎，这说明他们缺乏信任，心有顾虑。反过来，这种态度反映了他们之前的人际关系状态。另一方面，如果人们在心理咨询的一开始就透露私密的细节，这说明事情有点不对头。像水龙头被放开般滔滔不绝地讲话，说明说话人正承受极大的内在压力。

所以，如果你是一个心理医生，你会希望你的病人既有健康的"敞开"，又有健康的谨慎。玛丽身上便有这种健康的结合：含蓄、坦率、真诚，不是一个"病人"。

我经常用幽默来测试对病人的初步印象。我的依据很简单：一个人如果完全被某个问题占据，他不可能跳出自身局限对幽默做出反应。幽默要求我们拥有从不寻常的角度看待事物的能力，或者更准确地说，是转换角度的能力。这种转换对改变过程极为关键。如果一个人不能稍微做点小转换，看到自己处境中的幽默，那么当心理医生要求进行更大的转换时，他会发现自己很难做到。

我发现，这一原则也同样适用于股市投资。如果我对自己的头寸很放心，我会比较客观地回应别人的幽默、收到的邮件或者某则新闻。相反，如果我不能从容幽默地做出回应，这明显表示我非常担心自己的头寸。通常这种担心是有原因的，我可以用这个情感信息测试自己的胆量。但我的担心更有可能是因为我违反了自己的投资原则。尽管我已经说服自己"凡事有例外"，但无法对幽默做出反应却透露出：我遇到麻烦了！

因此，第一次见到玛丽时，我使用了一点小幽默。当她说："我努力经营这段关系，但却得不到任何回报。"我笑了，并指出："嗯……我从你同学那里听说你现在做的项目也是这种状况。"玛丽当时正在做一个极具挑战性的科研项目，这个项目的难度是出了名的，就连最好的学生也经常被这个项目弄得灰心丧气。听到我的话，她很快露出笑容，承认说："这正是我的感觉。"

她的反应是另一个好迹象。

（心理医生也是凡人，心理医生常常强调自己不能回答客户的每个问题。千万不要觉得心理医生知道所有问题的答案。在玛丽的这次辅导中，我使用的方法是心理医生常用的自负法：如果你觉得我的幽默很无趣，这说明你一定很苦恼！任何人如果觉得自己可以在一周的168个小时中花1个小时改变某个人的生活，那他未免太自高自大了！）

在接下来的大部分时间里，玛丽和我一直在讨论她最近与异性的关系，以及她付出很多却得到很少的模式。她告诉我在与同性相处时并不会出现这种模式。她还说自己的成长环境非常积极正面，她在一个支持她、关爱她的家庭里长大。一方面，她承认自己聪明、漂亮、大方得体，按理说她与异性相处应该没问题；但另一方面，她觉得自己是个失败者，因为她不能维持这些关系。

她问我："是不是我要求得太多了？我是不是把所有人都推走了？"很显然，她觉得很受伤。

心理医生可能会犯的最大错误之一，是被病人的话所迷惑。人们说的话和实际的意思可能有天壤之别。通常，一个人的非语言交流比其语言交流更能准确地表达他的意思。我们经常会遇到这样的病人，他们脸上带着愉快的迷人微笑，诉说着自己这一周遇到的事情，但身体却因为紧张而显得僵硬，脸也因为竭力控制痛苦的情绪而紧绷着。有时候我会消除病人的话，只接收他们的语言交流和肢体交流中流露的情绪。

这个方法在投资中也是非常有帮助的。正如我之前所谈到的那样，我的身体状况通常反映了我处理过的信息，但我处理这些信息时是无意识的。在投资时绷紧肌肉，调整坐姿，通常意味着投资进展得不顺利。

我深知非语言交流的能力，因此一直等到第一次疗程快结束时，才问及玛丽手中紧握着的信封。她有些羞怯地回答说里面有一些她的作品。我问她能不能给我看看，她同意了。信封里是几篇短篇小说，以及一本杂志上的几首诗和片段。我只读了几篇，就发现她颇有天赋。当我这样夸赞她时，她的心情明显愉快了许多。

"你真的喜欢我的作品吗？"她问我。

"当然了。"

"我之前在考虑要不要参加创作竞赛。"她说。

"这很好啊！我觉得你会成功的。"我说。

我们结束了谈话，约好了下次见面的时间。这对第一次咨询来说，是一个好的开始。

我对于后面的进展信心满满。

第二次见面从一开始便非常激烈。玛丽的头发不再束在脑后，而是自然垂落在肩膀上。她穿着低领的衬衫和短裙。她的妆也比之前化得浓，但她显然没有化妆的艺术天赋。这次她的语气不再像第一次那样坦率，而是犹豫不定，目光躲开我，她的声音听起来小而遥远。我很吃惊。她仿佛完全变成了另一个人。

她说："这只是一个梦而已，没有任何意义。"

我温和地建议她，我们可以一起讨论它是否有意义。我解释道："有时候梦能透露我们头脑中的想法。"

玛丽花了好些时间描述她的梦境。每说几句话，她都想打退堂鼓，说道："这太疯狂了，梦都是虚幻的，它们不是真实的。"

最后，她讲完了自己的梦境。这个梦十分生动。她梦见自己在家里，突然我出现了。我建议在她家里做心理辅导。这个建议让她觉得很不舒服，但她没有说什么。我让她上楼。她注意到我的结婚戒指，吓住了。然后她醒了过来。

她讲完自己的梦境之后，我们便开始探讨这个梦的意义。我问她："你现在住的房子里，楼上是什么？"

她尴尬地回答："我的卧室。"在我还没来得及回答之前，她又说道："但我知道你绝不会做那种事的。这只是一个梦。我知道你对我没个人兴趣。"

从她的语气和她描述的梦来看，她所说的个人兴趣即性方面的兴趣。心理治疗的关键时刻出现了。我可以看出她在等待我的回答，她用眼神急切地乞求我的保证，即我对她的身体不感兴趣。然而，她现在的穿着却比我遇到的任何一位患者都更具挑逗性！

此时也是产生变化的关键时刻。

我坐在椅子上，身体向前倾，深深地看着她的眼睛。我实际上是在打动她。为了不激起她的抵触心理，我缓缓地、友善地说道："你错了。从个人角度来说，我的确对你很有兴趣。而从你的穿着来看，你似乎也对我很有兴趣。"

就在这一刻，玛丽的所有情绪都迸发出来。她开始颤抖，一句话也不说。我不知道她是生气，还是焦虑；是哭泣，抑或是即将发作。

真正的工作即将开始。

搅乱舒适区

我教给精神病人的第一件事，即治疗的目的是"安抚痛苦区，折磨舒适区"。这句话会留在他们的脑海中，因为它抓住了一个很重要的现实。一些人之所以来治疗是因为他们需要支持。他们受过创伤，被焦虑、抑郁或愤怒所控制，他们需要一个逃离痛苦的避难所。还有一些人是因为觉得生活枯燥无味，他们被困在给自己带来痛苦的模式里不能自拔，他们对自己旧有的模式觉得太舒服了，他们害怕改变，害怕未知。许多人告诉我："我知道这段关系很不好，但我害怕孤独。"

当一辆车陷在坑里时，有时它需要人去推一把才能重新开动，人也一样。

玛丽的标准治疗方案本应该是让她重拾信心，建立合适的治疗界限，然后继续挖掘这个梦的意义。只要维持工作关系的安全，她就有足够的安全感检视这个梦的重要性。

然而，谈论这个梦和重新经历这个梦是很不一样的。玛丽清楚地表示她不想靠近这个噩梦。她很努力地说服我这个梦不值得注意。然而，她的不安却透露出相反的信息。当我说对她有"个人兴趣"时，我模糊了治疗的界限，我扰乱了她的舒适区和我自己的舒适区。但我赌自己的第一印象是对的，即她足够坚强，能够忍受自己的舒适区被打扰。然而当我看到她在我面前颤抖时，我却没那么肯定了。

玛丽转向我，她在哭。她非常不安，但她现在可以直视我了。我温和的语气，而非我说的话，让她确信我不会对她构成威胁，于是她开始坦白。她开始倾诉，她说在她成长的过程中，她的父亲很少在身边。他经常在外，当玛丽还很小的时候，他就和她的母亲离婚了。她的外公照顾她，而母亲则每天工作很长时间维持生计。尽管玛丽的外公对她很好，但他有酗酒的问题。他喝酒的时候，情绪变化会很激烈。他会用语言攻击玛丽和她的母亲，咆哮着说他为她们付出了一切，但家里却没有人感激他。更糟糕的是，玛丽七岁的时候，她的外公喝醉了酒会抚摸她，好几次甚至脱下她的内裤。这种状况一直持续到青春期，后来她搬去与父亲住。

玛丽目不转睛地看着我，眼中含着泪水。"我觉得这是我的错，是我让他那样对我的。我从来没有和任何人说起过。"

我用很轻的声音回答她。我谦卑地告诉她我需要向她道歉。我说："我真的很抱歉。"

她疑惑地看着我，我向她解释我为什么觉得对不起她：当我要求看她如此小心保护的信封时，我越过了个人的界限。严格来说，那个信封和她的作品不属于我们治疗的范畴。那样做等于向她表示我对她有个人兴趣。一方面，她很高兴我欣赏她的写作技巧；但另一方面，她将我的兴趣理解为男性对她的又一次越界。

她的梦境体现了她的恐惧,她怕我像他外公一样。她决定打扮得这样火辣来参加治疗则说明她希望像过去那样吸引我的注意力。

我向玛丽解释道:"我的确对你有个人的兴趣。但我对你没有性方面的兴趣。我非常非常关心你,绝不会让你重蹈覆辙。"玛丽的笑容透过泪水再一次展现。

我静静地舒了一口气。

模式重复

在接下来的疗程中,我对玛丽有了更全面的了解。玛丽与她每个男友的关系都是在重复着她的童年。在这些关系中,她都很快进入性关系,然后便开始幻想和男友的将来。她迫切想得到认可,因此竭尽全力地取悦男友。当男友没有回报她的付出时,她就开始感觉到孤独和背叛。她感觉自己被利用了。她与祖父的关系又重演了。

这些的确听起来有点"弗洛伊德"。弗洛伊德最伟大的观点之一,便是提出了"强迫性复现症"。在弗洛伊德之前不久,尼采称这种病症为"永远重复",尼采将这当作自己的中心世界观。强迫性复现症认为进化不一定会发生。人们在一生中会以不同的方式在不同程度上重复同样的模式。弗洛伊德清楚地看到,未解决的冲突会导致自由意志的丧失。如果冲突没有得到解决,人们就会一直重复自己的过去,像一个永远的诅咒。弗洛伊德治疗方式(即精神分析)的目标,是重获自由意志。弗洛伊德相信,如果人们能够意识到他们正在无意识地重复过去的模式,他们就不会再被那种模式控制。

许多人的生活质量并没有随着时间的推移而变得更好,因为他们在无意识地重复自己的思考模式和行动模式。很多模式都源于过去生活中某个未被解决的冲突。谈论这些模式并不能改变它们。用约翰·卡廷的话来说,意识#1 很难了解意识#2。只有强大的情感经历,也就是与一个在乎她本人超过其身体的男性恋爱才有可能拯救玛丽,使她摆脱过去的模式。强大的情感经历能够创造关键的改变,帮助人们改变自己的轨迹。

重复投资方面未解决的冲突尤其具有破坏性。D医生是一名内科医生和兼职投资者。多次投资失败之后，他跑来咨询我的意见。D医生往往会重仓投资头寸，一心想赚大钱，但结果却总是掉入无底洞。在这种时候，他会贪婪地咬住不放，再增加投资，试图弥补他最初犯下的错误。有时候他能够通过这种方式挽回局面，但通常情况下，他只是摔得更重，经历更深的挫败感。有趣的是，当D医生只做虚拟交易时，他似乎更容易赚钱，在选择股票时更有条理、更加专业。只有当他进入会带来实际风险和回报的情感区域时，破坏性的模式才会出现。

尽管他是一个很成功的医生，但他不觉得自己是一个成功的人。他在一个忽视他的家庭长大，觉得自己不受父亲重视。在孩童时代，他拼命在运动和学业上有突出表现，迫切希望赢得父亲的关注和喜爱。然而，他的父亲却让他认识到，无论什么成就都不够大：不管他做什么，父亲都不会觉得满意，仍旧长年在外做生意。

在他之后的人生中，甚至在他的父亲去世之后，D医生发现这种情感模式会在他的投资生涯中重演，就像玛丽在与异性交往时不断重复小时候的经历一样。D医生已经将自己还不够好的认识内在化，于是现在就想通过交易上的成功来证明自己。虚拟交易和小额交易还不够好；他必须获取巨大利润来展现自己的价值。讽刺的是，这意味着他的情绪在承受最大的经济风险时是最激烈的。当他只进行虚拟投资或小额投资时，他可以遵照自己的投资计划，不断获益。但当他不断增加投资时，他的注意力便从市场转向了自己的情感，诱使他做出完全不像他的作风的决定。

D医生是一个受过良好教育、学富五车的人。在自己的专业方面，他非常成功。但这些都无法阻止他盲目地重复这种痛苦和破坏性的模式。仿佛他的一部分生命不在自己的掌控之中，而是被一种不安全感操控着，在他没有意识到的时候，这种不安全感会突然蹿出来。可以说，他像伍尔沃斯一样失控，他的生活非常不理性。

D医生的治疗过程非常特殊。仅仅让他认识到他在不断重复童年的模式，并不足以改变他的这种模式。一旦他的情绪转换，被"还不够好"的感觉控制时，他就失去了冷静，开始寻求更大的利润。和玛丽的案例一样，改变的关键是激活这一模式，然后做些不同的事。强大的经历（旧剧本的新结局）是改变人们的关键。

在 D 医生的治疗过程中，我们举办了一场葬礼：一场真实的葬礼，既有下葬，又有仪式。在一次马拉松似的治疗期间，我让 D 医生写下所有他想从父亲那里得到却没有得到的东西。我还叫他回忆那些因为父亲不认可他而受伤的细节。我们详细讨论了他所列的清单，将过去的痛苦回忆重新播放了一遍，整个过程非常吃力。每次我们无意中发现某个创伤记忆时，我会换挡，让他回忆一次失败的投资。我们一遍又一遍地回顾他在生意场上的失败经历，让他明白这种模式的破坏性，让他明白自己根本无法通过投资来获得认可。

他回忆起有一次他进入少年棒球锦标赛，父亲却没有来观看比赛，正在他痛苦地陈述这段经历时，他突然想起了他最失败的一次投资。那次他完全用保证金投资，股价下跌之后，他必须补充保证金。但他非但没有停止投资，反而增加了头寸资金。最后，那笔钱也损失了。D 医生脸色苍白，眼中含泪，直直地看着我，用粗哑的声音小声对我说："我根本控制不住自己不去做这样的事！"

从成功医生到泪光朦胧的失意投资人的转变告诉我，我们已经可以举行葬礼了。我们把写满受伤记忆的单子埋葬了，举行了丧礼，他告别了自己对父亲的期待和希望。在眼泪和释放中举行告别仪式之后，我们开始排练新的模式。每次 D 医生觉得自己没有价值时，他就要详细地回忆我们举行的葬礼，对自己说："我不能一直这样对我自己。"每当那种情况发生时，他必须将投资减半，而不是加倍。我跟他聊了自己的经历，告诉他如果最初的投资额很小，不会引起其他人的注意和钦佩。

D 医生不再觉得自己需要得到父亲的认可，他终于准备好在股市上大展身手了。最后一次咨询几个月以后，我接到他的一个电话。他很自豪地告诉我他大抄底了一把。当他提起他的投资时，我心里笑了。出人意料的是，他的投资金额非常适度。他的投资产生了很可观的利润。

D 医生终于走出来了，他成功摆脱了过去的投资模式。

改变反复的模式

我希望我可以说,我对玛丽梦境的反应,为她提供了一个新的经历,因此她的治疗最终很成功。但改变通常没有那么简单和直接。在绝大多数情况下,只有一次观念改变或情感经历是不够的。只有不断重复,这些新的经历才能内在化,成为个人性格的一部分。

这就是移情发生的地方。弗洛伊德认为移情即在辅导关系中重演过去的冲突和模式。玛丽的第二次辅导便是一个很好的例子。我是一个对她表现出个人兴趣的年长异性。她渴望接纳,因此她用自己以前的方式来吸引我。只要我接受了她的献身,就实现了她的恶性循环。在那一刻,我真的可能变成她的祖父,她也可能真的会重复她的浮士德契约,用身体交换别人的注意。

治疗的目标是为老故事提供新的结局,这也是我想在玛丽身上做的事。如果我和她的关系是真正的治疗与被治疗的关系,我就不能接受她的献身。我的目的是为她提供另一种不同的关系:一种能够给她带来亲密和关爱,却没有掠夺的关系。也许通过我们之间的互动,她能够产生失去已久的被接纳感。

但要实现这一目标远比看起来要困难得多。因为玛丽只知道献上自己的身体和灵魂来获得接纳。如果我拒绝接受她的献身,她的那个部分会觉得受伤、愤怒和失败,就像她在最近的恋爱关系中所经历的一样。因此,尽管成熟的那部分玛丽可能会感激我没有占她的便宜,而是真正地关心她,但她里面的小女孩却可能无法接受我的反应。那个小女孩在接下来的治疗过程中会不停地又踢又喊。弗洛伊德称这种现象为抵触情绪。被锁在过去的那部分会觉得改变是一种威胁,这部分生命只知道旧习惯带来的满足。一个人在面对外在的威胁时会自我保护,如面对歹徒或迎面撞来的汽车时,同样思想也会保护自己不受内在威胁的干扰。对人们来说,老故事的新结局可能给他们带来强烈的不安。因此,他们会动用一切办法来避免新的结局,拒绝令他们获得自由的经历。

这是一个非常重要的概念:解决人们投资困境的方法很有可能使他们产生焦虑,于是他们会想尽各种办法抵抗。也就是说人类意识的一部分可能会抵触改变

（对未知的不确定），即使这个人极其渴望改变并已经意识到改变的必要性。解决这种内在的拉力赛，是心理改变的第一步。

讽刺的是，在那些向我寻求情感帮助的交易者身上，最容易出现这种抵触心理。他们通常非常愿意讨论他们的问题，包括他们以往生活中最隐私的细节。他们深信，只要他们能够克服自己的情感倾向，他们就能成为成功的交易者。

就好比玛丽和她的梦，通常来说，人们最不愿意检视的东西反而是最重要的。迫切寻求情感帮助的交易者，通常并不愿意审视他们的实际交易方法，这并不是因为他们害怕泄露私人信息。事实恰好相反，他们不自在地承认，他们没有什么隐私的事可以分享，他们的交易模式实际上非常简单，常常是出自本能的预感。

当我问他们如何检验这些交易策略时，他们开始变得不安，甚至出现抵触。"噢，我不是那种喜欢计算的人。"一个交易者这样告诉我。还有一个交易者声称自己对"采集数据"不感兴趣。当我继续挑战他们，问他们如何知道自己的交易策略是否有效时，尽管他们尽量掩饰自己的情绪，但他们的反应却变得抵触。"这个方法对 X 有效。"这是他们最常见的回答。他们口中的 X 是某个出名的交易专家，但却没有可寻的业绩记录。有一个交易者被我问得有点恼火，他这样维护自己的交易策略："只要你能控制自己的损失，用哪种交易策略根本不重要！"

交易心理学最大的讽刺之一，即最想转变交易战略的交易者往往最需要情感引导，而绝望地寻求情感引导的交易者通常最需要好的交易战略。人们通常会在自己的舒适区里面寻找自己的所需（正如玛丽所做的那样），这样做往往会让旧的毁坏性模式一直继续下去。但通往成功改变的道路往往不是最舒服、最熟悉或最安全的。

在治疗中，最不舒服的改变通常首先发生在心理医生和病人之间的关系中。弗洛伊德所说的治疗配合，是心理医生和病人里面健康成熟的人格之间的约定。这就好比心理医生说："我们做个约定，你和我一起努力，了解你里面孩子气的一面。忽视这一面不会让它就此消失，它现在还没有消失。但如果我们能了解你里面那个容易看上坏男人，从而让自己陷入痛苦恋情的你，也许我们可以不用再重复那种模式。"当然，前提是像玛丽这样的人的确有更成熟的一面，可以跳出自己的冲突，充当自己的内部观察员。幸运的是，玛丽能够自己来看心理医生这一事实，已经体现了这种成熟。她极其渴望幸福，即使在她抱住过去不放的时候也是如此。

心理分析治疗法背后的理念是改变始于沙发。在帮助和被帮助的关系中，病人重新经历过去的模式，但他现在有机会经历一个不同的结局。病人在以往的关系中缺失的东西，可以从心理医生那里找回来。缺失的东西一旦被内在化，便可以成为面对将来挑战的样板，打破模式重复的恶性循环。

唤醒旧模式，激活观察者，改变心态，构建新结局，这就是情感变化的本质。如果你仍能感觉到无效的旧模式的拉力，但已经开始做出新的反应，这说明你已经向改变迈出了一大步。改变的第一步是在旧模式发生的时候打断它们。

做不自然的事

玛丽看着我，她的脸上交织着恐惧和抵抗的情绪。她刚向我透露她才和一个男人约会一次就发生了性关系。这当然与我们之前的努力相悖。

自然的反应是质问玛丽："你为什么那么做？"然而，在心理咨询中自然的反应通常是错误的反应。玛丽的一生得到的都是自然的反应。她最不需要从我这里得到的，就是再一次证明她的不足。

这就是反移情作用发挥功效的地方。不是只有看心理医生的病人才有未解决的冲突。当心理医生不能克服自己过去的问题时，他们也可能重复这些问题。这可能对治疗产生破坏性的影响。老实说，我里面有一部分对玛丽觉得很失望。她很清楚自己这么做会有什么后果，她这是在招惹又一次的拒绝和更多的羞辱。她眼中的叛逆像极了我的小女儿德文，当我叫她打扫房间或把饭吃完时，她就是这种眼神。她总是会说，她会做的，只是必须在她觉得方便的时候，用她自己喜欢的方式。叛逆、独立。我不会让你控制我的。这就是关键……玛丽，玛丽，矛盾的玛丽。

我正面看向玛丽，用坚定的声音说："我需要跟你说件事。"我停下来，利用短暂的安静制造紧张的氛围。玛丽看起来就像一个被老师训话的学生，"放学以后我想找你谈谈"。玛丽在等待最糟糕的情况。

我的语气缓和了一些："我必须表扬你。对你来说，能够来到这里并告诉我你又旧习复发，的确是件不容易的事。你今天过来的时候是怎么想的呢？"

玛丽看起来有些不安，但也放松了一些。"我以为你会对我生气。"

"那你为什么要说出来呢？你也可以不说的。"

玛丽解释道："因为我知道这是不对的，我会再一次受伤。"

"也许你会受伤，"我表示承认，"但当你准备好了的时候，你就可以做出改变了，不是吗？"

她的脸上绽出淡淡的微笑。

"玛丽，在你的很长一段人生中，你一直被一个长者强迫和影响。现在，我们有很好的机会，让我成为另一个长者。你想明白我希望你在治疗中做什么，这样你就有另一个长者来管制你。"

她脸上的微笑又更深了些。

"如果受伤，就受伤吧，我们可以处理的。重要的是，这是你的治疗。这也是为什么你说出来我感到很欣慰的原因。最重要的是你做你自己，而不是逃避我的反应。"

先处理情绪，再处理信息。先严厉，后奖励。当车子慢下来时，你需要先降挡再加速。一直保持高挡就会熄火。换挡之后，突然就有了扭矩。你不换挡，就无法有这种改变。踩油门的同时却在精神上不愿换挡，会中止所有动作。大部分人来看心理医生是因为他们的发动机已经溢油了：踩油门根本没用，但他们不知道还可以做什么。他们还没有找到自己的变速挡，也就是那副能帮助他们用另一种心态观看这个世界的眼镜。做最不自然的事情打乱了他们的正常思维、感情和行为模式。这种短暂的混乱是新模式扎根的最佳时机。

抵触对自己最好的东西

具有讽刺意味的是，在玛丽终于有机会获得一份真爱时，却发生了最大的危机。失去不在乎她的男人固然容易，有幸遇上真爱却蕴藏危机，因为她的梦想也许无法成真。

这个机会的出现非常偶然，是她在追求创作的过程中遇到的。玛丽参加了纽约州锡拉丘兹的作家协会。在会场上，她发现与会作家对她的作品很感兴趣，非常支持她。协会里一位名叫拉里的男子看了玛丽的大信封，并希望玛丽让他把里面的内容读出来。值得表扬的是，这一次，她并没有用性爱来回应他的要求，把事情复杂化。尽管冒着很大的风险，但是她还是很坦诚地告诉他，他可以读她的作品，但是他们的关系只能到那个层面。她惊讶地发现，他并没有非分之想，的确是以一名作家的身份来回应她，和她分享自己的作品，并对她的作品表达了更深的兴趣。当他邀请她共进晚餐时，她心里既有希冀期待，也不乏恐惧担忧。

有时，玛丽会幻想，这可能就是她一直寻觅的情爱关系。有时，她又担心，担心他会看出作品背后的自己是多么不堪，从而浇灭她的梦想。他的兴致越浓，她的恐惧越深。

治疗时，玛丽痛苦地告诉我："我要怎样告诉他我的过去呢？他会怎么看我？"原本看起来简单的决定，现在都成了一种折磨，比如穿什么，化什么妆。"我穿什么好呢？"她曾多次问我，一心想着怎样才能穿着漂亮，又不传达性爱方面的暗示。

在治疗中病人寻求直接建议是很常见的事。然而，玛丽的问题已经不是想要得到回馈的平常请求。她希望我告诉她该做什么以及怎么去做。她的请求背后，有着这样的假设，即她不能处理现在的情况并做出正确的决定。她又变成了无助的小女孩，需要依靠年长男性的帮助。

很明显，这是一个陷阱。不管我给出什么样的答案，毫无疑问都会破坏我们之间的关系，使我们的关系变得不平等。如果我告诉她可以穿某件衣服或者与拉里分享某些不会跟其他人分享的事情，就等于承认她没有能力独立做这些决定。也许她暂时会觉得开心，对我很满意，但这样只会让她在面对将来的危机时更加依赖他人。

在交易中，这也是个很大的隐患。许多分析家、时事通讯撰稿人、专栏作家和交易教练看起来很专业，好像他们能告诉你怎样在市场上获得成功。即使这些人很成功（通常没有证据可以证明），但听取了这些专家的意见后，你对如何在交易中获得自信仍非常不清楚。当然，这些专家们拥有特殊的见识或信息，对陷在迷茫中的人有很大的吸引力，他们迎合了这些人的依赖倾向和缺乏自信。依赖心理和缺乏自信是成功交易的杀手。

为了避免这些隐患，心理医生培养了用两耳聆听的能力：一只耳朵听内容，另一只耳朵听过程。内容是指人们说的话的字面意思；过程即内容传达的方式，是承载人们话语的非语言框架。"我该怎么做？"可能是无助地请求帮助，可能是成熟地请求建议，也有可能是对心理医生的愤怒挑战。过程捕捉的是沟通中的人际语境。

当心理治疗的过程出现问题时，即使谈话的内容看起来很积极，通常也需要转移谈话的焦点，也就是打断对话，让病人认识到出现的问题。当过程削弱内容时，尤其需要如此，例如，在一些情况下，客户可能会发出这样的恳求："告诉我怎样可以变得更独立！"如果讨论的模式一直有问题，讨论的话题便不宜再继续下去。例如，当客户试图给我安上专家的角色，请求我预测市场的时候，我通常会切换成关注过程，问他们为什么感觉这么不确定，为什么他们觉得在这种不确定的时候还需要进行投资或继续投资。

从内容到过程的转换对一些人来说，可能非常困难，使他们感到不安。这些人往往缺乏对人际语境的意识。几年以前，我的一个客户和他的妻子一起来做夫妻咨询，在一次辅导过程中，他骂自己的妻子，给他妻子留下很深的伤害和怨恨。当我指出他的过程很敌对，建议他用第一人称描述自己的经历时，他沉默了许久，重新组织自己的语言，你可以猜得到，他的妻子还是不可能觉得舒服！

在心理治疗过程中，玛丽对过程也同样盲目。她只想消除自己的焦虑和不确定感，她认为，只要我给她提供更有智慧的建议，她就不用再这样不安。然而，我的反应却是告诉她情况已经变得很危险，这是心理医生应有的反应。玛丽害怕失去这段关系。在巨大的压力之下,她开始怀疑自己解决问题的能力。我表达了对她能够独立做出判断的信任,宽慰她说,即使她觉得自己在儿时不能与人建立联系,但现在她已经有这种能力了。我告诉她,即使她做的错误决定也比我做的正确决定要好,因为她至少能够从自己的行为中学习,维持自己的自我。

但这不是玛丽想听到的。

令我吃惊的是,她的反应是盲目的愤怒。她大叫:"如果你不想继续辅导我,直接告诉我就好了。我来这里是为了寻求帮助,而你却让我靠自己。如果我可以自己来,我何必来这里。"说完,她冲出房门,完全无视我让她回来把事情讲清楚的请求。

尽管在接下来的一次辅导中,玛丽的确又回来了,但她和拉里的关系很糟糕。玛丽关注拉里的每个缺点,为中断这段关系寻找理由。如果她心情很糟糕而拉里没给她打电话,她就会咒骂他的漠不关心,完全没有考虑到拉里可能根本不知道她的心情。如果拉里在和她约会的时候瞄了其他异性一眼,她就会吃醋,认为他不会对她忠诚。一开始,拉里觉得很困惑,但渐渐地,拉里的反应变得有些抵触和冷漠。这更加坚定了玛丽的信念,即拉里不适合她,拉里不关心她,他们之间是没有未来的。玛丽在自筑高墙,将她生命中最需要的人推走:她的男朋友和她的心理医生。

作家乔治·路易斯·博格斯曾经写到,苦难偏爱失乐园。玛丽知道失去了这些支持她的人际关系,她会很悲惨。拉里好得不像是真实的,所以她必须把他从宝座上摔下去。同样的情况也正发生在我的身上。我对她的信心给她造成了莫大的压力,提高了她失败的筹码。把我推走相对而言是更容易的,总比我最终对她失望、拒绝她要好得多。一旦她成功地破坏了这些关系,她的噩梦就得到证实,就像命中注定一样。至少她可以安慰自己说,是她自己而非其他人设计了自己的死亡。

我没有急着给她演奏安魂曲。我知道现在必须做出果断的行动。失去与拉里的关系,失去与我的联盟,会使玛丽大受打击,确信自己只能向男人献身。然而，怎么跟她说这些呢？我的直觉告诉我，如果只是告诉她现在正在发生什么事，告诉她，她正在推走身边的人好避免遭受拒绝的可能性，那么只会让她更加抵触、更加怨恨。事实上，我扪心自问，发现自己害怕指出她的模式。我不想看到她再一次脾气爆发，摔门而出。

但我为什么会害怕呢？是不是因为我害怕玛丽再也不会回来治疗，因而毁掉自己的人生？不，不是这个原因。好的那部分她知道自己需要帮助，即使当着我的面摔门而出，却仍旧继续我们的治疗。

当我扪心自问时，发现真相难以面对：我害怕她对我大喊大叫。我被她之前的情绪爆发伤到，不想再经历一次。我想，这是多么有趣的动力学：玛丽是攻击者，我是受害者。她很愤怒，而我则必须屈服。

我深深地吸了一口气，决定继续挖下去。我问她："昨天晚上拉里没给你打电话，你心里是怎么想的？"

玛丽的音量开始飙升。她说："我真不敢相信。他生日的时候我花了那么多时间给他挑选礼物。他考试期间我每天都给他打电话。当我需要他时，他在哪里呢？"

我挑明说："就像我一样。你想从我这里得到建议，我不肯，你就会走出我的办公室。"

玛丽大叫道："我厌倦了这样。你根本不知道不被人欣赏的感觉有多痛苦。我不断地付出，付出，付出……"

我从座位上站起来，打断了玛丽。她的眼里先是露出惊讶，然后是震惊。

我用温和的声音说道："不好意思，我需要休息一下。我要出去喝杯咖啡。"

玛丽说不出话来。以前我从来没有用这种方式打断治疗过程。当我回来的时候，我不确定接下来会发生什么。她会因为我打断她而生气吗？她会用这个做离开的借口吗？

我看了她一眼，我看得出她很害怕。她非常害怕。我当着她的面离开了她，愤怒的玛丽已经消失了，在我面前的是一个脆弱的孩子。

我把椅子搬得离她更近一些，就像我在第二次辅导中一样。我解释道："我很抱歉，我需要出去走一走。我觉得我不是在跟玛丽说话，而是在跟她的外公说话，跟那个尖叫着说没有人欣赏他的愤怒男人说话。这让我很害怕，也让我觉得受伤。在觉得可能会受伤的时候，有时候成人也需要走开一会儿。这是成人与孩子不同的地方。孩子没有走开的选择。"

眼泪顺着玛丽的脸颊流了下来。她向我解释说她不想像她的外公。她意识到她的愤怒伤害了拉里，但她也知道这是她唯一可以使自己不那么痛苦的办法。

我提醒她："也许问题不在拉里。也许问题是你头脑中的小外公。它就像一个录音带，一旦你觉得受伤，就会开始播放，猛烈攻击每个人。"

玛丽认为这个说法讲得通，于是，我们之间的"暂停"规则诞生了。我觉得不舒服的时候可以喊停，同样玛丽也有这个自由：她可以暂停，整理自己的情绪。她可以利用暂停的时间，问自己这是真实的自己在做出反应，还是"外公录音带"在做出反应。她可以将自己的愤怒对准那个录音带，而不是她关心的人。

在接下来的几次辅导中，玛丽有好几次叫停。她也向拉里解释了暂停规则，在和拉里相处时，也能够从伤害中走开。好笑的是，玛丽是通过走开学习到其他人是不会离开她的。

还是这样：先是情绪，再是信息。当我离开房间时，玛丽的情绪迅速从愤怒受伤转换为害怕被抛弃，玛丽已经准备好处理不同的信息：问题不在拉里，问题也不在布雷特，问题在于她脑中不停播放的录音带。一旦玛丽认识到那个录音带才是她的敌人——不是拉里，也不是她的心理咨询师，就表示她已经做好了准备用不同的方式与这些人相处。

这是一项长期而痛苦的工作，但非常值得。八个月后，玛丽和拉里给我发来了婚礼请柬。

在交易中创造强大的情感经历

玛丽的例子清楚表明，心理医生是病人的镜子，帮助病人用新的方式看待自己。如果一个人没做好准备扮演自己的内部观察员，心理医生可以充当那个角色，从混乱的现场中站出来，帮助病人明白自己在做什么。在很大程度上，反映这种观察能力从而使之内化到其他人心中，是心理治疗的心脏和灵魂。一开始，咨询师反映的影像可能是异质的、令人不舒服的。然而，不断重复之后，这个影像就会越来越熟悉，越来越倾向于同化。

那么，这些和交易有什么关系呢？

当你靠在沙发上进行交易时，你就是自己的心理医生。在分析市场的模式时，你就是在处理自己的情感模式和行为模式。作为自己的心理医生，你的目标是反复为旧的模式提供新的结局，这样你就能在市场中内化新的思维模式和行为模式。

积极思考的力量是一个热门话题。许多交易者试图通过想象有利的情形和重复好信息，将积极的思想灌输到自己的脑海里。关于想象，有许多可以讨论的地方，但最强大的心理暗示恐怕不是积极的心理暗示。相反，要求自己想象最坏的模式，同时积极地提醒自己这些模式的破坏性，可以培养"醒过来"的观察能力，避免盲目重复过去的错误。

正如我之前所提到的，实现这一目的的技巧是"紧张移置"。紧张移置就像一支疫苗，将一小剂病毒注入人体，刺激身体的抵抗，防止病毒引起的疾病，它使你暴露在大剂量的挑战性情境中，让你调动自己所有的能力，在真正的挑战来临时做出最好的应对。

实际上，这意味着一开始进行交易时就要避免积极思考。在热火朝天的股市里下订单，你就要换挡，出去走走（就像玛丽一样），深深地、有规律地呼吸，身体保持不动的姿势，让自己进入集中和放松的状态。在这种状态中，你可以想象你的交易出错的种种可能。将每笔交易当成一种假设很有好处：你是一个科学家，假设股市会在某种程度上，在规定的时间范围内，向某个方向波动。用这种方式规划自己的交易，可以让你更容易想到令假设不能成立的方法。

我最近的一次交易经历很好地证实了这个观点。股市下跌之后，标准普尔的期货反弹得越来越高，随后保持在一个很窄的幅度内。在这个狭窄的市场中，有大量的买入，道琼斯工业平均指数和纽交所股票一直保持正期权金和 TICK 图中的高位，就很好地证明了这一点。我的另一个指标，是将上涨的一分钟周期的交易额和下跌周期的交易额进行对比，结果同样显示股市存在购买压力。尽管如此，价格无法突破其狭窄范畴。我的研究表明，如果高购买压力不能将股市抬高，接下来可能会出现股价回落。

然而，就在我卖空之后不久，标准普尔的股票就下跌了，然后又突破了最近交易范围的高潮。交易额再一次增加，交易者纷纷骑上这个看似波动的突破。在几秒钟内，我的交易就亏损了，我能感觉到自己的紧张和不安。我打开自己的交易窗口，打算买回卖空出去的股票，弥补损失。只要止损指令一下，我就准备按下按钮，退出交易。

我意识到我的恐惧反应在目前的情况下有点不合理。我从不喜欢遭受损失，但我知道止损指令下得很及时，我的账户不会遭受损失。就是在那一刻，我才想起上周一个类似的股市行情曾经给我带来很大的损失。那一次，我紧追一个看似失去活力的窄幅周期，下了卖空的指令。难以置信的是，我竟然忘了检查当天的经济日历，我下达指令一分钟后，一个重要的编号（number）就发布了。果然，这个编号打碎了我的希望，股市报复似地突破了范围。我下止损指令时，上涨和下跌的差额使我确信，我这次的损失很大。

我意识到，这一次没有类似的经济报告可以损害我的交易，于是我深吸了几口气，有意识地放慢脚步，检查我的 Excel 屏幕，看看股票单里我跟踪的股票有多少真的突破了刚才的幅度。这个股票单有 40 只股票（30 只道指股票，还有其他不同行业的 10 只股票），反映了标准普尔 500 的走势。我发现，通常如果标准普尔爆发相对的高峰或低潮，而大多数的股票却没有，那么很有可能这是虚假的突破。我将股票的 Excel 表格与 Townsend Real Tick III 连接起来，这样就能连续地计算突破和崩溃，而不需要自己动手逐个地检查。

让我惊奇的是 40 只股票中只有 7 只突破到一个相对的高度。标准普尔的"突破"动作几乎被几个往上弹的股票全部淹没。我一发现这点，就大声说："这个动向绝不可能持续下去的。"我花了很长时间搜索研究，知道一个动作要继续下去需要有更多股票的参与。

正如我之前说的那样，我的止损价格被击中了。这一次，我做了一个有意识并合理的决定，否决并重新制定止损价格。我没有在价格水平的基础上制定止损价格，而是在股票单中有 15 只或超过 15 只有突破时下止损指令。我等待着，很快这个冲势就减退了。当标准普尔重新进入之前的范围时，我意识到这个突破是假的，终于松了口气，坐回去了。范围的底线被打破时，我的交易收获了不错的利润。于是，股市给了我我给予玛丽的东西：旧故事的新结局。

这种练习还有一个有趣的变体，就是在自己的假设不成立时，大声地自言自语，或者想象你过去犯的错误。例如，想起某次交易，开盘的前几分钟，股市的动向就对我不利，我把自己的交易减半（争取有更好的平均入账价格），却加重了自己的困难。想到这个情境，我会嘲笑自己或微笑着摇头。如果你拿某个模式开玩笑，你很难认同这个模式。嘲笑自己是获得自我观察能力的强有力的手段。在考虑不利的股市结果时，想象所有真能把事情弄糟的事，然后在还没做出这些事之前嘲笑它们。

注意，这些战略和我在玛丽的治疗中所使用的战略差不多。在这两种情况中，改变都是发生在你实时经历旧的破坏性模式、培养对当前事情的观察能力、切换成不同的模式并尝试不同的东西时。在辅导玛丽的过程中，我及时否认自己对她的兴趣，当她发怒时离开房间，我用这种方式帮助她撼动旧模式，搅扰她的舒适区。在交易中，当我查看自己的 Excel 表格，意识到突破的程度多么狭窄时，我的模式就开始动摇了。在很大程度上，这种研究充当了我在交易时的心理咨询师，挑战我看待事情的角度，帮助我用另一种方式看待问题。

标准普尔的虚假突破说明，过去的交易失败让我变得过于敏感，总是担心下周同样的事情会重演。经过几小时的灌输练习，我学会了在有过度的情感反应时随时质疑自己。我的兴奋反应因此变成了一个信号，提醒自己需要深呼吸，质疑自己的反应是出于何种原因。我非但没有因为恐惧变得迷茫，反而利用自己的恐惧更深入地研究数据。如果电子表格上的数据证实了我的恐惧，我一定会匆忙地退出交易，止损指令的结果是交易资金干涸，失去了下一次机会。相反，如果数据证实我的恐惧是杞人忧天，我就有机会为旧的剧本写上一个新的结局。

几年以前，我和10岁的女儿德文在看股市图表，准备群发一封邮件给劳莱·肯纳和维克多·尼德霍夫整理的投机商名单。劳莱和维克多非常友善，在接下来发表的投机商名单解析中提到了德文的邮件。德文说股市就像一群鱼。脱离鱼群的有两种鱼：①弱者；②领袖（即领头鱼）。整群鱼跟随领头鱼改变位置，将弱者抛在后面。德文建议，要预测可能出现的动作，就必须找出谁是领头鱼。

从那以后，我就将德文的观点很好地运用在许多交易场合。通常一个股票区域，如半导体股票或金融期权，会在共同市场之前突破。这些区域有时候会显示它们偶尔的领导地位，在早上股市低迷时拒绝降价，然后成为第一批积极反弹的集团。过分关注股市的动向会使你看不清什么决定了整个股市。因此，我将最常见的领头鱼的图表最小化，随时关注屏幕。持续关注领头鱼的行动，可以增强一个人观察股市和抓住萌芽动向的能力。

我发现，即使是分辨率最好的时候，紧密关注各种股票和指数股票型基金庄家的屏幕，也是非常有帮助的办法。领头鱼是那些在面对机构性买盘或卖盘时，在投标或咨询行动中显示出最大黏性的股票。当标准普尔、纳斯达克期货和道琼斯点线图处于溢价极端时，这种黏性通常指明谁是领头鱼，领头鱼随着时间的推移，会离鱼群越来越远。当我沉浸在之前对股市形成的想法中时，看到领头鱼改变方向的那种觉醒才是最有帮助的。如果你乐意接受这些数据，股市会搅扰你的舒适，像最好的心理医生那样为你制造觉醒。

小结

交易是快节奏和情绪化的东西，因此它是激活反复情感模式的最好手段。一旦这些模式被激活，只有重大的觉醒才能阻止你重新使用已经失去功效的方法。在治疗过程中，心理医生通过有意识地对抗病人的模式化趋势来创造这种觉醒。交易者可以利用情感练习自己实现转换，如减敏法、接种法，嘲笑自己的旧模式，以及在研究的基础上挑战自己关于股市的看法，制定新的战略等。

利用这些战略打破交易中的反复模式，似乎对经验不足的交易者尤其重要。在一次非常有意思的研究中，麻省理工学院的安德鲁·罗和德米特里·雷宾给有经验的交易者和没经验的交易者都接上生物反馈机，检查他们对股市的反应。研究者将生物反馈机和这些人每分钟对股市的反应联系起来，从而能够观察到刺激交易者情感反应的特定股市事件。有趣的是（也许并不奇怪），缺乏经验的交易者对波动性扩张这样的股市事件的反应最为激烈。这明显提高了有经验的交易者获取经验和成功的可能性，部分原因是他们掌握了在面对挑战性事件时减轻自己生理压力的策略。他们之前的经验，加上他们长时间的研究和计划，也许可以充当压力接种，减轻他们对那些令新手不知所措的事件的敏感性。

　　罗和雷宾的研究进一步表明，一个人可能没有被诊断出有情感和行为上的失调，但他的模式也可能会破坏好的交易。处理信息正常和自然的方式足以干扰良好的交易。一个很好的例子，就是研究者特沃斯基和卡尼曼描述的禀赋效应。我可能只愿意花 5 美元买一件家庭用品。一旦这个东西是我的了，就算别人用 10 美元来买，我可能也不愿意出让。一旦一个东西成为我所有的物品，我自然赋予它特殊的价值和重要性。

　　这也同样适用于投资观察和投资预测。在我的个人网站上，我保留了一篇网络日志（www.greatspeculations.com/brett/weblog.htm），在这篇日志中，我分享了关于股市的假设和我对交易心理学的看法。在网上写下我对交易的看法，获得有用的反馈，然后将这些反馈融入到接下来的交易计划中，这已经成为我的一个重要的交易技巧。最近，我发布了一个模范练习的结果，这个结果显示，在接下来的 40 天里股票有看涨的趋势。在那之后不久，股市有上涨的动态，早晨第一次股票下跌时，我就买入，甚至都没有参照其他市场数据。我对股票一定会上涨的信心越来越大，以至于我不再浏览可能证实我错误的数据。

　　如果我看得更仔细一些，我就会发现开盘时的突破不是大多数指数的突破，事实上是更大的上层模式的一部分。突破很快便击中了三个标准普尔，违背了我的止损指令，使我不得不质疑自己的假设。在我做完本该在股市开盘之前完成的家庭作业时，我的头寸不仅错过了止损机会，还继续往下跌。我不只丢了几个点，还错过了一个看起来再明显不过的卖空机会。能够形成一个足够强的信念，并按这个信念做事，然而在面对相反的证据时又有足够的灵活性，可以推翻这种信念，这样的人实在少见。人类的天性（不需要情感失调）让一个人用自己的信念来诠释这个世界。成功的交易者是逆着自己的人类天性，用非自然的方式处理信息进行交易的人。

我相信股市就是用这种方式加快了进化，选择能维持其目标的交易者。成功的交易者会培养自己坚持以计划为中心的能力，即使面对猛烈的股市动荡，也能自制。就像健身者去运动馆锻炼身体一样，交易者也可以将股市当作提高自己有意识的行动能力的健身运动。这使交易成为最好的心理医生。

| 第 6 章 |

邪恶的蜘蛛

股市就像大自然一样，风暴始于平静，地震止于余震。

交流就是心理医生交易中的股票。理解另一个人在很大程度上是指读懂他们的交流，不管是语言的交流还是非语言的交流。当我认识到股票和期货能产生大量与病人相似的交流时，我开始对股市产生兴趣。就像和人打交道一样，我发现股市说的话通常与它们说话的方式冲突，创造出复杂又丰富的交流。

在本章中，我们将探讨如何读懂人和股市，以及心理医生和交易者如何对交流的细微差别变得敏感。我们会特别讨论认知神经科学的研究，即我们处理的信息比我们以为的要多得多。正如我们即将看到的那样，我们所知道的不只是我们手中握有促成交易成功的重要钥匙。我们知道的东西要多得多，这是一个简单而深刻的事实。

信息传递和元信息传递

心理学的一个长久主题，是信息传递和元信息传递之间的差异。信息传递是指人们说的内容，即他们想要表达的意思。元信息传递是指伴随信息传递的肢体语言，即人们说事情的方式。元信息传递影响被听到的内容。

许多争论都是信息传递和元信息传递的差异造成的。例如，一个女人可能这样质问她的丈夫："为什么你不花时间陪我？"如果你只是读这些话，它们可能听起来就是单纯的询问。但如果这些话伴随着不安的语气、抱紧的双手以及提高的音量，你就会听到一个完全不同的信息：责怪的信息。

这个丈夫当然会注意元信息交流（行胜于言），要么匆忙退避，要么防卫性地反击。不管是哪种反应，这个女人都会觉得丈夫没有听到她的担忧，他根本不关心她。

曾经有一对夫妇来我这里辅导，那是一名成功的生意人和他灰心的妻子，他们之间发生了一件很典型的事件。在辅导过程中，这个女人一度愤怒地哭喊出来："你从来不说你爱我。"他眼睛上翻，说道："好吧，我爱你。"这位妻子当然觉得不满意。元信息交流（上翻的眼睛）比信息交流的内容声音更大。

当一些人被称赞有良好的社交技巧，这意味着他们擅长读懂别人的元信息交流。元信息交流一般都是肢体语言、音调、语气的强弱等形式。讨厌的人是那些一直说话的人，他们完全看不到他们的听众一直在转换身体姿势，斜眼看他们。对更有社会技巧的人来说，这些都是听者已经厌倦了谈话的暗示，正如专注的眼神、模仿说话人的语气和姿势暗示着听者希望说话人继续下去。社交技巧熟练的人面对这种暗示，会在谈话的中途不断纠正自己的话题，继续那些能够引发赞同的非语言反应的话题，尽量避免让听众厌烦的话题。

注意到这些暗示并中途改变话题的过程对交易者来说并不陌生。善于社交的人不能预测同伴的偏好，但他们对透露这些偏好的元信息交流以及偏好在时间中的转换非常敏感。机敏，而非预测能力，才是擅长社交者和成功交易者的标志。

这种观点背后有非常重要的意义。股市就像人一样，处理的是信息交流和元信息交流。股市的信息交流是它在时间中的动作：三周上涨了10%，过去一小时跌了5点，等等。股市的元信息交流描述了股市做出这些动作的方式：循序渐进的还是突然的，高成交量还是低成交量，波动大还是小，大部分股票参与还是不参与，等等。我们所说的行业分析在很大程度上是指努力读懂股市的元信息交流。

想象两个相似的五分钟条形图：第一个条形图描述的股市在一天之内从 A 涨到了 B。它的涨势很稳定。第二个条形图也描述了一个股市一天之内从 A 涨到 B。但它的涨势却起伏不定：购买周期中掺杂着抛售的狂风。股市的信息交流都是一样的，但股市的元信息交流却绝不是一样的。

第一幅图里股市相对比较有效：一整天走过的距离和每个五分钟跨度走过的距离总和差不多。第二个股市效率不佳：从一个周期到另一个周期，它走过的距离很长，但最后却走到同一个终点。这种无效是一个很重要的元信息交流。它意味着最初的趋势正遭遇严重的破坏。效率下降之后通常是趋势改变。股市就像河流和人生一样，一开始的道路快而连续，最后却安静而蜿蜒。

在心理治疗中也能看到同样的现象。效率的改变通常会带来思想、感觉和行为的重要转变。这种转变是最重要的元信息交流。在一个人抑郁到想要自杀之前，无效的微妙信号会出现：他不再享受那些曾经给他带来欢愉的东西；他不再能承受曾经能应付的压力；曾经他能干劲十足地处理的情况现在变得无法应付。当有抑郁病史和自杀记录的人不再像以往那样对积极的刺激物做出反应时，他们就表现出自杀的重要迹象。积极的缺失通常预示着消极即将出现。

同样，如果你把股市当作一个工厂（一个有输入和输出的生产系统），你就懂得问输入和输出的关系这样有意义的问题。对股市和人来说，这些都是重要的元信息交流。股市上升时，它的股票可能上下波动，然后突然转变。积极理解股市的上下波动不会产生更高的价格。即使面对强度指标，价格趋势也会稳定下来。股市工厂不再有效，它吸收了更多的输入以获取同样的输出。不管对股市而言，还是对抑郁的病人而言，这都暗示着出现了问题。

相反，股市可能下跌几日，反弹，然后又出现抛售，正如纽交所点线图显示的那样。但抛售可能不会让大多数股票的价格跌至新的低点。股市的效率输给了下降的趋势。这个微妙却意味深长的元信息交流预示着接下来会有大幅度的上升，甚至可能就在一天之内。

股市能手似乎是那些花大量时间研究股市，能够读懂股票趋势即将改变之前的动力、加速和波动微妙改变的人。这对"红马甲"尤其适用，他们每几秒钟就会刷单。在这么短的时间内做交易，根本没有机会进行仔细的统计分析。他们对交易大厅的微妙元信息交流非常敏锐：交易的活动、音量的起伏、问价叫价的快速转换、主要参与者与次要参与者的活动模式。难怪许多"红马甲"上楼的时候对自己的交易很没把握。没有了数据库（即引导他们对股市的节奏和动力的内在认识的元信息交流），他们就暂时失去了交易的方向舵。

交易中的元信息交流

我非常清楚没有方向舵的交易经历。当我一开始分析股市时，我处理所有上升和下跌的方式是一样的。如果股市 20 天内涨了 5%，我会搜索我的数据库，浏览股市有类似动态的所有情况，然后观察每个情况接下来发生了什么，希望找出一个非随机性的模式。

尽管我的方法已经量化，但就和闭着眼睛谈话没什么两样。我的方法让我学会了股市的信息交流，但没有学会元信息交流。这使我成为一个拙劣的、不是很成功的交易者。

用一个类比可以更好地说明我的困境。在我教的学生中，恋爱最不成功的是那些在网上开始恋情的人。通常，这些人是在聊天室或社交网站认识的。他们开始频繁交流、分享生活中的私人细节。他们遇见了真正聆听他们、关心他们的人，这让他们无比欢欣，于是他们安排了面对面的约会。

那就是一切分崩离析的时候。

网上的媒介没有面对面互动中的大部分元信息交流因素。如果你在网上聊天，你无法听到那个人沮丧的语气，无法看到他不修边幅的外表，或躲躲闪闪的眼神。你幻想的网上恋人最终与你看见的人会大相径庭。人们经历的大多数人际间的微妙关系都来自对元信息交流的互动反应。

无视元信息交流去做交易就和网恋一样，没有多大胜算。股市在做什么和股市是怎么做的同样重要。股市就像人一样：它们用元信息交流的变化来暗示其情感状态。我把这些微妙的改变称为"变速排挡"。

如果你曾经开过手动变速车，你就会对调挡非常熟悉。在高速挡，车子会以一定等级的每分钟转数（RPM）开到很高的速度，也许是 140 英里①/小时，直到转速计达到安全速度。在低速挡，车子会在最大速度之前很久到达安全速度：不断加速创造更小的速度、更大的加速度。如果你想尽快把车开出来，低速挡可以提供最大的转力，驱使你进入车流。如果你想在公路上高速行使，高速挡最好。

老练的司机是那些懂得根据路况决定何时降挡、何时升挡的人。开车是一个积极的过程，需要不断地做出调整适应路上的曲折、交通格局、路面状况等。

人们在谈话中也会变挡。变挡的形式即音量、速度和音调的变化。其他的变挡形式还包括肢体语言，例如听到一个话题时改变姿势。通常，通过观察两个正在交谈的人的元信息交流，你可以断定他们是否一致。如果双方都在关注对方的元信息交流，他们之间的关系明显很融洽。其结果就像一个优雅的芭蕾舞者，眼动、声调和身体姿势之间的协调完美得浑然天成。

相反，如果双方在谈话中的不同时间用不同的方式换挡，这说明他们之间的谈话进展得很差。其结果就像一段高速公路，一些司机在加速，一些司机在减速。后果很可能就是连环相撞。

关于心理治疗，有一件事是众所周知的，即心理治疗的结果在很大程度上取决于心理医生和患者之间的关系。如果患者不相信他们的心理医生，则心理医生不可能对他们的患者有任何影响力和可信度。因此，心理医生的首要任务（对那些人际关系的质量决定其工作的人来说也是如此）是建立牢固的联系。心理治疗就像恋爱或销售一样，如果一开始便建立了联系，结果就会来得更迅速。

就像玛丽的案例一样，我与每个患者开展工作之前，都会先和他们闲聊几

---

① 1 英里 ≈ 1609.344 米。

句，留心观察他们的元信息交流。我特别喜欢在辅导的前几分钟添加点幽默元素或闲聊。这样带来的反应十分有益，它让我知道我的患者是否能够脱离自己的烦恼接受幽默。如果患者对我的问候"你好！"的回应是向我问候，或者如果他们能聊到体育、天气或最近的学校八卦，这明显表示他们目前的问题还没有超过他们的负荷能力。

我利用这种人际指标的方式和一个交易者利用市场指标的方式是一样的。当人们不能对一个情境做出"正常的"反应时，这表示发生了不正常的事。同样，如果股市对利率下调或一则利好消息没有做出正常的反应，这是一个值得注意的元信息交流。这意味着股市没有按照预期换挡。前面的高速公路可能会出现问题。

期望猛然落空是股市最重要的元信息交流之一。当股市没有做应该做的事情时，很有可能是赚钱的机会来了。这也是为什么我早期通过调查相似周期来处理当前周期的方法行不通。动作的背景（不管它是发生在有利的经济消息或利率上升之后，还是低波动率、低幅度之时，或是突然发生在周期的早期，抑或均匀地扩散）是改变前景展望的决定因素。交易者在屏幕上看到的东西是股市与他们的对话。像心理学家一样，交易者想要关注的是信息交流的语调和节奏，而不只是信息交流的字面意思。

用一个简单的例子来说明这种专注。股市在两三天的时间里急剧下滑，使大多数股票一连多日低迷。到了第二天，开盘时股价更低了。可能看出这个明显弱点的专家评论也推动了这个趋势。然而，这次早晨的股市下跌与前几天有些不一样。纽交所 TICK 指数（每个时刻低价交易的股票数目与上涨股票的对比）远远超出之前的低点。一个或多个区域的指数甚至可能抵消早晨的股市下跌，暗示着股市行情仍十分有力。

许多交易者不能理解元信息交流。出于人的本性，他们很兴奋地在他们理解的事情里面寻找模式。一旦某件事情发生了两三次，交易者很可能认为这是一种模式。当他们连续几天经历股市下跌时，他们自然觉得这个趋势会一直继续下去。

在这种时刻，我通常会观察交易者如何对股市做出反应，我把这比作很有用的肢体语言。

我最喜欢的方式之一就是购买指数股票型基金（EFT），如SPY或者QQQ，然后观察每笔交易的活动。我特别关注小笔股票交易（如100股或200股）与大笔股票交易的比例。通常，交易额更小、经验不足的交易者不能读懂市场的语言。如果小笔交易的比例在早晨的股市低迷中往上翻，即使股票明显很强势，通常也足以让小玩家消失。他们错过了股市的元信息交流。

正如我之前提到的，我发现标准普尔和纳斯达克电子迷你合约的日交易量对于读懂股市的元信息交流非常有用。在股市行动的背景下，仔细观察一分钟交易量的读数，就会发现大部分电子迷你交易者都是用突破的模式在运作，在股市出现新高或新低时挤进股市。如果虚弱的突破出现时有大量进入或退出且大量区域和股票没有参与，那么这种突破往往是虚假的，是甩掉鱼群的大好机会。当鱼群不得已抛出手中的股票时，你的头寸就会获益。

如果股市改变其低迷的开盘，进入积极的领域，或者它翻转一个表面的突破，则这个行动违背了交易者的心理期待。交易者期待的是一个向下的第五挡慢速行驶，而股市突然降挡朝北，他们会一时无法与股市同步，正如我无法和一个回应我的幽默的患者同步一样。

好的交易者就像好的心理学家一样，知道在这种情况下应该怎么做。他们立即手动变速，马上换挡。一些最好的交易往往发生在股市违背逻辑或心理期待时，交易者对这种彻底翻转的动作的情感反应为他们换挡提供了最好的信号。

大多数短期交易者没有时间仔细分析股市，因此只能依赖更加现成的工具，例如图表模型。这些模型表达了交易者的期待，因此在期待落空时，这些模型成为抵补交易的有用工具。

一般的交易者倾向于关注信息交流（如图表模型或震荡信号），但元信息交流可能指向一个完全不同的方向。一个很好的例子就是股市上涨之后会出现统一价格行动。统一价格行动打乱了图表上的上涨趋势，因此自然看起来像正在形成中的市场高位。事实上，专业的交易者甚至可能操纵平坦区的交易量，并且推断出股市马上就要下跌，因为转手的股票正在逐渐减少。

跳过交易者的分析就能读懂股市的肢体语言，了解股市在平坦期间纠正自己的方式。一个非常有用的做法是盯紧一揽子股票，观察其短期内的新高和新低。以我自己为例，之前提到的40股（30股道指，10股科技、金融、运输和其他，模拟标准普尔500）为读懂元信息交流做了很好的展示。我特别跟踪了30分钟、2小时和10小时的新高和新低（10小时大约相当于1.5天的交易）。长期的头寸交易者可能利用更长的时间框架计算新高和新低，例如20天的周期。在融通股市中做交易，有一件事情很重要，就是必须能够观察到融通期间的新高和新低。

有趣的是，看似是市场高位，但放在元信息交流的显微镜下，可能最后会看起来很不一样。平坦区每下跌一次，滑入新低的股票就越少。销售周期显示的消极TICK数额，在更高的水平上可能会干涸。波动性可能会往上移动一点点，然后"砰"的一声，股市突破平坦区，冲了上去。空头头寸被迫覆盖波幅突破，进一步刺激向上的趋势。

之后，受骗的交易者才看着图表，发现向上的趋势盖过了平坦区。他们会摇头，惊奇自己为什么没看到这么"明显的"动作。他们甚至会搜索新的图表模型和咨询服务来弥补自己的错误。这就像重新安排"泰坦尼克号"上的椅子一样，是无用功。如果问题出在元信息交流上，重新审查信息交流是没用的。

交易者的肢体交流

交易者有自己的肢体语言，研究这些肢体语言非常有用。交易者不停地在交流，甚至他们不说话时也在交流。他们的面部表情、身体姿势和手势都在向外面的世界传达他们的情感状态。不幸的是，大多数交易者不关注自己的身体语言，因此不能察觉这些最宝贵的信息来源。

精神科医生威廉·瑞奇最先提出人们的情感抵触实际上是身体现象。人们收紧肌肉，摆出僵硬的姿势，是为了避免不安的情绪或冲动。例如，如果我因为对孩子非常愤怒而觉得不安（因为这与我的慈父形象不符），在情绪挣扎中我可能变得非常紧张。我会紧皱眉头，尽最大的努力赶走心中不符合好爸爸形象的邪恶想法。之后，我可能会跟我的妻子倾诉说头痛，觉得很累，完全忘记了我里面刚刚经历过激烈的情感挣扎。

心理治疗已经发明了各种方法，利用人们身体状态的变化，激活他们的问题模式。例如，从生物能量学来看，一个人可能无缘无故就觉得难过。但放松肌肉、放开四肢之后，他可能会突然发现自己获得了新的信息。只有在那时，他才想到原来去年的今天，他遭遇了很大的损失。

一个人的身体所透露的元信息交流非常重要，因为身体通常知道大脑所不知道的东西。或者更确切地说，在你用语言理解世界之前，你首先是用非语言的方式处理这个世界的信息。如果你能读懂自己的身体语言，你就能深入地了解自己的大脑 #2。

我想到一个教养孩子的例子。我的儿子麦克雷还没上学时，他有过很沮丧的时期，他会不理大人，甚至大喊大叫。强迫他接受限制似乎让问题变得更严重。他会更加暴躁，变得越来越叛逆。他的日托阿姨越来越担心，因为她不知道在这时该怎么跟他交流。

我觉得这些情感事件很不愉快，令我筋疲力尽。经过一整天的心理治疗工作，我很难继续保持体谅和善解人意的态度。一走进家门，我觉得自己立马紧张起来，担心会发生最糟糕的事情。但是我知道发泄自己的怒气可能只会适得其反。我像我的客人一样，像所有人一样，感觉到无助，想要掩藏自己的沮丧。

有一天晚上在家里，麦克雷正在地下室的室内游乐场玩耍，结果弄坏了一个玩具。他立即大喊大叫起来，不肯上来吃晚饭。我叫了他一次、两次、三次，我可以听见自己的音量在渐渐升高。我们之间的气氛变得越来越紧张。

然后我往下看。

奇怪的是，我的右手紧紧地蜷缩起来，好像想捏紧拳头，但中途停了下来。

经过思考，我怀疑我刚才的确想捏紧拳头。我对麦克雷很生气，我想发脾气，但我不能让自己这么做。

我别扭地看着自己僵硬蜷曲的手，深呼吸了一口气，从这种状况中走出来。一个奇怪的想法进入了我的大脑。我的手看起来像一只蜘蛛。

我转移视线不再看我的手，看向麦克雷。此时，我看着他的眼光似乎已有不同。麦克雷看起来不那么生气了，相反，他看起来很伤心。我觉得采取激烈手段只会让他更加生气和沮丧，所以我走到他身边。当我走近他的时候，我感觉到他似乎以为他再不上楼我就会训斥他或者警告他，也许他以为我还会打他。

我弯下腰，把他抱起来，眼睛直视他。我把他放在沙发上，告诉他"邪恶蜘蛛"想要攻击他，这些蜘蛛专门咯吱小男孩。我把握着的拳头给他看，告诉他这些蜘蛛动作很快，很难抓到。我还跟他解释说这些蜘蛛用亲吻才能打败。用力打只会让它们更强大，而亲吻可以让它们变成"好蜘蛛"。

当这些"蜘蛛"慢慢爬向他时，麦克雷的眼睛明亮起来。咯吱了他几下之后，他想抓住一只"蜘蛛"，于是亲了它一口，果然它不再咯吱他，而是轻轻地抚摸他的脸庞。其他的"蜘蛛"更快，过了好一会儿他才追到，然后亲吻。这个方法的消极面就是我们的晚饭凉了。但好的方面就是麦克雷的注意力完全被这个新游戏吸引了。他将生气的能量发泄在一个爱的游戏里，发脾气变成了亲吻、抚摸和亲密，那个弄坏的玩具完全被忘记了。

而我，则通过关注自己的身体，对自己的情感状态有了一些了解。这反过来激活了我的内部观察员，帮助我以不同的方式引导自己的怒气。最重要的是，我蜷曲的手包含着非常重要的信息，这个信息是创造性地、建设性地对环境做出反应的根据。玩"邪恶蜘蛛"的游戏不是我有意识地想出来的策略。在我还没给这个游戏命名之前，我的身体就已经给了我启发。

我相信大多数人都有过这样的经历，即大脑还没意识之前身体已经做出反应。大多数时候，他们认为这只是直觉的作用，然后就停留在这个层面。他们没有认识到自己的身体受到意识的支配，而这个意识与他们所认为的意识是不一样的。如果一个人能够关注这个意识的信息（元信息）交流，这个非语言的、以行动为中心的、以情感为基础的意识可以是储藏有用信息的宝库。

我反复观察了肢体交流在交易中的价值。几个月以前，我进行常规交易，在股市的上涨势头看似衰退时卖空股票。我将道琼斯工业平均指数（TIKI）一天之内的累计报升和低价交易读数与纽交所点线图的价格读数进行对比，这是我最喜欢的交易模式之一。因为道琼斯的股票大多是一些机构在炒，它们对程控交易的反应非常敏锐。将 TIKI 和标准普尔指数 TICK 的点线图和价格变化进行比较，可以让我们很迅速地看到机构交易推动股市的程度。如果某个方向有大量的机构交易，而共同市场没有同步的动作，通常这是非常有用的元信息交流，理解这一元信息交流可以使交易者获利。

这一次，我决定卖空，因为 TIKI 上升没有伴随强烈的价格上涨或超过两小时的点线图行动。这种交易通常至少适用当日的逆倾向动态。我花了足够长的时间研究这个模式并根据它做交易，因此我对这个模式感到很舒服。

下达交易指令后，我却觉得很不自在。我像一只鹰一样观察接下来的每个卖空价，关注着我的头寸。几分钟以后，我突然感到头痛。我往前坐，眼睛离屏幕更近。我的眼睛觉得很疲倦，肌肉开始绷紧。

我好像突然觉醒过来。我摇摇头，大声说："你在做什么？"我从来不会这么执迷地关注一笔交易，尤其是这么小的一笔交易。我认识到我的身体对这笔交易感到不舒服，即使我看起来好像对这笔交易放心。尽管我告诉自己这笔交易的成功率很高，但我的身体已经对危险做出了反应。

我现在开始关注自己的身体反应，用新的眼光来看图表，将一分钟变动趋势与一天的图表进行了对比。那时我才突然认识到这笔交易没有按照我的期望发展。股市的涨势已经消退，但还没有接近我想要的支撑位。更糟的是，除非涨得更高，否则不会出现强大的阻力。我犯了一个错误，我过分关注短期行动，以至于看不到更大的画面。股市的确处于相对的高度，但这只是通往更高高度的小站。

我迅速撤销了这笔交易，将潜在的失败转化为有用的学习机会。

我发誓我完全不知道这笔交易会出问题，但不知为什么我的身体却知道。

人类意识之下的意识

这种身体元信息交流看似神秘,但已经被认知神经科学的大量研究证实。人们的确知道许多他们的意识没有意识到的事情。

陶·诺瑞钱德的《使用者的错觉》提供了一个简单的例子。假设你正在棒球赛上击球,这时球突然朝你的头飞过来。你立即摔倒在地上,没有被击中。棒球向你飞过来的速度可能是 90 英里 / 小时,你根本无法有意识地分辨发生了什么,然后制定适当的对策。事实上,你想也没想就摔倒在地,然后才意识到你差点被击中。有意识的、明确的思考发生在意识和行动之后。

诺瑞钱德认为这种情况很好解释。意识运转的频带宽带太慢,无法在危险的情况下有效地处理信息。你的天性将运动神经渠道和高速的思维处理器连接起来,使你有高度的适应能力,可以跳过无关紧要的想法,做出保护自己的行为。

本杰明·利贝特的研究生动地表明了人类意识控制器的相对速度。利贝特让他的研究对象弯曲自己的手指或者随时动动手。所有的研究对象身上都接上电线,可以测量他们手中的电活动,以此找出他们的有意识臆想和肌肉活动之间的关系。利贝特惊讶地发现,在研究对象有意识地动手指或手之前的半秒多一点时间,他们手中的电活动就已经出现了。

对那些习惯认为自己就是自己意识的人而言,利贝特的研究无法解释。利贝特发现,在一个人有意识地想要做某个动作之前,他的身体已经做出了反应。身体的行动不是由意识决定的。身体的动作比意识要早几分之一秒。利贝特认为,每一个有意识的、自愿的动作之前,都有潜意识的大脑活动。

诺瑞钱德把显意识称为"使用者的错觉",因为显意识给人一种错觉,即显意识控制一个人的行为,但通常却不是这样。"使用者的错觉"这个名称来自计算机领域。对于不懂电脑的人来说,用户界面如 Microsoft Windows,似乎控制着电脑,而事实上,电脑是在用户界面背后用二进位的机器代码运行。

如果显意识"报道"了行为,而不只是启动了行为,则出现了一个令人不舒服的问题：这些关于意识行动的报道有多精确？你能信任自己的意识吗？

迈克尔·加扎尼加和约瑟夫·勒杜对此展开了特别的开拓性研究。正如之前所提到的那样，这些研究者对一些癫痫病人进行了研究，这些癫痫病人做过胼胝体手术，割断了左半脑和右半脑之间的联系。他们发现，左右大脑分裂的人的脑功能并没有什么问题，但会出现一些古怪的地方。例如，如果把不同的图片分别放在一个做了脑分裂手术的人的左眼和右眼前，他可以用左右手分别指出看到的东西。当研究者问他们看到了什么时，他们却只能回答右眼看到的东西。与非语言的右脑连接的左眼看到的信息无法被有意识的、语言的意识接收，即使他们很清楚地知道看到了什么，还能指出来！

当迈克尔·加扎尼加和约瑟夫·勒杜问这些人为什么用左手指着这些图片时，他们的研究有了突破性的发现。在一名特殊的个例中，姑且把这个人叫作 P. S，他的左眼（右脑半球）看到的是一把雪铲，右眼（左脑半球）看到的是一只鸡爪。P. S 能够用他的左手指出雪铲，用右手指出鸡爪，这表示他的确看清楚了两张图片。

当被问及看到了什么时，P. S 回答说他看到了鸡爪。问他为什么看到了鸡爪，他用左手指着雪铲，立即回答说因为需要一把雪铲来清理鸡窝！

加扎尼加在他的著作《意识的过去》中总结，有意识的、语言的意识实际上是一个译者。P. S 根本不知道为什么他会指着雪铲，所以他的语言的、理性的意识想到了一个似是而非但完全不相干的理由。加扎尼加认为，人类的意识不会给他们提供关于世界的原始数据。相反，人们对这个世界有意识的语言描述是从更基本的非语言数据翻译而来的。一个人能够意识到的是事件的架构，而非事件本身。

这样一来，我那不愉快的卖空经历就说得通了。我有意识地为卖空头寸编造了一个理由。在非语言层面，我觉得这笔交易不妥，因为我察觉到的模式和我之前的经验不相符。我之前看了许多图表，已经将这些模式内在化，在我有意识地识别这些模式之前，我已经察觉到事情有点不对头。

一些人也许会说，这种研究方式阻碍我们了解人类理性。如果我不能信任自己的意识，我如何认知这个世界呢？我相信这种怀疑的结论是没有根据的。并不是人类缺乏理性，而是人类的理性远不只包括有意识的、语言的体验。当你还没有意识到有个球向你飞过来，就做出了躲开的动作时，你的行为是最有理性的，虽然是无意识的。当你协调自己的思维，收集信息，理解信息，并用将来的经验测试你的理解时，你是最理性的状态。这当然是所有交易者的任务。

关于机械交易系统以及它们减少交易的人为情感因素的潜力，还有许多可以讨论的地方。就像下棋电脑"深蓝"一样，机械系统在市场上搜寻机会的效率远比精明的交易者要高。但是象棋大师并不单单依赖蛮力，他们常年浸泡在这个游戏的模式里面，可以提前很多步看到接下来的动作。这让他们可以迅速地对不符合游戏套路的情况做出反应。象棋大师长年累月练习，已经到达可以无意识地在棋盘上下棋、让"直觉"和"理性"并行的地步。

股市也有类似的现象。尽管依赖股市专家的建议很方便，但自己钻研股市模式得到的知识却是不可替代的。作为交易者，我最好的技巧之一就是打印每天的市场走势和我跟踪的每个指标几年内的所有数据。每晚温习这些图表巩固了我对股市正常运动方式的了解，使我的身体能够察觉到股市的异常，这些异常情况是股市十分重要的元信息交流。

我相信这解释了为什么每天研究股市培养注意力是成功交易者的主题。只有每天浸润在股市里，才能获得训练潜意识大脑察觉出异常的信息库。心理学家基思·西蒙顿的结论表明，在任何一个领域有杰出表现，需要 50 000 条信息。这样的知识宝库只有通过长年累月的深入研究才能获得。一般的交易者容易被各种心态左右，无法有这样的成就。浸润对理解股市的元信息交流至关重要（正如它对学习外语至关重要一样），难怪情绪化的交易者不能掌控股市。他们对自我的关注阻碍了自己处理微妙信息，而处理微妙信息是成为交易专家的基础。

你知道的比你以为的更多：隐性学习

我们可以暂时退一步，问问孩子是如何获得复杂技巧的，例如他们怎么学会讲自己的母语，以及得体地进行社交。当孩子还很小的时候，他们还没有掌握语法和句法。因此，他们经常会不规范地说出不完整的句子。当我还很小的时候，我能够在马路上认出雪弗兰的车子，然后大叫："哒——哒——哒！"尽管我不知道"雪弗兰"这个词，但我显然对雪弗兰有认知，而且知道这个词有三个音节。同样，儿子麦克雷小时候没学会"芹菜"这个词之前，他会向我们要"莴苣棍子"。

掌握社会行为的规则也是通过类似的方式。年幼的孩子通常不知道何为礼仪规矩，会在大人说话时打岔，抢其他孩子的玩具，要么就是无法控制自己的冲动。慢慢地，他们学会等待，想要什么东西会先征求同意，懂得体谅他人。然而，甚至在他们懂得用语言表达这些规则之前，他们似乎已经获得了什么是对、什么是错的认知。一个不懂得用语言理解行为规范的小孩子，在父母一进房间的时候，就知道隐藏自己的坏事。这个孩子知道自己在做坏事，虽然他不能用语言表达自己的这种认知。

迈克尔·波兰尼称之为隐性知识。对于你知道的许多事情，你是无法用语言表达的。当你看到你好朋友的脸的时候，你马上就能认出他来，但你不可能用语言描述给一个陌生人听，让陌生人从人群中认出你的这个朋友。人与人之间的关系网太复杂、太微妙、太模糊了，以至于你无法用语言来描述一个人的脸：黑色的头发，浅色的头发；长头发，短头发，等等。

我还是小孩子的时候，就知道雪弗兰，但我的认知无法用语言表达。这个现象在孩子中非常普遍。他们接收语言的能力先于他们表达语言的能力。在一个孩子学会说"我想吃香蕉"之前很久，他就懂得用点头或摇头来回答"你想不想吃香蕉"了，或者看见香蕉的时候伸出手来。香蕉的概念已经以某种形式存在于他的脑海中。但这种认知是隐性的，不是显性的。

认知科学家阿克塞尔·克里尔芒斯和他在布鲁塞尔的同事相信所有认知都是分层存在于意识当中，一开始是隐性的认识，然后穿越意识的不同层次，直到变得彻底明显和语言化。麦克雷的"莴苣棍子"就很好地展示了中级水平的语言认知。他清楚地知道芹菜和莴苣的相似之处（绿色蔬菜），他也知道芹菜的形状（像棍子一样）。但他还不认识芹菜这个词，克里尔芒斯提出了一个挑战性的观点，即大多数学习都始于隐形认知，即人们获得知识和技巧，但他们不能用语言表达他们学会的东西。他相信这种隐性知识表达了人们掌握语言、学会认脸以及内化社交规则的方式。

在本书的后面部分，我将讨论隐性知识及其对掌握交易窍门的深远意义。就目前而言，有一项意义比其他更加重要：交易了解股市的一些事情，但他们不一定能够用语言表达这些认识。如果了解股市的信息交流和元信息交流就像了解社会互动，那么说刚入门的交易者的理解水平就和孩子在社交场合一样，也不算夸张。如果他们对股市模式的第一个认识是隐性的，而不是显性的，这不奇怪。在交易者能够准确地描述和传达自己的认知之前很久，他们就已经能够感觉到他们所认知的，指出来并使用不精确的语言表达出来。技术分析所累积的智慧在很大程度上就像迈克尔的"莴苣棍子"：用语言和画面结结巴巴地描述内化了的知识片段。

这种努力一定是准确的吗？也许不一定。使用斐波那契法或图表分析法的成功交易者就像加扎尼加和勒杜的病人P.S一样。P.S做了脑分裂手术，勒杜要求他用左右眼分别看雪铲图和鸡爪图，然后要求他指出看到了什么。P.S能够用左手指出雪铲，用右手指出鸡爪。但他只能用语言描述他用右眼看到的东西，就是鸡爪。当勒杜问他为什么用左手指着雪铲时，他给自己创造了一个理由：他坚称需要雪铲来清理鸡窝！

很有可能交易的理论也建立在类似的理由上：语言的、显性的意识想要了解交易者在潜意识中经历的事情。许多交易者所依赖的江恩理论、艾略特波浪理论、振荡器、图表和熻烛图模式，是他们对自己感受到的认知做出的解释，帮助他们理解自己的经历。就像P.S的例子一样，这些解释可能与潜在的现实毫不相干。它们更多是满足了心理的需要（交易者对条理性的需要）而不是认知的需要。

这种现象并不只局限于交易。心理疗法的过程和结果研究不断表明，心理医生在辅导病人时所做的和他们说自己所做的有很大不同。简而言之，心理医生用自己喜爱的理论描述他们在心理辅导过程中的行为（认知的、心理分析的、人道主义的方法），但他们很少系统地坚持这些思想学派。研究表明，有经验的心理医生尽管信奉的思想学派不同，但他们的行为却惊人地相似。比起各个思想学派所提倡的独特技巧，这些相似因素似乎对治疗的成功更加重要。

从交易的角度来说，图表、指标分析、周期行为和波动的各种理论与交易者如何描述自己的行为之间的关系，与交易者的实际行为和认知相比，要更加密切。我加入琳达·拉什克的交易聊天室期间，就已经注意到了这一点。这个聊天室是某个教育服务机构，通过这个聊天室，交易者可以观察琳达实际上是如何进行交易的。很多次琳达指出某个购买或销售指令的时候，我也同时注意到了。然而，琳达也许会将模式解释为图表结构和波动指标的一个功能，但我却会根据当天的上涨/下跌和新高/新低数据，用购买或销售的衰退水平来描述这个模式。我们看到了同样的事情，也进行了类似的交易，但我们表达认知的方式非常不同。只能说我们两个人不都是一开始就知道速度的减退，而是之后才搜索支持我们感觉的证据。这符合利贝特的研究，他认为我们的身体在我们有意识之前就已经对情况做出了反应。

如果这种研究和推理方式真的有效，那么这指出了交易心理学的一个重大困境：交易者需要在克制阻碍信息处理的情感反应的同时，也需要对表达隐性认知的情感趋势敏感。一方面，如果作战的将军（左半脑）对士兵和守卫提供的信息（右半脑）过于敏感，坚持进攻计划会很困难；另一方面，如果将军不注意士兵，在情况有变时可能无法调整进攻计划。学会区分情感引发的曲解和身体透露的隐性知识，对经验保持开明的态度，同时不在经验中迷失，也许是交易者在培养交易技巧的过程中面临的最大挑战。

留意市场的复杂性

这引出了另一个也许是更麻烦的困境。股市的模式也许比交易者描述它们所使用的语言更模糊、更微妙、更复杂。描述交易就像描述人的脸一样。尽管描述可能抓住了眼睛形状的大致轮廓和肤色等要素，但不可能充分地表达一个人的长相。同样，用"头肩"的模式描述股市，用"双顶和双底""上升楔形"描述价格行动的大致轮廓（我称为股市的信息交流），但很难描述行动发生的背景（元信息交流）。

描述市场行动的语言非常粗糙，这表明这一困境的解决方法不在于发现更好的指标、图表模型或技术分析方法。这些就像盲人摸象的故事中盲人对大象的描述一样，只是接近，不可能抓住大象的全貌。"如果你在路上看见了佛，杀了他！"表达了这一理解，即成佛（开悟）是在自己的经验内实现的，而不是通过某个自称的专家实现的。同样，如果你在路上遇见了某个交易专家，最好的办法就是不理他。真正的交易专家可能存在于你的隐性认知里面。

其他领域的专业知识同样难以用语言描述。

象棋手、足球后卫和赛车手通常不需要经过一个线性的推理过程就知道该采取什么行动。当你让他们解释自己的行动时，他们常常会给你非常粗略的理由。他们知道该怎么做，但他们不一定能用语言描述出来。这使专家系统的发展变得异常困难，因为专家必须想办法将他们的知识传递给电脑程序设计员，然后用人工智能语言表达出来。并不是我们所有的认知都能用语言表达，因此将专业知识翻译成语言是件很困难的事情。

我相信这为使用数学语言而非正常的言语表达来描述股市提供了一个强有力的理由。如果我有一套股市预测器，我不只可以研究这些预测器和价格变化的关系，还可以研究这些预测器和它们与价格的关系之间的关系。一些简单的互动可以用语言表达，例如在一天的某个时候出现而后消失的突破交易。然而，更加复杂的互动，如关系到多个时间范围的市场价格变化和波动的互动，则形成了一个多维的概念空间，无法用正常的方法来描述。统计学家将三维地图当作预测器，描述预测到的变量的大致轮廓，这不足为奇。图片比千言万语更加有用，因为它们传达了无法用语言立即表达的信息。

不幸的是，许多统计建模的拥护者否认直觉在股市中的作用，而许多依靠直觉的交易者则不屑使用数学。我相信这两者存在于一个相互关系中，这种关系对交易的成功至关重要。交易者对股市的初步印象是直觉式的，就像直觉反应一样，交易者还未能充分描述它们之前，就已经可以指出来了。我们可以研究这些直觉反应的潜在相似性和主要成分。这些成分也许可以预测经验交易规则和体系的发展。

我在自己的交易经历中发现许多靠直觉成功的日内交易都有一个特点，就是意识到第一个拉回的撤退正在萌芽，进入的风险相对较低。尽管新的发展趋势可以用传统的技术指标追踪，但通常我对这种转变的第一印象，是股市不愿继续其之前的方向，接下来会相对轻松地朝新的方向移动。我将这种经历翻译成数字，用 NYSE 综合点线图和股票篮子中的新高新低翻译动作的勉强和轻松，这样就可以通过自己的观察建立一个更加通用的交易模型。比如，我可能发现，当点线图上有两个标准差上涨的股票出现许多突破性的短期新高时，价格很有可能会在一定时间内继续上涨。通过这种方式，我用显性的形式描述基本的直觉了解，加深了自己的学习。没有什么专业知识可以用语言甚至是数量规则完全表达，但隐性知识向显性知识的转换可以使你在交易时有很大的胜算。

事实上，这就是克里尔芒斯对意识功能的结论。人们发展了用显性意识提高灵活性和控制自己行为的能力。当病人在心理辅导中能用语言表述他们的隐性行为模式时，他们能更好地打断这些模式，尝试不同的东西。当交易者能够将他们感觉到的认识转化为系统化的交易规则时，他们既保留了主观认识的价值，同时又与引起分心和曲解的情感反应保持了一定的距离。我所认识到的最成功的交易者都是靠直觉观察股市的人，他们能够将自己的直觉转化为规则，然后用受规则制约的方式做交易。他们的规则就像他们的身体一样，似乎在做出行动之前已经知道该怎么做了。

小结

交易者知道的比他们自己认识到的更多，这个观点与之前强调的聚集解决方案方法非常吻合。交易者最好的交易经历体现了他们的隐性认识，这是培养交易技巧的根基。尽管回顾进场、离场和货币管理的错误有一定的帮助，但仅仅消除错误实质上不会成就专家。相反，发现自己的隐性认识并将其翻译为显性规则才是建立个人成功模板的关键。强大的情感经历是铸造这些模板的最好工具。单纯的重复对于掌握新的行动模式很有帮助，但生动地经历新的模式比起用语言反复谈论的效果要持久得多。在肯、苏和玛丽的治疗过程中，促进他们学习的关键因素，是经历瓦解他们信念和期待的强大情感事件。如果学习（隐性认识到显性认识的转换）可以通过情感手段得以加快，那么不管对于生活还是交易危机都是一个强大的学习工具。

| 第 7 章 |

床底下的大个子男人

不是压力,而是幸福与健康的缺失会折磨灵魂。

如果说世上有什么灵丹妙药能让一个人彻底改变个性的话,这个药方也许是这样的:明确你最恐惧什么,尽可能直面它们,你会发现,它们并没有那么可怕。如果你是个害怕黑暗的小孩子,躲在被窝底下并不能驱散你对黑暗的恐惧。相反,打开房灯,你会发现,屋里并没有什么妖魔鬼怪。成功的方法能带来光明,帮助你战胜心中的忧虑和恐惧。

要做出改变,危机是强力的催化剂,因为危机迫使我们直面内心最大的恐惧。正如尼采所说,不能摧毁我们的,会让我们变得更强大,一旦我们成功应对危机,我们就会有一种征服感,一种光靠交谈无法获得的征服感。这样的危机深深地烙印在我们的脑海中,加快我们的情绪学习,促使我们从知其然不知其所以然(默会知识)快速跨越到明确认知。从这个意义上说,短期疗法省去了从直觉到口头谅解这一渐变过程,可以被看成一种加速学习的工具。在本章中,我们将探讨我们的默会知识,即位于口头意识下的解决方法,是如何为解决危机指明方向、促进交易发展以及加速个性的改变的。

沉默的大高个沃尔特

沃尔特是一位让人印象深刻的医学院学生：身高至少2.13米，体重113公斤。但他是一个孤僻的小伙子。他不爱说话，举止紧张，总是显得焦躁不安。沃尔特似乎很不合群，几乎没有朋友，很少露出笑容。

离沃尔特而去的情感之中，他的女朋友詹妮也是其中之一。她深爱着沃尔特，但是，她最近面临着情感上的两难境地，当沃尔特对她做出回应时，她终于忍无可忍了。她明确告诉沃尔特，他要么去寻求医生的帮助，要么就分手。

一般说来，我并不喜欢与那些受到威胁而求助于我的人见面，他们几乎很少有动力坚持为改变人生做出巨大努力。不过沃尔特是个例外。他明确表示，他很爱詹妮，只要能挽回这段感情，他会不惜一切努力。他说，在之前的几段感情，包括他与家庭成员的感情之中，他心理上的疏远已经造成了许多问题。"我感觉我和别人之间，中间好像隔了一堵墙，"沃尔特吐露，"我不知道为什么。我想和詹妮在一起，但是我做不到。她试图打开我的心扉，但是在我意识到这一点之前，我的思维甚至一片混乱。"他心中充满悔恨，他承认他曾希望詹妮离开他，让他一个人清静清静。"我无法控制我自己，"沃尔特绝望地说道，"我完全将她挡在外面，她不应该遭到这样的对待！"

"在你的病人中，你完全疏远的有多少个？"我天真地问道，其实我心里很清楚，我自己本来会被问到这样的问题。

沃尔特望着我，双眼满是恐慌。"噢，没有。我从来不会离开我的病人。"他向我保证。沃尔特以关心他人为傲。

"那么，在那样的情况下，你的确能控制自己，"我向他指出，"你不能告诉我说，学校从未疏远你，让你想要逃离！"

沃尔特笑了。

"与人建立良好的关系，你的确有这样的能力。在你的工作中，你每天都在这么做。但是由于某种原因，在最亲密的关系中，你却没有做到这一点。"

沃尔特听得全神贯注。他同意，至少存在两个沃尔特：①职业的沃尔特，能够与他人合作，并能很好地处理遇到的挫折；②感情上的沃尔特，逃避亲近关系。使问题"自我疏远"，即将个人与问题分离开，是改变的关键所在。"问题不在于你，"我常常这样建议，"问题在于你的模式。"

在接下来的两次治疗中，沃尔特向我敞开了他的童年记忆。他的父亲性格阴郁，脾气捉摸不定，很容易就会暴跳如雷。父母吵架是家常便饭。沃尔特回忆说，当他还是个小孩子的时候，不想听到父母吵架的声音，就溜进自己的房间，躲在床底下。他爱他的母亲，渴望得到她的支持，但是又对她感到愤恨，因为当父亲生气的时候，她并不能保护自己。沃尔特回忆，他的母亲偶尔会意志消沉，会连续几天都不打扫房间。沃尔特说，他自己也会有时感到抑郁。一想到自己也许会变成母亲那样，虽然可爱，但是孱弱，他就感到恐惧。和玛丽一样，沃尔特发现，他正在变成他不愿变成的某个人。

不过，和玛丽不同的是，在治疗的过程中，沃尔特大部分时间都不曾提及他的心路历程。我见他的第一眼，看见他那大块头和灼热的眼神，我心想，下面的治疗肯定会暴风骤雨。这肯定是我接过的最棘手的案子。沃尔特很配合地回答了我的问题，他似乎清醒地意识到，父亲的愤怒与他自身的消极被动之间存在某种关联。沃尔特认识到，他的父亲在他的祖父面前也抬不起头来，这是一代一代传递下来的不安全感。沃尔特常常遭到父亲的言语攻击，并因此感到极度不安全。不过，他拒绝对此生气并予以还击。也许他会像母亲一样陷入抑郁，但是他不会变成父亲那样。他不想这样世代传递的模式继续传下去。

沃尔特对这一切心知肚明，但这并不能带来任何改变。理性的、职业的自我，与那个逃避童年痛苦、躲在床底下的自我之间，很难找到交集。

我发现，连我自己都开始对这段治疗感到沮丧。仅仅是谈论这些问题，我们做得很好，但并没有触及问题本身。我心里清楚，如果想要治疗取得成功，我们将不得不对沃尔特的"性格"进行一次集成。这就意味着，要将父亲-母亲的经历引入疗程中。

在精神疗法中，这是我们能做到的最接近于规律的事情了。除非问题模式实时发生，否则改变不会发生。这样的问题模式提供了"变速"的时机，我们可以引入新的理解、新技巧、新语境和新的体验。没有什么理性话语能够触及约翰·卡廷的意识 #2。

我需要找到一种方法，去触及沃尔特的非语言心理。

创造强大的新体验

想象一下，只有在被激活以后，你才可能改变问题模式。要克服焦虑，你必须变得焦虑。要战胜抑郁，你必须首先让自己变得忧郁。逃避愤怒、恐惧、自卑或冲突，都不能让你掌控它们。

对于交易者来说，这就意味着当交易进行且他们的情绪起伏波动最大时，正是做出改变的最佳时机。正是在这种状况下，交易者们有意识地努力打破重复多次的模式，并启动新的回应。

精神彩排，即在你的脑海中想象出各种困难的情形，然后想象出各种应对的办法。这一招在打破旧模式时非常有效。不过，行为学家们所称的活体暴露，却是无可替代的方法。所谓活体暴露，指的是个体创造出真正的压力环境，并强迫自己去找到应对方法。患有恐惧性障碍的病人，有意加快呼吸，模仿换气过度，能制造出许多焦虑症状。通过制造出这些症候，并采取认知的和行为的自我控制方法，病人就能培养在现实生活中应对焦虑的能力。

就我自身而言，最成功的活体暴露，是在事先完全没有计划的方式中实现的。多年来，我一直恐高，但是我从来不必应对这种不安。只有四周没有遮蔽物或者支撑物时，我才会产生这种恐惧。在飞机上，或者是在山顶上安全的落脚点，我都不会感到不安。

在我去当地一个度假区避暑的过程中，我的儿子麦克雷想坐缆车看风景。一想到要坐在挂在半空的椅子里，我就有些惴惴不安；不过，因为人们都被绑在椅子上，而且在前面有一个木板作为进一步保护，我想，这应该不会有摔下来的危险。

当我们坐上缆车后，麦克雷坐在我腿上，有说有笑地欣赏风景。很快我注意到，用于保护的木块卡住了，我们坐在一个完全没有保护的椅子里滑行。我意识到，我不能让麦克雷看到我满心担忧。如果他害怕了，突然一动，就可能从缆车上摔下去。所以，我用尽全力克服恐惧，紧紧地抱住麦克雷，给他讲沿途风景，或者以其他方式吸引他的注意。他从未意识到，这次坐的缆车是不安全的。

从那以后，我就没有那么恐高了。我曾面对过所能想象的最糟糕的情况，而且我知道，我能应对这种情况。让我经历高空冒险，但同时让我对其他人负责，这可能是最好的药方。千钧一发之际，我不得不以一种前所未有的方式进行应对。

生物反馈单元是我最喜欢的交易发展工具之一，它能测量前额表皮温度。在本书稍后部分你将看到，前额温度能敏感地测出大脑前额叶皮层的血液流动，而大脑的这一部分主要负责聚焦、专注以及注意。当人的注意力放松（"这一区域"）时，温度计度数会升高；当人感到挫折或注意力分散时，温度就会降低。在交易日里，开市前我就为自己设定一个基准线，并在这天将自己连接到这个反馈单元，我就能追踪我在这个"区域"的上升和下降趋势，并可以将其看成当天市场的走向，以及我自己头寸的变动。

通过建立非常简单的规则，即当生物反馈读数低于其基线时，绝不进入或退出一个头寸，这样我就能迫使自己实时打破旧的模式。生物反馈的数值成为进入/退出策略的一部分，通过采取这个策略，沮丧就不能促使我下订单。要么我想办法放松下来并变得专注，要不我就不进行交易。我也可能采取市场外练习，但与之相比，这种实时约束方法要有效得多。就像乘坐缆车，生物反馈迫使我以新的方法去应对旧的威胁。

这就是改变的精要所在。

回归：思维的时间旅行

我探究沃尔特的过去，试图获得类似的实时紧急状况的经历，但是他从未有过这种体验。当我详细询问他的过往经历时，沃尔特仅仅向我提供事实信息。当我试图挖掘情感、视觉、声音和经历时，他给我一般性的描述。在治疗期间，他从未流露出愤怒、伤痛或其他情感。我感到沮丧，至少表面上如此，于是我哄骗他说："我想知道，在这些情况下，你有何感受。闭上眼睛，在你的脑海中想象詹妮批评你，告诉我这是怎样的场景。"

沃尔特没有听从我。他蜷缩着身子，双臂合在胸前，立马显得很不悦，"我不要！"

我目瞪口呆地盯着他。一个 2.13 米的大个子男孩，在我面前却像个三岁小儿。

沃尔特也意识到他的窘态。"我觉得自己像个小孩子一样。"他简直不敢相信自己这样幼稚。

沃尔特完全正确。我们亲眼看见，他已经得到了改变。

"回归"，是弗洛伊德使用的术语。当过去那些未被解决的问题在现在被触发时，人们往往会回到过去，用以前的方式来处理这些问题。这就解释了为什么一名成熟的专业人士，同时也可能是一个大发脾气的小孩子。通过时间的端口，这两个自我被连接了起来。在情感因素的压迫下，早期的行为、思想和感情被激发，与成熟的理性思维截然不同。在一段时间内，沃尔特处于这两个世界之间，就像脑分裂的对象 P.S 一样。沃尔特的理性思维试图去理解他无法控制的行为。

我在俄亥俄州的坎顿长大，家庭成员之间很亲密，经常一起出去度假，看电视，去现场看球赛。我对早年的记忆大部分是积极向上的，全是关于全家开车兜风，去"探险"，买圆筒冰激凌。不过，我父母小时候并没有这么好的家庭关系。在年龄尚小的时候，他们与他们父母的关系都很疏远，他们都曾由自己的哥哥姐姐抚养，或者得到过他们的救济。因此我的父母决定，要为我和我的兄弟马克提供一个温馨紧密的成长环境，而这正是他们成长时所缺失的。他们做得很成功。

随着我逐渐长大，想活在自己的世界里，种种问题就出现了。梅森小学的第一次学校舞会，我至今回忆起来仍历历在目。当音乐响起时，扭怩不安的年轻学生们轮流进入舞池，我却坐在屋子后面，醉心于阅读威廉·夏伊勒的《第三帝国兴亡史》。到八年级的时候，我碰到了一位富有同情心的老师，他偶尔会免去我的作业，这样我就可以跑到书架边啃更多的大部头。我每天的课余活动是送报纸，这样我就可以花时间边走边做白日梦，完全不受其他人的打扰。

当然，这一套到了家里就不那么管用了。家里人想要亲近的互动，而不是一个人在那里浮想联翩。在家里找个清静的地方是非常困难的。不过，我也找到了一个远离人类交流的地方，那就是浴室。在我洗澡的时候，或者上厕所的时候，我能得到片刻的清静。从很小的时候起，我最好的阅读和思维体验都是在浴室里完成的。

多年以后，当我和我的妻子玛吉订婚后，我就搬到了她家，和她那三个可爱的小家伙一起生活，他们是黛比、史蒂夫和劳拉。几天后，矛盾就发生了。孩子们需要按时上学，但是我把他们的作息时间都搅乱了。怎么回事呢？我在浴室里花了太长的时间！

我完全没有意识到，对于我来说，这个新家和之前的差不多：亲近、可爱、太亲近。我回到早前的模式，长时间淋浴，在刮胡须、梳头发上面花太多时间。当我是个小孩子的时候，这套方法还是很管用的，它让我在不损害家庭凝聚力的前提下，可以获得片刻的独处机会。但后来，在一个完全不同的生活环境中，这种方法就行不通了，并且造成矛盾。早期的自我已不再适合我了。

现在，坐在魏格曼商店的咖啡区，我一边品着咖啡，一边噼里啪啦地在笔记本上打字，听着菲利普·格拉斯的音乐。也许，与那个在舞会上读夏伊勒作品的小孩相比，我们之间并没有多少不同。在大部分时间里，我都待在人来人往的公共场所写作，在这些地方我不太可能碰到认识我的人。这也是一种妥协，进入和逃离社会生活间的妥协。虽然这并不完美，但这样的确让我走出了浴室。

进入时间端口

对于许多人来说，"回归"是一个很痛苦的历程，甚至有些人花很长时间避免被带入时间端口的情况。

待在浴室里，能让我免于自我身份湮没，远离感情则保护我不大发雷霆。在我们的治疗过程中，沃尔特重新用起了他小时候学会的方法：躲起来。当然，在我的办公室里，没有床可以给他躲在下面，但他肯定能以其他方式躲起来。具有象征意义的是，治疗室已经成了儿时的家庭，时刻威胁着他，将旧时的冲突和矛盾重新翻了出来。我越是要他表达感情，他就躲得越远。

那一声稚气的"我不要"让我们都意识到，这正是他的过去折射到了现在。在整个治疗过程中，成为孤僻被动的一方，和回归到童年基本就是一个相同的过程。要改变孤僻，我们需要找到方法，直达他的童年自我。是时候从床底下爬出来了。

要想达到处于意识下的思想和感情，人们有很多方法，用得最多的就是催眠术。通过绕开批评的、理性的思维，这些方法直达能感受到的知识模式，就像席菲尔的玻璃杯一样。使用填充句子的技巧来唤醒情感的自我意识，娜塔莉亚·布兰登博士在这方面有大量著述。治疗顾问接连不断地向病人讲出句子主干，客户则用最先进入脑海的短语来填充主干，不经过任何准备或者甄选。这些冒出来的词与个人正常的谈话通常有很大不同，这就建立起与被压抑的情感和思想之间的联系。我发现，当我同病人一样不假思索地讲出句子主干时，能建立起自由流动的互动，这是我使用这种方法效果最好的时候。

虽然沃尔特仍害怕他孩子气地大发脾气，但他非常愿意参加这项练习。我们首先慢慢地开始。

布雷特（注意到沃尔特脸上是冷漠的机器人般的表情，但双臂交叉紧抱前胸）：现在，我感到_____。

沃尔特：紧张。

布雷特：如果我的双臂能说话，它们会说_____。

沃尔特（支支吾吾）：我不知道。

布雷特（提高音量）：我的双臂很紧张，它们喊出_____。

沃尔特（沮丧、焦虑，他的声音高了一个音阶）：我不知道，我不知道。

布雷特（进一步提高音量）：再紧一些，再紧一些。我想说_____。

沃尔特（再一次地，孩子气的声音）：走开！

布雷特（现在同样听起来更像个孩子）：如果你不走开，我就_____。

沃尔特（攥紧拳头）：揍你！（他似乎更加陷入身体的愤怒。）

布雷特：我的拳头在说_____。

沃尔特：我很生气。

布雷特：我对_____生气。

沃尔特：他们怎么对待我。

布雷特：他们待我像_____。

沃尔特（生气地）：一坨屎！

布雷特：这让我想要_____。

沃尔特（充满愤怒）：杀死他们！

突然，沃尔特从练习中醒过来，松开了他的双臂。他攥紧拳头，声泪俱下，详细地向我控诉，他的父亲有一次怒气冲冲地回到家，朝着沃尔特的母亲大吼大叫。沃尔特试图阻止他们吵架，结果遭到他父亲一顿暴打。沃尔特描述了那时的感受：他父亲的身体压在他身体上，掐住他的喉咙，把他弄得死去活来。因为他母亲的苦苦哀求，他才不至于被掐得晕死过去。从那以后，他家里从没提起过这件事。这件事就和沃尔特一起，都被藏在了床底下。

问题不仅仅在于消沉，甚至不仅仅是愤怒，而在于谋杀性的愤怒。沃尔特不能容许自己生气，就像他的父亲一样。在某种程度上，他相信他的愤怒会杀死别人。他转向了母亲的角色，而不是父亲的角色。抑郁，付出的代价似乎很小。他会伤害自己，从而成全他人。詹妮也许会痛恨无法触及沃尔特的感情，但至少他不会杀了她。

在平常的工作里，沃尔特是位温柔迷人的医学院学生。他能和病人沟通，很好地与同事交流，并且和住院医生、主治医师们一起参与团队合作。一旦到了家里，詹妮无意中就触动了他的痛处和愤怒，他就崩溃了，于是回到了过去，被动地将自己保护起来。他的确是想成为另外一个人。

请注意，在为数不多的几个句子主干中，沃尔特的状态是如何变化的。关键在于，如何在互动中恰到好处地激发他的挫败感。当我第一次问到他交叉的双臂在说些什么的时候，他一下子懵了，说"不知道"。我拒绝接受这个回答，进一步提问，从而加大了他的压力。我扮演了詹妮的角色，缠着他打开心扉，激发他最害怕出现的愤怒。当愤怒最终爆发时，就像是水库溃坝一般，洪水倾泻而出，一发不可收拾。他先前被动的自我一下子充满了生气，他紧张的身体和他的攻击性现在变得活力十足。在这个高度紧张的状态下，他立刻连接到强大的感情事件，对父亲的恐惧、对自身愤怒的恐惧。当他是被动的沃尔特时，他对治疗谈话无动于衷；当他是生气而富有活力的沃尔特时，他准备以新的方式面对自己的过去。

在填句游戏的背后，是心理医生耍的小把戏，这与交易者十分相关。我让沃尔特对我发火，激怒他，直到他传达出他通过双臂交叉暗示的感情。沃尔特觉得，他不能宣泄他的愤怒，他最大的恐惧是这样做他会跟他的父亲一样。在治疗过程中，容许他体验压抑状态下的愤怒，他从情感上明白了这种恐惧不足畏惧，对他可以安全的发怒做出迅速的、体验式的认可。沃尔特意识到，他并不是非得在愤怒的、侵略性的父亲和被动的、压抑的母亲之间做出选择。他完全可以成为另外一个人，会生气，但与此同时和他人和睦相处。

不过，只有通过激烈的情感经历，他才能意识到这样。如果我仅仅是跟他说这些话，他可能就左耳进右耳出了，就可能没有这个效果了。

交易者的理解（不管是他们自己的理解还是市场的理解）都通过他们的心理状态来调停。交易的寓意十分明确：你对市场的了解、你对其做出的反应与你所在的思维框架紧密相连。

要想改变你的交易，就必须首先改变身体和思维的变速装置。

当你的变速装置仍然被锁着

"这种事情怎么会发生在我头上？"电话那头传来的声音有些嘶哑，有好一阵子我都只能听到啜泣声。她是马洛里，很明显，她十分痛苦。"他向我保证，一切都会好起来。我把我的所有都押在上面，现在却什么都没了。我该怎么办？我不能走出去，我不知道该怎么办。"

我想破脑袋只能想到，马洛里是在说一段失败的婚姻。但并不是这样，她说的是经纪人向她推荐的成长型基金。这只基金跌得非常厉害，马洛里深陷其中不能自拔。她不能接受这样的损失，而且不能将自己继续暴露于更深的惩罚下。

与马洛里有着相似处境的人很多，从与马洛里及其他人的谈话中，我惊讶地发现，人们往往将投资当作谈恋爱。这也许不足为奇，因为人们将自己投资在与爱人、孩子、朋友和家人的关系里。不管是恋爱关系还是财务关系，二者的风险和不确定性并没有那么大的差异。

我的惊奇来自于这样一个事实：当他们描述自己的交易忧虑时，他们用的语言往往和在婚姻中遇到问题时用的语言一样。和马洛里一样，他们和自己买的股票谈起了恋爱，心理预期往往非常高。在热恋阶段，他们每天都要查看股价，甚至一天好几次。当一切顺利时，他们忍不住要和别人分享喜悦，他们与所选择的公司之间会有一种忠诚和相互关联的感情。

一位老太太持有一只波动性很大的股票，看起来明显不适合她的财务需求。但当我提出卖掉这只股票的时候，她立刻怒不可遏，"它对我这么好，"她喊道，"我怎么能弃它而去呢？"她这么一说，我就不再提这个话题了。好像是我建议她考虑将她的母亲扔到穷人的老人院一样。

不过，当与股票的恋爱进行得不那么顺利的时候，缠绵之情就变成了消极、伤痛和愤怒。马洛里感到被她的经纪人深深地背叛，美联储还有股市都背叛了她。更糟的是，她面对股市下滑的反应，竟然和我不时见到的那些发现配偶欺骗了自己的人的反应相似。他们失去了安全感，失去了信任。受伤的一方很少有减损的计划方案，也没有尽快结束这段关系的打算。但是，他们也不能盲目地朝着现状错下去。马洛里的痛苦不仅仅是财务上的损失，而且是一种陷于不安全的、痛苦的境况所带来的感觉。

沃尔特的案例清楚地告诉我们，人们往往在现实生活中重演过去的问题，正如我搬到新家时不当地使用浴室一样。如果你对你的父母有着无法释怀的愤怒，对一段不忠诚的关系丧失信任，或者是对过去的虐待充满恐惧和不安，这些经历都会成为情感镜片，透过它们你将不可避免地看到新的关系。这些镜片如同弗雷德里克·席菲尔实验中使用的镜片一样，对你的行为产生影响，表面上造成反应过度。不过，实际上，你从不会真正对某种状况反应过度；相反，你既对现在也对过去做出了反应。

我相信，这种情况在市场上常会发生，但是远远没有被人们广泛认知。人们在人际关系中许多失效的模式，正被运用到他们的财务投资上。在过去的两年中，我能从我的交易联系人中想到许多例子：

- 比尔在感情上不能做出坚定的承诺，害怕女人会影响他事业成功。比尔是一位白天交易者，不能隔夜持有股票，尽管大量的数据证明，牛市期间行情上涨很大一部分是来自于开市时的上涨，作为对夜里的新闻和市场的反应。

- 艾伦没有对她的股票进行多样化投资，她喜欢把所有的钱都放在一两只股票上。当这些股票没有回报她付出的时间、努力和期待时，她就感到沮丧，满脑子都想着自己的失败。当我指出这也是她在谈恋爱时的应对模式时，她着实吓了一大跳。

- 仅仅在过去的三个月里，伊恩就损失了 40% 的交易资金。伊恩在市场上过度交易，试图在每天的当日行情中买进卖出，在每笔交易上都下了很重的杠杆赌注。在理性思维方面，他理解风险的数据概念：如果交易够多，一连串的损失就很可能发生，从而摧毁在每笔交易中都过分暴露的任何人。不过，在感情方面，伊恩需要行动。他在婚姻上不能安定下来，而且他有两段婚外情。

- 赫克托花几个小时分析市场，并钻研如何改善交易体系，他的许多研究颇为精细，甚至很新奇。然而，他发现了预测自己的体系并否定体系的信息。于是，这总让他输钱，但他总是强迫自己擅自乱动自己的研究。在童年时期，他弟弟的死让他万般痛苦，他花了很长的时间和家庭在一起，并且深爱着他们。但是，他会不时感到"非理性"担忧，担心他的妻子和孩子们会突然死去。

和沃尔特一样，上述所有人都处在痛苦中。他们盲目地重复着毁灭性的模式，而且似乎无法阻止这种重复。同样，和沃尔特一样，他们无法说服自己改变做事情的方式。他们的非语言思维推动他们走向自我失败，只有剧烈的情感经历能帮助他们改变这种思维。

每笔交易的完成都是为了一个原因：逻辑的或者是心理的。当你成为自己的心理医生时，换一换挡，仔细考虑自己暗示的交流，你会学会区别上述两种原因。

新意：改变的关键

沃尔特在填句游戏中爆发，生动地描述了他对父亲的恐惧和愤怒以及他对激怒父亲的恐惧。此后，我向他提出了一个尖锐的问题。我问他，在游戏过程中，他是否有想跳到我身上掐死我的冲动。沃尔特惊得目瞪口呆，回答说没有。然后我问他是否期待我发难掐死他。沃尔特笑了，再一次回答说没有。我赞许地建议，也许他不再需要害怕变得愤怒，因为他不像自己的父亲，也不再和父亲生活在一起。让自己处在被动的肌肉紧张状态，也许能让小时候的他控制住局面（正如我淋浴给自己提供了独处），但是这种解决办法在很久以前就失效了。如果沃尔特的愤怒是他所恐惧的问题，那在我们的会面过程中，我肯定要挨一顿好打。

沃尔特一旦打开了双臂和拳头，他就能体验到自己的过去，直面自己的恐惧和愤怒。通过全身心地体验愤怒以及亲眼看见没有可怕的事情发生，他克服了自己对愤怒的忧虑。不过，也许非常有趣的是，直到游戏结束时，沃尔特才意识到自己发怒了。他所了解的自己，是意识状态的功能：在一种状态下，他被动，完全缺乏自我意识；在另一种状态下，他生动地触及痛苦的童年记忆，以及他对这些记忆的反应。

有时候治疗顾问会用这种经验练习来提高情感意识。让人觉得非常奇怪的一点是，身体活动和激发水平的改变，是如何在意识中激起全面的变化的。这些变化随后引起心情和行为模式的改变。我有个学生长期抑郁，最近迷上了一门特别活跃的武术，跟着一位大师学习。对于她自己来说，她建立起意念练习，每打一拳，她就在脑海中想象那些伤害过她的人的模样。每击打一次或踢一脚，她都生动地想象，她对那些人的身体造成了伤害。日常练习让她感到强大，挫折和愤怒与主动联系起来，而不是与被动和压抑。的确，每次练习之后，她看起来就像是换了个人：活力四射，容光焕发，一点都不像被打败的样子。

所有这些技巧都拥有一个关键的要素：他们绕过平常的思维模式，提供了通往一种新的或者不同的体验模式的途径。如果没有对意识齿轮的改变，人们仍然会深陷入平常的思维框架，永无止境地重复相同的思想、感情和行为。

治疗中的新意：转译

个体意识状态的变化先于行为的变化，这个观点也许是我职业生涯中最有用的练习。为了更好地理解治疗中变化的影响，我进行了我所称的"临床文献综述"。大多数文献综述都是对研究的调查，试图抓住在某个领域里科学理解的现状。我试图做得稍有不同。我阅读了自己能找到的过去几十年中主要作家关于治疗的每一本著作。我特别专注于包含了实际治疗课程的著作。这些著作坚守承诺，描述了心理医生们正在做的事情，而不是他们嘴里说的正在做的事情。

那是一篇意义深远的评论，最终出现在1992年的一篇很长的刊物文章上。我读了注重分析的作家，比如哈比卜·达瓦鲁、莱斯特·鲁伯斯基、彼得·西弗尼奥斯、汉斯·斯特鲁普。我也读了大卫·巴洛、阿朗·贝克、阿尔伯特·艾里斯及约瑟夫·沃尔普等人在认知行为心理学方面的书。我沉醉于阅读史蒂夫·德·沙泽尔、米尔顿·埃里克森和杰·海利等人的策略文献。我一直在问自己："怎么会这样？表面上大不相同的理论和实践怎么会得到相似的积极结果？"

我认为，如果可以将引起情感和行为变化的要素都一个个孤立开来，交易者们（其他从业人员一样）就能够成长为他们自己的心理医生。

在这些著述中，有两个要素特别突出。第一个是简单疗法作家西蒙·巴德曼所说的"新意"。所有的疗法都帮助人们以新的方式去看事情和体验。他们引入了技巧，提高洞察力，提供第一手的经验。许多方法都具有特别的创意要素，为以新的视角看待自身和这个世界打开了一扇门。

第二个就是认知行为心理医生唐纳德·梅肯鲍姆所称的"转译"疗法。人们去做心理咨询时，头脑里往往带着一个具体的问题或情结。他们之所以去寻求帮助，是因为某个问题影响到了他们的生活，但自己无法解决这个问题。心理医生并不是倾听这些问题，然后给出答案。心理医生是将最初的抱怨转译成其他的概念机制，从新的视角提出解决办法。

看看一个简单案例：一位交易者前去咨询，说他感到自己毫无价值。他对自己的交易缺乏信心、拖拖拉拉，等着每个指示排得整整齐齐。不过，这样的状况很少发生，结果他错过了很多行动的机会。这让他感到非常沮丧和恼火，这样的情绪也被带到了他的个人生活中。最近，他的妻子受够了他的坏脾气，建议做伴侣心理治疗。这位交易者不愿意跟妻子去做心理咨询。在他生命的一个方面，即在交易中，他已经感觉到失败了；他不想在婚姻上也感到失败。最近，他一直情绪低落，打不起精神去做市场研究。上周有两次他都错过了驾驭市场的绝佳良机，就是因为他缺乏准备。现在，他感觉自己是个彻底的失败者。

这位交易者的麻烦在于：除了他眼前的交易和婚姻问题，他还不了解导致他目前处境的原因。他觉得自己有些不完美。"我想变得更为成功，"他说，"为什么我不能和现在不一样呢？"意识到一个人无法完全控制自己的思想、感情和行动，他感到非常沮丧。

在咨询早期阶段，心理医生会向交易者提供一个解释性的框架，帮助交易者理解种种麻烦。这种转译将交易者描述的问题（"我是个失败者"）放到一个全新的视角下加以看待，这在每次治疗中都会发生。的确，各种各样的疗法似乎就是不同的解释性框架。

那么，比方说，认知行为心理医生也许就会对交易者说："问题不在于你是一个失败者，而是你的思维模式告诉你，自己一无是处。"或者说，精神分析心理医生也许会说："也许问题不在于你注定要失败，而是你内化了失败者的思维方式，从而寻求避免与你好胜的父亲产生充满敌意的冲突。"

这些解释也许不会一下子灌输给你，也不会在治疗刚开始的时候就告诉你。但是，每一次治疗似乎都提供了一个全新的框架，帮助你理解人的经历。

人们无法做出改变、他们墨守成规，因为他们囿于定式思维，一成不变地看待自己及自身处境。他们就像席菲尔医生的病人一样，只是他们忘了自己戴着眼镜。人们的情感问题，都源于他们将自己对世界的解释（即从过去学到的经验），与世界本身混为一谈。一旦他们意识到自己戴着的眼镜扭曲了自己的视角，做出改变也就成为可能。

我对沃尔特的转译是，在与詹妮的关系中，问题的关键并不在于他，而是他过去处理问题的方式，这种方式在他们交往的过程中不断出现。但是请注意，直到我们真正能够变换情感齿轮，并体验到他畏之如虎的愤怒，这种转译才真正起作用。改变一个人的心理状态、以全新的方式体验自己，极大地加快了那些镜片的改变。

其寓意对于交易是很深远的。在市场上重复犯错误以后，交易者们相信，他们是"差劲的交易者""不走运"或者仅仅是"失败者"。他们不是专注于交易，而是怪罪自己。确定交易者们什么时候准备克服困难，我有一套傻瓜办法。那些还没做好准备改变自己的人，往往把自己看成是有缺陷的，他们希望我治好他们。那些更可能快速进步的人，将他们的交易看成是问题所在。他们将自己和他们的问题模式区分开来。

实际上，频繁地通往改变之门的转译，交易中的问题模式有其存在的理由。和沃尔特一样（也和我在浴室里流连忘返一样），人们既是对现在也是对过去做出反应。他们在用过去的处世策略来应对新的形势。过去的策略并不奏效。

重复一下，如果有一种办法能成功改变你自己的话，那就是：找出你最害怕什么，将其置于可控制的局面，你可以直接体验恐惧。不管是对你自身愤怒的恐惧、对高处的恐惧，还是对发起交易的恐惧，看到你比自己的恐惧更强大，这种原始的体验将使你信心高涨。让沃尔特生气，并帮助他看到生气后并没有什么可怕的后果，这比我告诉沃尔特的所有东西都有用。

这听起来有些奇怪，但是的确有效：找到让你作为一个交易者最为焦虑的事情，然后慢慢地稳步靠近它。一旦你根据自己的经验意识到，焦虑能帮助你进步，你就会和沃尔特一样，从床底下爬出来。通过直面未知，你丰富了自我；赖在熟悉的舒适区，只能停滞不前。

交易者们体验的恐惧有许多种：

- 一个年轻人在交易上是成功的，但是在扩大规模方面存在困难。他以金额来定义下跌，而不是用百分比，如果跌过某个数值，他就感到十分恐惧。
- 一位在交易公司上班的日间交易者在当日交易中能赚钱，但是他不愿意做隔夜交易，即使机会非常有利。他告诉自己，快进快出是他的安身立命之本，但是他又责怪自己在更大的机会来临时不主动出击。
- 一位女交易者只使用她最喜欢的一两种交易工具，即使她能看到其他的盈利机会，她也不想尝试别的交易工具。如果不用标准普尔和纳斯达克交易，她就会感到很害怕，虽然她的交易系统能很容易地与其他市场相适应。
- 一位最近刚迈入全日交易的交易者发现，他不能执行自己在开市前已研究过的交易。他总是让自己相信，这天的市场表现得有点反常。然而，等他自己的舒适感回归的时候，变化已经开始了，于是他错过了机会，他为此陷入内疚与烦闷中。

在上述每个案例中，交易者都害怕健康的变化。他们对未知恐惧，对陌生恐惧。通过逐渐直面他们的恐惧（让他们在焦虑中坐上缆车），他们能亲身学习到，不能摧垮他们的，反而能让他们变得更强。

巩固改变的作用

我所做的文献综述让我相信，尽管新意对于改变是必要的，但是光有新意还不够。要想发生实实在在的改变，一定要进行巩固。一个新的模式在真正内化之前，要经过多次的重复。如果没有巩固的过程，人们就容易回到以前的方式。大多数人将咨询看成是讨论和处理问题的机制。事实上，当病人参与成功的治疗时，他们在家里练习和巩固解决办法所花的时间和精力，要大于在治疗课程中为解决问题所花的时间和精力。

不幸的是，许多人一看到取得的成效，就停止了他们为成功所做的努力，认为他们已经解决了问题，不需要进一步的课后练习。这就有点像一旦一棵树开始健康成长，它就不需要水和肥料了。要想新的生活和交易模式植入脑海，还必须继续为改变做出努力。

有一个谜题解释了为什么只有很少的人能改变他们的人生：要巩固改变，必须做出持久的努力，但是，如果没有大的改变，大多数人都不能坚持努力。人们可以开始减肥和锻炼计划，或者是咨询项目，但是要坚持这些努力，就困难多了。

我再一次回到乔治·伊万诺维奇·葛吉夫那里去求解这个谜题。人的生活过于零碎，因而靠他们自己无法坚持做出改变。一旦一个自我（一个"我"）下定决心，另一个自我受到外在驱动状态改变的触发，立刻进入这幅愿景，开始优先做新的一堆事情。葛吉夫把自我观察当作他著述的支柱，因此个体能意识到，他们拥有多重人格。如果没有"磁场中心"（改变过程中一个新的自我），很可能即使最好的意愿也不能够结出果实。

由艾琳·艾尔金及其同事编写的，美国心理健康研究中心对抑郁的集体研究具有里程碑的意义，他们研究了许多接受精神疗法和药物疗法的病人。参与者接受了大约12次治疗访问，研究者们发现，尽管使用了标准的、有效的治疗，参与者的退步率接近75%。12次治疗足够启动，但是要巩固效果还不够。

这种退步的现象从某个方面解释了市场上的成功。你在交易中使用的任何技巧，无论是资金管理、自我控制还是模式认知，在成为你交易技巧的一部分前都需要不断地重复。通过一成不变的、不断的重复，你内化了改变。你的目标是使新的行为成为习惯，而且如果你自己不那么做，你就会感到奇怪。

我做的临床文献综述告诉我，具体的疗法是行为的、认知的还是精神分析的，这些完全不重要。改变总是以特定的顺序发生。如果我们能专注地跟上这个顺序，改变就会很快发生，远远少于正常的谈话治疗所需的时间。

仔细审视这个顺序，看看它如何能运用到交易中去。假设你参加了一个琳达·拉什克或马克·库克的讲座，学到了一个新的交易技巧，抑或是读了乔恩·马克曼的《在线投资》或者耶尔和杰夫·赫希的《股票交易者年鉴》，发现了可用于你的投资的季节性模式。这些资源为你的交易加入了新元素。但是你如何能使这些元素变成你自己的，使之成为你正常的、自然的交易技巧的一部分？

这个改变的第一步是，当你处于异于平常的思维状态时，即非常放松、注意力集中、生理上兴奋、感情上触动等时，引入新的交易方法。正如你看到的沃尔特那样，正是在高度体验的时候，你最能够以新的方式处理信息。将你的新交易法与一种显著的状态固定在一起，将使你在进入相关状态的任何时候都能更好地执行这种方法。

因此，如果你想用机械交易系统发出的信号，去过滤根据价格和波动模式做出的决定，你也许在回顾过去一个接一个的交易，这样的回顾说明了这种过滤是如何影响过去的交易的。保持在高度专注并放松的状态，你就能了解到，如果不用过滤交易会变成什么样，如果用了过滤后交易又会是怎样。每一次，你都会用过滤想象交易，就像你真的在执行交易一样。

改变交易的第二步，就是在不同的真实交易环境中，不断地重复演练新的模式，既可以是模拟交易练习，也可以是真实的交易实践。有三点是非常重要的：①你将新的方法实时使用在全新数据上；②保持与你首次学习这种方法时相同的特殊心理状态；③在每次交易中，连贯地逐一使用这种方法。通过不断地执行这种模式，尤其是通过目睹改变的结果，你能加速内化的过程。

我相信，通过基于案例的教育，巩固的过程在交易中能得到很大程度的提速。稍后我会详细探讨这个话题，特别是它与内隐学习相关。基于案例的教育是通过案例学习，而不是直接的说教。你看着真实市场上的例子和可能发生的交易方式，而不是读关于交易的书，或者是听一堂关于交易的讲座。

不时地眼见真实的模式，获取模式变化的第一手感觉，似乎是技巧习得的关键所在。正如医学院学生在精通诊断之前，需要看很多病人，需要见过具体某个病症的很多不同表现，交易者也可以从体验不同的市场和交易形式中受益匪浅。

我第一次拜访维克多·尼德霍夫的交易室时，我注意到了他桌上摆着的几本大部头，其中包含了过去几年的日间交易条目。他和助手们在交易期间做的数据分析，其量之大更是让我感到惊讶。他们为适应市场而不断做出调整，寻求可交易的模式。

后来，当我在琳达·拉什克的交易聊天室客座授课时，我注意到，她在每天的交易期后，都会张贴图表。这些图表阐明了指导前一天交易的原则。决定点网站（www.decisionpoint.com）的创始人卡尔·斯文林最近告诉我说，这也是他在网站中组织"图表本"的创意来源。根据相对优势，他将股票组织在这个图表本中，人们在短时间内能点击看到许多图表，这样，他帮助交易者们更容易地处理大量数据。反过来说，这也方便其探知市场上的普遍主题和模式。

正如本书最后一章中所述，重复的研究、对模式的检查、对图表的检查及类似的实践，都是为巩固这一心理功能服务的。它们将交易者浸入市场中，简单的说教永远做不到这一点。正如神经网络需要很多例子去开发它们之间可预见的联系，交易者似乎也需要大量的例子来探测及执行模式。似乎是暴露的强度和重复性促进了学习，无论是学习新的交易方法还是新的行为模式。

期待仅仅通过几次尝试（或每周花一小时与心理医生待在一起）一个人就能获得改变，这是完全不现实的，就像期望偶尔上次课就能打好网球一样。没有重复，即巩固的核心，新的模式就不可能自动形成。

在我的交易中，我一直保留一个在线经纪账户，虽然佣金是最少的。通过使用交易所基金里的200只股票进行交易，我用这个账户去交易新的想法和模式。小额的交易量，保证即使我的新想法是错误的，我也不会遭受重大的经济损失。不过，更重要的是，频繁的小额交易让我养成了关注新模式、使用新方法并实时做出反应的习惯。再多的图表回顾，都不能替代实时的巩固。通过使用小额交易，只有在对某一模式成功地交易过许多次之后，我才会考虑将大笔资金投入新方法。不过，到了那时，这种方法已成为我自身的一部分了。

当我第一次开发出我的合成"力量"指数，即将我的交易要素集合成单个数值（价格方向、速率、加速、波动性等）并首次使用这个新的指数时，我感到不安。研究其过去有助于说服自己相信它具有潜力，但是这不能给我信心、让我把钱投在上面。当我的期待在真实环境中被证实为错误时，信心就随之而来，就像沃尔特一样。有很多次，基于我先前的工作做出判断，期待市场朝着某个方向变化，使用力量指数的模型则得出完全相反的预测。在每一个案例中，我先前的交易方法都被证明是错的，而新的方法则得到了支持。

这盆冷水泼到了我脸上，告诉我先前的工作是如何不如新的研究，交易研究对于建立我的信心，比过去任何测试的作用都大。我真的以为我盯好了市场，接着我发现我错了，是新的模型盯住了市场变化。终于，我到了这一点：除非力量模型支持我的头寸，否则我就拒绝交易。正是由于我的交易期待受到冲击的情感经历，特别是对那些期待的不断违背，我巩固了交易风格。

不过，另一个巩固情感交易模式的例子发生在我全心接受维克多·尼德霍夫的建议，并开始持有更多的隔夜头寸时。到了那一刻，出于风险管理的原因，我不得不在一天结束时关闭交易，因为我不想因夜间的发展或不利的市前新闻而受到伤害。不过，尼德霍夫指出，市场上大多数的长期上涨都可归功于在夜间上升的走势。在夜间未能持有一个好头寸是非常高风险的策略，因为这样就放弃了盈利的重要机会。

我对此很入迷，从 1994 年 4 月到 2002 年 4 月期间，通过研究标准普尔指数，我复制了维克多的做法。我查看了归功于夜间行动（昨天收市到今早开市这段时间）的上升总点数，以及归因于日间交易（从今天开市到今天收市期间）的总点数。总体而言，在我研究的期间，标准普尔一共上涨了 327 点，其中有 311 点可归功于夜间的上涨！换句话说，在交易日，不存在总体的方向性走势。

我进行的这项研究给我信心，我开始在夜间持有少量头寸。在进一步的研究中，我发现特别多的隔夜大幅下滑发生在市场盘整期间。这就意味着，如果我借助于力量指数对走势的解读是积极正面的，痛苦的负面隔夜变化的概率将会减少。（交易期后期纽交所 TICK 指数如果是正面的，也有助于剔除许多讨厌的隔夜下跌。）每次决定隔夜持有，在让自己处于专注、放松的状态后，我都会检查我的研究。我一次又一次地寻求创建一个条件作用：将冷静的专注与隔夜的"风险"交易联系起来。我知道，在我为很早就关闭一个头寸而开始感到不安时，我已取得成功。到那时，面对有利的驱动而进行的隔夜持有变成了自动的过程，即成为交易武器库里的新成员。

沃尔特的巩固

在沃尔特的治疗中，巩固以一种特别的方式发生。我们在沃尔特和他的身体之间创建了一个对话。我对他说，他有两个自我：①他当成沃尔特的人格，与他平常的思想和感情相一致；②他的身体，虽然不具备语言能力，但是能够用姿势和动作说话（"肢体语言"）。正是与沃尔特身体语言的谈话，帮助我利用填句游戏，而且正是他身体状态的变化才打开了通往他的过去以及他否认的愤怒的大门。

我向沃尔特建议，在一天中的随意时段，他和自己的身体发起对话。这就意味着，我们要注意他的紧张、精力和姿势的状态，以解读他的身体所要传达的内容。每次我看见沃尔特的身体滑向被动或僵硬状态，我们就将其放到课程中进行展示。我将这两种状态都反射回他身上，称其为身体交流，这些身体语言表明他感受到恐惧和愤怒的威胁。这时我向他保证，体验这些感情不会带来伤害，并提醒他在填句游戏中最初的体验。在我们的治疗期间，一旦他能熟练地阅读自己的身体语言，我们就准备好了通过家庭作业进行巩固。

家庭作业是非常直接的。在一天中的随意时段，他都要停下手头的工作，并尽快进入专注的状态，来观察自己身体的感情、行为及紧张程度。这时他被鼓励做出新的转译：当他感到被动或紧张时，他感到某种未得到满足的需求或觉察到某种威胁、被动和紧张，这是他的身体告知他愤怒和恐惧的方式。一旦做出这种转译，并确定自己感情来源的时候，他就会努力给这些感情直接的、口头的声音。换句话说，沃尔特会用身体提供的信息去改变处理环境的方式。

请注意这一信息：你的症状（被动和僵硬）并非是由疾病引起的。你的症状是另一个自我传达信息的形式。

交易者带到治疗中的问题和他们带到市场中的问题，都是来自于隐藏的自我的元信息传递（有用的、信息丰富的交流），即使这些信息看起来毫无意义，比如伍尔沃斯狂人。

沃尔特和我无意中想到了这个有趣的技巧，开始意识到这些元信息传递。作为工作的一部分，沃尔特随身携带一个电子记事本，这个设备可以当时钟，也有闹钟的功能。在每天开始之前，詹妮会为沃尔特设定闹钟，时间定在早上8点到晚上6点之间的任意时间点。当闹钟响的时候（沃尔特从来不会提前知晓这个时间点），他就开始这项练习。如果此时刚好他在上课，或者忙于其他事情，他就观察自己的身体，一直等待，然后处理这些信息。

我们的方法借用了葛吉夫的"停下"策略。这个方法是这样的：在与学生互动期间，老师突然大喊"停下！"并要求他们保持此刻的姿势。这样，参与者们保持尴尬的姿态，这样他们就能以全新的视角来看待自身。沃尔特的记事本就起到了"停下"的作用，但它同时也让詹妮成为巩固过程中一个积极的参与者。葛吉夫意识到，人们都处于沉睡状态，漫无目的地从一个"我"蹦到另一个"我"，没有真正的意识。设这个闹钟，就是要把沃尔特从睡眠中叫醒，让他不回到先前的模式。

每天都进行这样的练习，过了一个月以后，沃尔特不再需要这个闹钟了。身体的意识已成为他日常生活的一部分，他已培养出一个"磁场中心"。

沃尔特的"停下"练习与交易期间"量量你的情绪温度"这一想法息息相关。这其实是打断消极模式并提示启动新的积极模式的一种方法。人们的敌人，其实是葛吉夫所说的沉睡：人们往往失去自我意识，不假思索地就退回到以前的模式。一位做交易者的朋友最近半开玩笑地建议我，把我的生物反馈机器与我的交易站连接起来，这样，除非我的身体和思维处在合适的状态，否则我就不能接触到数据或交易屏。必须全神贯注于交易才能接触交易屏，这和为了儿子，在缆车上必须保持冷静是很相似的。在巩固一个新的模式时，新的体验是无价的。

很巧的是，单是我的生物反馈单元上持续不断的数字输出，其起到的作用也差不多。我无法将我的思维活动和身体状态从眼前挥去，因为它们总是显示在我面前的屏幕上。从这个角度说，每一次交易同时也是思维的练习过程，是为了形成好习惯的巩固过程的一部分。当我的沙发指示器的起起落落（即生物反馈）成为我的交易体系的一部分时，我就可以说，我真的可以靠在沙发上舒舒服服地交易了。

小结

病人们常常问我，怎样才能拥有足够的动力去完成他们的工作、控制体重、改变行为模式等。我的回答是，动力驱动下的行为是脆弱的。如果你要激励自己去做某事，那这件事其实并不是你自身的一部分。持久的变化最终变成自动的行为，就像在早晨起来刷牙，或者是一边开车一边交谈。如果你制造了一个想要的状态，并足够频繁地进入其中，而且总是以相同的方式进入，那么，这种状态将会固化，并最终成为你自身的一部分。一旦巩固发生，你的思维方式以及交易的方法和技巧就永远地改变了。

观察并干预旧的模式，变换情感，执行新的模式，尽可能集中地重复上述活动：我所做的文献综述告诉我，这就是关于改变的一切。在刚开始的时候，人们对这些关于咨询和交易的解决办法感到害怕，随后他们努力执行这些模式，最终，这些模式变成自动的习惯。从隐性到显性的变化，将沃尔特抱在胸前的双臂化为坦率的练习，这是所有个性改变的标志。

| 第 8 章 |

被 活 埋 啦

没有什么比那些睡着的人所做的梦更平常、更稍纵即逝了。

  肢体语言是我们非语言思维中一种重要的交流形式。当然，还存在其他的交流方式为我们提供了关于人生和交易的重要信息。意象、艺术、梦境等，都是我们情感语言交流的方式。心理医生知道要关注这些交流方式，因为它们提供了重要的线索，用于了解人们的重复模式。比如，玛丽的梦境就清晰地体现了她对专注的需求与对被利用的恐惧之间的内心冲突。即使当她的意识试图拒绝这种梦境的时候，她的情感和身体语言却暴露出其重要性。

  在本章中，我们将深入探讨这些非语言交流方式，及其与自我改变过程的关系。我们会发现，从说话的语调到眨眼的频率，这些微妙的标记都包含着关于我们情感状态的重要信息。我们还会发现，幻想其实是经过构建的现实，传达了人类的一些最基本的需求和动机。通过与思维和身体传达的信息保持一致，我们就能确保在现实生活中建立更为坚固的基石，从而大大提升我们的幸福感以及交易中的成就感。

治疗和交易中时间把握的艺术

掌握时机,是心理治疗和交易的核心所在。一旦错失良机,即便是最佳的交易策略也可能以失败而告终。同样,在心理治疗过程中,如果患者还没有准备好聆听,即便是金玉良言,也只能是鸡同鸭讲。成功的心理医生和交易者就像优秀的喜剧演员,对于何时插科打诨,他们拿捏得恰到好处。

刚入行的交易者和心理医生过于关注他们在做什么,很少考虑如何恰如其分地掌握时机。结果就是,他们所做的大部分努力都显得笨手笨脚。这一点,对于依赖程式化交易方法(如12日相对强弱指数被过度购买时抛售)的交易者以及照本宣科的新手心理医生来说,尤其如此。他们的努力显得过于生硬,往往忽略了具体情况要具体分析。

最近,一位交易通讯员将其赖以为生的交易称为"波动性突破"。当股市在上扬或下挫之后进行盘整时,他会在盘整区的上方或下方进行交易,希望利用这一波突破盈利。他往往会遭遇亏损,但有时也能赶上一些非常棒的市场大势。总体而言,成功率的相对低下使他的交易系统难以捉摸。当他在描述自己的交易时,我发现,他经常无视股市中其他玩家的交易行为,这让我大为震惊。很多次,他进行交易的盘整区域,在标准普尔图表上尽显无遗,但是,在其他指数的图表上却明显不在盘整模式,这通常导致失败的突破。因为他机械性地进行交易,无视市场大势,所以很难从这种信息中获利。

通过模仿他们从教科书上读到的或者从别人那里听来的短语,新手们都会暴露出"菜鸟"状态。我还记得曾经指导过的一位特别教条的心理医生。病人说,他对妻子特别生气,想要揍她。病人的激烈情绪让这位心理医生目瞪口呆,他结结巴巴地问:"这让你有什么感受?"正如你期待的那样,那位病人大为光火,毫不含糊地让这位心理医生体验到了愤怒的感受。

良好的时机把握需要对自己的工作有一种感觉,这种感觉只来源于重复不断地暴露。不过,时机把握并非神秘的天赋,它也可以后天习得,通常是通过模仿某些精通此道的人士。

在与玛丽和沃尔特的咨询过程中，时机把握是非常重要的元素。回想一下，当玛丽重述梦境而感到不安时，通过向她传递我对她感到"个人的"兴趣这一印象，我加剧了她的不安。与此类似，在与沃尔特的填句游戏中，我提高了声调，加快了节奏，唤起他对紧攥双拳的注意。许多咨询干预都属于这一类，心理医生在适当的时机进行干预，以调节病人的情感体验水平。在这两个案例中，高度的激发能让他们重拾被掩藏的记忆，这些记忆对于理解他们现今的模式是非常关键的。

其他的治疗干预并不寻求引发心理状态的改变，但是会利用自然发生的改变。例如，心理医生会一直等，直到病人在情绪上与一种模式的结果相联系，心理医生才会指出一种破坏性的模式。在这种时候，寻求改变的动力是最强烈的，心理医生因而有能驾驭情绪的趋势。

在治疗中，一些非常好的干预机会发生在相对微妙的状态改变时。这些变化体现在病人的元信息传递中：语速的变化、情绪基调、身体姿势及面部表情。在专业文献中，这种元信息传递被称为标记，因为它们标志着从一种认知或心理状态到另一种状态的转换点。标记对于交易者们来说也是重要的指示。

假设一位女士在咨询开始时，复述了过去一周内发生的让她压抑的事情。她坐在椅子边缘上，安静而紧张地说话，在描述每一件事情的时候，她的语调和身体姿势都是相似的。不过，在她快要讲完的时候，她提到有一位多年没有联系的朋友要来拜访她。在这个新的话题上，她的语调升高，说话的声音大了，她坐到椅子中间去了。

作为一位心理医生，虽然你也许会问这位女士，她有没有做上次咨询布置的家庭作业？她立即做出肯定的回答，说上次的练习很有帮助。不过，你注意到，当她谈论练习的时候，她坐在椅子上身体前倾，降低了声调，回到了刚才复述上周压力时的相同姿势。这些标记告诉了你两件事：①家庭练习和治疗让她感到有些压力；②她对家庭练习感到的压力，和她在生活其他方面感到的压力是一样的。通过专注于这些标记，并找出家庭练习让她感到压抑的方面（也许甚至可以让病人现场进行家庭练习），不安的状态就会得到加剧，从而打开改变之门。

最近，我与一位交易者谈话，他和妻子常常爆发激烈的争吵。我把他们夫妇俩叫到一起进行咨询，观察他们之间的交流。当妻子想要得到他的注意时，他总是显得不耐烦。采取粗暴拒绝的语调，同时伴以紧张的面部表情，他这一点表现得非常明显。他的妻子无法忍受，就更加努力获取他的注意。这就显得非常苛求，于是导致他更激烈的拒绝。

这种情况让人困惑，因为这位交易者似乎深爱着妻子，肯定不想失去这段婚姻。不过，我很清楚，他们的婚姻已经岌岌可危。

治疗结束后，当我们准备离开时，我随口问了这位年轻人他的交易进展如何。突然，他的脸色又回到了紧张状态，飞快地回答说一切顺利，这让我大为惊讶。幸运的是，我随机应变，没有消极地回应他的语气，就像他的妻子那样。相反，我注意到标记（他的身体及情绪变化），有意识地更温和、更慢地跟他讲话。我看着他的眼睛说，这样他的妻子就无法听见："市场不好做，不是吗？我干这行也有一阵子了，但仍然有时感觉无法达到要求。"

他的脸色立刻放松下来，双眼噙着泪水，告诉我他亏了一大笔钱。他当着妻子的面解释道，他希望在一段时间内从市场上赚一大笔钱，从而让她在怀上第一个孩子的时候不用上班工作。可是，他赔了钱，她不得不全职工作。他从未跟她说起这笔损失，确实也在潜意识里害怕她问起交易。为了逃避她，他表现得处处拒绝，和他在咨询结束时对我采取的态度一样。

在接下来的疗程里，这种行为引向了有益的探索，关于对亲密关系的要求、对交易的要求，以及他逃避或者面对这些要求的方式。在市场上和与妻子的关系中，他都是相同的表情和语气，他的状态变化提醒我注意到他面临的问题。

我自身的变化——坦白自己在危机四伏、波动不定的市场上感觉不安，向他提供了一种不同的交流方式：一种面对问题而不是逃避问题的方式。

成功的交易者和咨询师把他们自己当作情绪晴雨表。就像玩扑克的人专注于对手出牌，他们通过扫描来寻求微妙的暗示，告诉他们做出改变的时机已经成熟。不管你是以交易为乐还是以此为生，当你学会阅读市场，并用它们掌握干预的时机，你都将成为精通此道的人士。

标记和市场

在我自己的交易实践中，我发现，把市场想象成我的病人有助于我的交易。每天坐在电脑屏幕前，我都在进行咨询。市场在告诉我它的故事，这个故事用报升、报跌、走势和巩固等写成。在咨询过程中，我试图抓住市场信心的主旨。我等待着标记：步伐和语调变化的证据、对新事件的反应过度和反应不足、买家卖家对做市商的信心、买卖机构的相对活动等。如果我保持专注，找出主题，并根据市场确定干预的时机，我成功的概率就会非常高。相反，如果我陷入自身反应的泥沼，特别是如果我强加我想听到的主题，很可能我会输得一塌糊涂。

盯着市场或者进行咨询很像是参加一场大型交响乐。作曲家一开始阐明了主题，然后通过丰富的变化和详述推动主题发展。例如，在芭蕾舞剧《彼得鲁什卡》中，伊戈尔·斯特拉文斯基介绍了每个角色鲜明的主题，包括领衔角色的主调：一个想要变活的木偶。在主题的相互作用下，角色的互动变得生动起来：彼得鲁什卡高涨的信心、他对女芭蕾舞演员的爱、他与摩尔的冲突和他最终的死亡。欣赏优美的音乐，很像读好看的小说，需要一种提炼主题的能力并跟上情节发展。

在治疗过程中，就像在伟大的音乐中，最重要的主题通常在开场几分钟就表达出来，并不断演绎下去。

在治疗开始时，经验丰富的心理医生都会注意这种交流和元信息传递。通常，这会为本次治疗的余下部分定下主题，讲述这个人彼时生活中最重要的问题。精神分析心理医生们有时候会提到三角冲突，主题被概括为过去的关系、现在的关系以及与心理医生的关系。这种三角理论的基础是，主题是黏合剂，将一个感情生活固定下来。

上周一位学生找我治疗，花很多时间谈论一些琐碎的事情：锡拉丘兹的天气、她的度假计划等。我了解到她还有不到一周的时间就要参加资格考试，我开始谈正经事，我单刀直入，问她的学业是不是碰到麻烦了。她显得很惊讶，问我是不是会读心术。然而，我并没有什么超感知觉。我仅仅依靠交响乐般的原则，即信息交流具有一定的结构，表面上看起来不同的话题可能是同一主题的变化。她在治疗开始的几分钟内回避治疗课程的作业，这折射出她对学校作业更大的逃避。

在市场上的信息交流也有相似的结构，使得交易者们能舒服地交易股票，并阅读主题。在市场上就和在治疗课程中一样，交易日的头几分钟常常建立起可持续的主题。有时主题是一个领域的表现要优于另一个领域，正如有时交易者们会看到，资金从传统的经济股票中抽离出来，然后流入科技、生物科技和其他新兴经济股中。在交易日开始几分钟，我扫描了反映消费者表现的摩根消费指数（$CMR）、周期指数（$CYC）、财务的指数（$NF），以及科技类的摩根高科技指数（$MSH）、更大的传统经济股票主要市场指数（$XMI）的表现。即使是像科技这样的大组股票，分清网络公司（$NWX）、半导体制造商（$SOX）和电脑制造商（$XCI）等主题也是值得的。偶尔所有的股票组都大幅上升或下跌，标志着该领域或整个市场的走势。这些主题会贯穿治疗过程的始终，可以建立有益的交易。

在交易日较早建立的主题可能会更加微妙。我喜欢将股指期货的市场分成三种方式：①日间交易期，从开市（东部时间早上 9:30）到收市（东部时间下午 4:30）；②隔夜交易期，从收市到东部时间早上 8:30，此时次日的交易好转，通常是对新的经济新闻的反应（隔夜交易期展示了市场对海外市场和隔夜新闻如何回应）；③开始前的市场，从早上 8:30 到开市，揭示了市场对当天公布的经济数据的回应（有时候上午 10:00 才公布数据，能更清楚地观察市场对经济信息的反应）。隔夜市场有无明显地突破前一天的高点和低点？经济数据发布后，隔夜的波动幅度有无显著扩大？通常情况下，面对强/弱的经济数据和海外市场，如果未能突破之前的高点/低点，就是一个有意义的标记，意味着反转即将到来。

作为市场心理医生，我紧盯早期市场的强弱，按期货溢价和道琼斯、纽交所及纳斯达克 TICK 所揭示的那样，市场无法突破头一天晚上全球电子交易系统的价格高点和低点。这意味着，市场上缺乏新的买卖，我建立了一种假设，即也许我可以测试晚间交易的相反极端。相反，全球电子交易系统范围的大爆发则意味着，新的买家和卖家涌入了市场，这鼓励我假设，趋势变化也许就在眼前。

量和波动模式可以形成另一套有价值的标记。在交易日期间，量和波动是正常的，最高水平出现在上午早些时候，随后开始下降，一直到下午中段，在下午晚些时候开始上扬。不过，有时候交易量的水平会被扭曲，违反了日间交易量通常的笑脸曲线。例如，下午的量会有一个突破，迫近或超过开盘的水平。这种变化通常是新的市场买进/卖出的标记，这种情况通常会持续。

交易者们的问题是，什么时候的领域、价格水平和交易量代表正常的、可预期的变动，什么时候是新的主题。那些全身心投入市场上并不断实时跟踪各个股票组的人，获取了从一般数据中读取有意义的变化的能力。再次追随维克多·尼德霍夫笔下高尔顿的例子，我发现依赖数数练习来决定一个主题是否有效是非常有帮助的。例如，对一段给定的回顾期的简单研究，就能建立起两个平均数的价格变化，以及这些平均值的正常变化之间的一般关系。当我看到平均数价格变化游离至历史关系两个或更多个标准差之外时，我知道这是一次罕见的机会，一次值得注意的机会。

作为一个短线交易者，我简化了计算，市场上的每一分钟被简单地计为每个领域平均数的上升、下降或平稳。当平均数同步时，它们累计的上升/下降数值是非常相似的。不过，当它们彼此偏离较大时（再一次通过平均的偏离和变化从数据上来确定这一点），我就假定资金正从一个领域流到另一个领域。比如，你正在考虑买道琼斯对纳斯达克期货，或大盘（SPY）对中盘（MDY）等交易型开放式指数基金，这往往就是值得关注的一个主题，有助于你做出选择。

纽交所跳动指数的标记

其他与单个领域较少相关的主题，在开盘的几分钟也会显现出来。在交易期非常早的时候，极端TICK（跳动指数）读数如果为空白，通常意味着强/弱走势将贯穿这一天的始终。早期下跌最终停留在TICK为零的水平（但未能进入负面区域），通常意味着这一天的抛售将十分温和。相反，这一天很早就上扬，但是无法进入正面TICK区域，这通常发生在震荡朝下的市场，这种情况下上升势头不会持久。

在每个交易日开始的时候，我确保自己清楚最近交易日的TICK范围。TICK

范围就是交易日最高的纽交所 TICK 读数和最低的读数之间的差别。然后，我使用最近的邻居模型，来确定数据库里有着相似 TICK 范围的之前所有的交易日。我特别检查了第二天的平均 TICK 范围，以及围绕该范围可预计的变化。我的假设是，第二天的 TICK 范围将位于这个平均数和变差的范围内。

这一点意义重大，我创建了一套新的标记。如果假设这天早些时候市场底部在 TICK 水平为 -250 时发生、TICK 范围为 1050，我相信，在交易日的某个时间点，市场的 TICK 将达到 800。这立刻告诉我两件事情：①这天很可能会出现净买（正面的 TICK 水平超过了负面，与这天腾落指数相关联）；②市场 TICK 从 -250 朝 800 变动时，可能出现可交易的反弹。当早期主题被新的标记打断时，市场上会出现一些非常有趣的时刻。这就意味着，主题在变换，预示着潜在的走势变化。此时，交易者们和心理医生们一样，需要非常机智灵活。

假如在交易日早期，市场在较小的范围内不断波动，最后的 TICK 指数既没有超过 +200，也没有跌落到 -200 以下，那么，短线交易者应该远离这样的市场，因为其波动较小且毫无指向性。然而，假如这天市场跌落新低，TICK 到了 -750，然后只是轻微反弹，上升到正的 TICK 水平，你会怎么做呢？

除非市场已经跌了一阵子，使得小幅上扬成为下挫前的回光返照，一般来说，上扬的趋势将是短期的。TICK 指数的剧烈下滑和超出交易范围，意味着主题的变化。上至下跌的点，进入正的 TICK 指数的变动，将市场带进交易范围的上半段。现在，朝着正的 TICK 指数的变动，几乎不能抬高市场。失去效率是一个非常重要的标记，通常预示了后续弱势。

一个重要的标记（也是最为人们所误解的一个标记）是交易额。交易量的极限（与波动极限息息相关）通常在市场变动的末期发生，这是由于大部分交易者都在此时试图跳上一趟已经离站的火车。如果我手头持有有利可图的头寸，市场急剧地朝着对我有利的方向变化，交易额大幅上涨，从而在图表上形成非常宽的一条，我基本每次都计划着盈利了。如果走势有这样明显的话，交易者们争先恐后地想要搭这趟顺风车，一般来说这都是在市场后期了。

不过，对于短线交易者来说，交易量的标记难以察觉。如早先所述，交易额在每个交易日的开始或结束阶段自然而然会达到最高，在一天的中间时候会最低。在东部时间下午 12:30，一个给定的交易量也许对这个时间段来说是非常高的，但与开盘和收盘阶段比起来仍然算低的。正因为如此，我计算出一个我称之为相对量的数值。简单来说，相对量对比了某一时期（从一分钟到一个小时）的交易额与在过去 X 天里这一时段的平均交易量。（在交易实践中，我有一张图表，显示了所跟踪的场内交易期货和期货合同在 5 分钟内的交易量，其回顾期有 100 天。）客观上说，这就使得交易者知道某个时间段的交易量与正常情况相比是高还是低。当交易者发现交易量偏离了交易范围，东部时间早上 10:30 五分钟的交易量是正常值的 3 倍标准差以上，通常能看到这种新趋势的继续。这是因为高的相对量表明了买卖兴趣的扩大。相反，当走势已明显，相对量突然暴增，这通常可以看作可预见的巩固期或反弹期来临的标记。

（注：正如早先所述，我更喜欢用交易次数来衡量，而不是用交易的股票数。交易次数从大多数的实时数据源都可获得。虽然每个单元时间内提出的交易与交易的股票数量息息相关，但是，由于单笔的大额交易，尤其是如果你在非常短的时间内跟踪这个量，按交易的股票计算有时就会产生较大的扭曲。交易次数更能直接地反映小额交易者们的买卖活动，从而增强其逆向投资潜力。）

市场上许多变化的标记，与治疗过程中的标记非常相似。有时，我打开屏幕上的一个窗口，观察某只股票时间和出售的数据在屏幕上飞来飞去。屏幕捕捉了每一次提交的交易，以及竞价要价的变化。对于市场变动的点，你通常会看见屏幕节奏的加快；当一次枯燥的巩固范围被打破，出现新的走势时，你会马上看到报升。场内交易者非常熟悉这个标记，他们在自己的位子上注意噪声量，以此判断人们买卖的兴趣。好像市场表现得像一位心理医生，变换着交流的节奏与语调来强调某一点，并唤起人们对变化的意识。

长期投身于市场，非常有助于培养交易者对节奏变化的敏感性。不过，交易者的敏感就像心理医生一样，最佳的行动机会也许与节奏相反。当病人的声音变得平缓，常常是输入感情的最佳时机，当谈话的节奏慢了下来就暗示着要转入一个更生动的话题。与此相似，在下行趋势末期交易节奏的加快随着下跌的加快，也许会激起交易者内心的恐惧。不过，适当的沙发交易反应，却不会自然而然到来，这种反应将交易者们的恐慌行为看作未来拐点的标记，即一个长期进入的机会。

在社交谈话中，在文学、艺术和音乐作品中，在精神疗法中，在股票市场上，都能见到主题和主题的变化。正如思维状态的变化要先于心理变化，主题的变化通常也伴随着市场变化。当市场处在你的沙发上时，你是在听它讲话，并追随它不断变化、永远迷人的排列过程。

梦的力量

交易者和心理医生的另一个相似之处在于，他们都听取自己的情感主题。就此而言，几乎没有什么来源比梦来得更有效。

在心理学的历史上，梦占有非常重要的位置。古人相信，梦来自神的预言。弗洛伊德的理论是，梦是通往无意识的大路，告知做梦者被压抑的冲突。卡尔·荣格扩展了弗洛伊德的理论，强调梦是来自无意识集体智慧的交流，指出了解决问题的方向，而不仅仅是问题。

可以确定的是，做梦对于心理健康是至关重要的。如果被剥夺了睡眠，个体首先会感到困倦不安，然后丧失判断力。人们在睡觉呼吸暂停时，即当人们打鼾打断了睡眠时，通常会经历梦境减少，其结果是疲倦、注意力不集中以及类似抑郁的症状。有意思的是，治疗抑郁的药物通常会增加做梦的频率和生动性，这也许能帮助修复关键功能。

弗洛伊德强调，梦显性的内容、梦讲述的故事通常没有其隐性的内容（即梦所象征的内容）重要。虽然解读梦的内容是一项危险的任务，充满了滑向纯粹神秘主义的危险，但通常主题也在一系列梦中显现出来。的确，这些主题似乎能抓住重要的情感现实。

我回忆起玛丽的梦，我在其中向她发出明确的示爱信号。当我对她的艺术品表现出个人兴趣时，她潜意识中将其体验为私人的、性的兴趣，这个梦境就被触发了。她的梦表达出她对回忆童年时期遭受虐待经历的恐惧，甚至她有意识地试图逃离梦境及其意义的恐惧。

许多年前，在我研究生训练早期，我发现自己疏远了身边的人。最糟糕的是，我在工作中并未感到足够大的挑战，在恋爱关系中也未充分满足。我没有感到压抑；从表面上看，我做得不错。但我的生活中确实失去了什么。下面是那个时候我讲给心理医生的一个梦：

> 当时我要从一个大滑梯滑下去，这个滑梯有几百英尺高。要从阶梯这一段走到滑梯部分，你必须穿过一个小房间。我有点害怕，但是我还是滑下去了。让我感到惊讶的是，我滑得很慢，一点也不害怕。我决定再滑一次，但是这次，我的心理医生莉兹在那个小房间里拦住了我。她责怪了我刚才第一次的下滑，指出滑梯之所以那么温柔，是因为我没有把它启动。她向我指出了在房间内的一个开关，以及一个让我可以选择"日常体验系数"的机器。我正常的日常体验系数为"1"。如果我想要更为强烈的日常体验，我要选择一个比"1"大的数字；如果选择比"1"更小的值，我就会得到更"乏味的"体验。我将这个系数设为1.15，决定顺着这个启动的滑梯滑下去。

——布雷特 N. 斯蒂恩博格　梦的日志，1977年8月21日

比其他心理医生做得更好的是，我的梦境抓住了我的问题。如果生活是一个滑梯，那么我是在慢滑。如果选择一个低的"日常体验系数"，我的旅行是安全的，但是没有成就感。我需要启动这个滑梯，但是我并不会因此充满恐惧。数值设在1.15（一个适度的、可达成的挑战）是我所需要的。一个简单的滑梯形象就很好地抓住了我一直挣扎于生活的主题。

两年前，我曾经有一次糟糕的交易体验：我太长时间守着一个正在亏钱的头寸，比担保的时间还长，从而加剧了我的损失。这次损失对我的打击是非常沉重的，但是对于我情绪上的打击更甚。每天我都经历了希望、挫折、绝望和无助。有经验的交易者都会聪明地劝告止损的重要性，以避免日积月累辛苦赚来的利润

损失殆尽。当交易者们的脑子里都是亏损期间的消极经历和信息时,他们意识到所遭受的沉重的心理打击。

一天,我的头寸开局不错,但到收盘时却急转直下。精疲力竭的一天结束后,我做了一个非常真实的梦。醒来时,我立刻想要把梦境赶出我的脑海,但是我知道这不可能。在梦中,我处在我小时候长大的地方——俄亥俄州的坎顿。我沿着一条小路开车行驶在哈佛大街上,这条小路从第25大街一直延伸到第30大街。我发现自己趴在方向盘上打瞌睡,醒来时大吃一惊,发现我的车还在笔直向前行驶。我一开始担心车偏离道路,它就开始漂移,这时我意识到自己坐在后座。我试图爬到前排去踩刹车,但是徒劳,我意识到一切都太晚了。汽车朝着其他车辆和我读过的小学外面的铁丝网驶去。正当我在梦中大喊,充满感情地喊出"我不想死"时,突然我醒过来了。

如果病人带着这个梦来向我寻求帮助,我会让他们待在后座大喊救命。我清楚这个梦的意义:满心恐惧地意识到自己的生活毫无目的,失去了控制。如果有什么能让人从这样的生活中惊醒的话,那就是近在咫尺的死亡、迫在眉睫的撞车。作为交易者,我趴在方向盘上睡觉。我就要撞车了。我想要活下去,这个生动的、充满感情的认识,清楚地传达了在交易中我要保持清醒的信息,这比任何形式的建议都要有用。

一旦人们意识到他们有多重思维,他们也就不难将梦理解为一个自我和另一个自我之间的交流。梦的情感基调要比其外在的内容重要。梦中的恐惧往往反映了日常生活中的焦虑。暴力的梦境通常反映了愤怒和沮丧的情绪。如果你真的沉迷于交易中,你做的梦不会告诉你买什么卖什么,而是告诉你一些同等重要的事情:意识#2对于意识#1执行的交易感到多么舒适。关于撞车的梦表明,我清楚自己的毁灭性,甚至是在我试图理性持有亏损的交易的时候。

作为情感交流的梦

也许,梦是大自然向人们提供的备选状态的一种方式,这种备选状态帮助人们对头脑景象进行创造性重组。梦很少在正常的思维状态下发生，比起习惯的思想，梦境更加栩栩如生，感情更为丰富。进入这样的意境和感情，则可能激发重要的沉睡状态，变化至新的思维和感情模式。

不过，难以置信的是，许多人都想分析梦，而不是亲身体验昏睡状态。他们认为，梦的意义在文本中，而不是在体验即语境中。要想理解一个梦境，你必须经历它。光是谈论汽车驶离马路，与重新体验慌张地试图挣扎到前排、看着车子无法避免地和篱笆相撞相比，是那么的苍白无力。

实验心理学家艾尔文·马勒曾经使用一个梦境表，鼓励病人们积极地将他们的梦生动有趣地记录下来，然后重新体验这些梦。他相信，一个梦的内容本身，比起这个梦提供的增强的体验状态，显得无足轻重。他发现，当人们完全沉浸在思想、感情和梦的行动中时，转变就会在这个体验过程中发生。梦境中不愉快的感情和意境，可突破至新的也常常是积极的、完整的体验。

举例为证。雪莉是一位波段交易者，她报告说，梦到自己在市场急剧暴跌的时候长时间持有头寸。在梦里看着自己的处境一分一秒地恶化，她真切地感到流干了血而死去。接着，她报告说自己在市场上买入头寸时就会非常犹豫，害怕遭受损失。

医生让雪莉俯卧在床上，不断地捶打床垫，加强她的体验强度。经过一阵子捶打后，医生让她一边继续捶打床垫，一边在脑海中想象自己不断恶化的处境，使出全身的力气喊出："我要掉下去啦！我要掉下去啦！"

当雪莉全身心投入这个练习的时候，她在床垫上自发的叫喊改变了形式。从"我要掉下去啦！"她开始喊道，"我不能阻止它！它停不下来！"然后又变成"我出不去啦！我被困住了！它在往下掉，我出不去啦！"一两分钟内，雪莉对床垫的捶打，就变成了发疯似地推一堵看不见的墙，正如她对目前自己无助的处境表现出的绝望那样。

精疲力竭后，她跌跌撞撞地离开床，开始喘着粗气兴奋地说："我出来了！我自由了！我出来了！"当她逃离床上备受折磨的处境后，她的恐惧被强烈的自由感所取代。我们继续练习，她回想起幼年时一次痛苦的记忆：她的叔叔和她在家里的游泳池中玩耍,把她的头按在水里很长时间。由于不能够从水里起来透口气,她心里充满恐惧,在"游戏"结束前,她差点昏死过去。她再也没有去过那个游泳池。

通过重新演绎那个梦以及游泳池边的记忆,雪莉获得了面对恐惧和战胜恐惧的第一手经验。马勒发现,迫使自己通过梦境中的高峰体验或令自己不安的事件,会在这次经历中产生质变,使得个体启动通往新的思考、感情和行动的模式。病人们并没有去抑制消极的状态,而是被鼓励去冲破它们,消除它们的力量。

曾经有位交易者向我报告,他因一个梦境而感到困扰,在梦中,一些可怕的鬼魅般的人正在追赶他,他拼命逃跑。他相信这些人要杀了他,即使在梦醒后也不能摆脱这个想法。后来我才知道,他最近遭受了一次重大损失。他有意识地坚称,他与这次经历"达成了妥协"。不过他承认,当他有一天将交易额增加到超过他正常的现金管理水平后,他立刻又做了那个困扰他的梦。他的梦境清楚地说明,他比自己承认的要脆弱很多。有了这个信息以后,他第二天就能密切关注自己的头寸,将自己的暴露量减小到能睡眠的水平。

重复的梦境:生活的主题

如果说梦抓住了你生活中短时间内的主题,那么不断重复的梦境则揭示了持久的生活主题。就像市场上重复的主题一样,比如,几个月内,小型或中等市值的股票可能要比大型股表现优异。这些主导性的生活主题常常构成你最重要、最持久变化的基础。

有意思的是,正是这样一个不断重复的梦境帮助这本书成型。在这个梦过去的几个版本里,我能够展翅翱翔、来去自如。别人追不上我,这让我拥有一种无法言说的自由感。在我写这本书的时候,刚开始,我发现自己陷入死胡同。我面临着作家困境,这让我感到气馁。当我思考这个困境的时候,我意识到自己分裂了。一部分的我想要写一本以大量研究为基础的书。我想写一本让学者们和交易者同行们都赞不绝口的书。另一部分的我则想写一本信息量更丰富、更个人化的，面向交易者群体的一本书。其结局就是瘫痪：一旦我用这种方式写作，一个自我批评家就会跳出来阻止文字的涌出。

一天，我花了几个小时坐在电脑前，但是直到这天结束时，我发现我什么都没写出来。我感到极度沮丧。

那天晚上，我做了一个关于飞行的梦。那是我最喜欢的一个梦：打篮球的时候能飞行。有几个球员试图盖住我，但是我还是能越过他们直接瞄准篮筐。我高高地跃在空中，计算着下降的时间，以便完美地灌篮。

但是，当我飞到最高点正要下落时，我发现球的外层正在脱皮。篮球的皮正在一层层剥落，就像一页页纸张。当我挣扎着想要把外皮抓在一起保持为球状时，我发现球变成了一本书。纸张就是这本书的书页，我在灌篮中掉了下来。当我把这本书"灌"到一大堆别的书上时（这些书是图书馆里厚厚的大部头，最上面那本书的封面是空白的白纸一张，是关于税收和不动产规划的），一首歌的片段不断重复："Hoppe，Hoppe，Reiter…"⊖

请允许我在这里再稍微啰唆一下。当我在写这本书的时候，我正在为房屋计划建立家庭信任。我认为这个工作是必需的，但是枯燥费时。德语短语"Hoppe，Hoppe，Reiter…"说的是一个游戏，孩子坐在父母的膝盖上蹦上蹦下，就像是在骑马一样。梦里的那段音乐来自一个名为德国战车的乐队一首歌里的副歌。这首歌叫《八音盒》，讲的是一个小男孩和他的八音盒被一起活埋的故事。当冬天的风吹过他的坟墓，音乐盒被启动，小男孩的心脏复苏。祭典日是祭奠死人的节日，膜拜者们听到音乐盒的声音，把小男孩救活了。

我醒来的一瞬间，这个梦境的意义我就很清楚了。在写一本枯燥的、学究气的大部头和一本有趣的、个人的书之间，我被分裂成两半。将书砸在一堆落满灰尘的书上面，其实就是向我传达的需要做什么的美丽意象。这个梦抓住了非常重要的情绪现实。我和那首歌的主人公一样，感觉像是被活埋了。的确，将那个小男孩（趣味的感觉）活埋了，埋在我的小说中。直到我挖掘出那种飞翔的、灌篮

⊖ 德语，意为"跳吧，跳吧，骑士"。

的、儿时的喜悦之情，那种在心底陪伴我写作的喜悦，在此之前，我都无法克服这个困境。

那个梦就是我个人的祭典日。在这本书余下的写作部分，我再也没有经历让我感到无助的困境。口头的、理性的我无法知晓怎么写这本书。但是我自身的另一部分知道得非常清楚，以意象和歌曲传达出这个信息。

催眠：进入他人的思维

也许将生活主题表现出来最夸张的形式就是通过催眠术了。正是催眠，让弗洛伊德相信无意识思维的存在。的确，看到人们可以在催眠状态下获取那些似乎在正常情况下无法接触的信息，这一点足以让人称奇了。在催眠状态下做出的改变，是真正的沉睡形成。

在著名的心理医生中，米尔顿·埃里克森是公认的催眠大师。他利用沉睡状态去打断病人模式，并为这些模式引入新的元素。他的许多疗程都与正常的谈话治疗大相径庭，后者通常与咨询联系在一起。埃里克森似乎敏锐地觉察到，正常思维状态下的正常谈话，限制了通往决定一个人正常身份的人格。他发现，只有进入连续意识下不正常的点，人们才有可能做出巨大的改变。

海利在《不寻常的治疗》一书中，描述了埃里克森使用的一些新奇的技巧。埃里克森认识到，为了促成催眠状态，没有必要进行复杂的诱发。的确，任何能牢牢吸引病人的情况都足以引入沉睡的元素。相应地，埃里克森的许多病例都包含了惊吓和吃惊的元素，其目的是为了完全吸引病人的注意。海利复述了这样一个案例：埃里克森会见了一对父母，他们无法阻止处在青春期的女儿吮吸手指。埃里克森答应会见这个女孩，前提是这对父母必须停止所有试图阻止女儿吮吸手指的努力，他们也不能提起这件事，或者以任何方式评论这件事。

由于他们所有的努力都没有奏效，这对绝望的父母答应了。在与这个女孩一次单独的会面中，埃里克森采取了不同的立场。他假装愤怒，说女孩的父母命令他改掉女孩的坏毛病，说得义愤填膺："他们以为自己是谁啊，命令我做这做那？"

当然，这吸引了女孩的注意。接着，埃里克森告诉女孩，他不能理解，如果她真想要激怒父母的话，为什么那么优雅温柔地吮吸手指呢？如果真的想激怒他们，她应该尽可能地大声吮吸手指。

女孩完全被埃里克森的建议所吸引，尤其是他骂脏话的时候。一旦她进入精神高度集中的状态，他就给出了指令：每天晚上她都要坐在父亲旁边20分钟，"尽情地大声吮吸你的手指，让他尝尝长达20分钟恼怒的滋味"。然后，她要与母亲待20分钟，并对她的母亲做同样的事情。

女孩很听话地执行了这些指令，她的父母也很配合，强忍怒火，既没有对吮指头评头论足，也没有试图阻止这种行为。经过几天尽情地大声吮吸手指后，女孩开始对这个任务失去兴趣了。她减少了吮吸手指的时间，最后完全停止了这个练习。这项工作完全变成了一项操劳的杂活，而且没有任何回报。几周之内，她就完全停止了这个习惯。

埃里克森认可精力高度集中的力量，意识到这样的状态会帮助人们以深度和持久的方式来处理信息。利用反传统的干预，他完全抓住了对方的注意力，从而诱发某种程度上的催眠沉睡，而无须经过传统的诱发过程。只要有与专注状态相关深度的处理水平，本可能花数月或数年的改变被加快了。

在帮助人们诱发心理和行为变化方面，催眠术特别有效，它绕开了通常情况下意识对改变的抵抗。我最喜欢的诱发方法之一是让人们非常安静地坐在椅子上，静悄悄地闭上双眼。我叫他们把手伸到身体前方，双手掌心相对，向两侧分开一两英尺。当他们闭着双眼缓缓地深呼吸时，我叫他们想象，有一块磁铁把他们的双手慢慢地拉到一起。我向他们暗示，当他们的双手互相靠拢时，他们感到越来越放松，越来越专注。当他们的双手最终碰到一起时，我告诉他们，他们将会感到彻底平静，完全放松。此外，我还说，今后不管什么时候他们这样合上双手，他们都会发现自己处在相同的平静、专注的状态。

这是一个非常好操作的练习，因为在家就可以很容易地做这个练习，要么自己下达指令（当你的双手相触时，告诉自己你感到很平静），要不就是借助录音。经过充分的练习，手部姿势和专注的自我控制状态关联起来，你只需闭上双眼，深呼吸几口，双手靠拢，你就能进入这个状态。

艾尔，我的一位交易者同事，发现了催眠术如何被内化为工作技巧的一部分。他在参加一次交易培训后学到了一项新的进入技巧。只要伴有严格的资金管理，这些进入技巧在回溯试验中效果都很好。基本的概念是，在股市上升的走势中，交易者要找出短期的、小额的拉回。这些拉回就成为高度活跃的市场进入点。（当然，其风险是在波动特别大的市场上的趋势反转，因此需要有谨慎的止损点。）从心理学上说，艾尔发现用这种模式交易非常困难，因为这需要进入一个已经走高的市场。他对于低买高卖更为得心应手，这需要抄底的预判能力，不过和大多数交易者一样，他也缺乏这个能力。

我们将这个磁力手游戏用在这个交易模式中，让艾尔闭上双眼，缓缓地深呼吸。他的双手越来越靠近，就像是被磁铁吸住了一样，自始至终想象着他即将进行交易。当他终于合上双手，手指相触，我暗示他，按照系统规则交易，他感到平静且自信。经过几次尝试后，使用历史图表为指南，当他双手伸到前方，然后慢慢合拢，艾尔已经能熟练地想象这个模式，并进入放松的、专注的状态。

仅仅几天后他就获得了突破。艾尔坐在屏幕前，这时他一直关注的一只股票在经历了早上的疯涨后暂停了。这次小额暂停在这天来得很早，具有触发其体系的潜力。艾尔想都没想，仔细地盯着这只股票，伸出双手，指尖相扣，像是在祈祷。这本是他一直在练习的自我暗示，现在却实时表现出来了。据艾尔说，他在提交交易指令时头脑非常清楚，几乎是毫无感情。他已经学会了建立自己的改变，将交易模式和新的身体、感情和认知的状态固定关联起来。

要是有观察家和艾尔一起待在交易室里，他们一定会注意到一些标记，这些标记与心理医生们在治疗过程中观察到的是相同的：呼吸的变化、身体移动的变化、情绪基调的变化等，意味着变化到专注的、平静的状态。此外，观察家们多半会留意到，艾尔在做最好的交易之前都会发生这样的变化，而那些在较强的身体和精神焦躁状态下提交的交易则结果糟糕。一旦艾尔能够启动他自己的内心观察家，并在交易日期间控制自己的状态变化，他就真的能舒舒服服地交易了。

当然，请注意，要是艾尔没有采取有效的、经受过考验的交易方法，艾尔的心理学技巧很可能一无所获。进行缺乏竞争优势的交易时，去学习如何平静镇定，这不足为取。说是舒舒服服地交易，但这并不是说你可以忽视业务。情绪技巧能帮助你前后一贯地执行好的想法，但不能取代想法本身。

的确，想象一下，艾尔要是按照无用的系统进行交易，会带来多么灾难性的后果。假如他执行交易想法，但是不融入任何形式的资金管理。偶尔的高流动性反转造成的损失，也许会让他的投资消失殆尽。不过，更糟的是，艾尔可能正处于他最为强烈的情绪体验状态，而此时他的系统却辜负了他。坐在屏幕前，艾尔充满感情，专注于一分一秒的逝去，心中想着一大堆恐惧的消极思想，有意无意地在脑海中塞满了最具毁灭性的场景和信息。从实际意义上说，他是在逆向进行有效的治疗：改变情感状态，然后演练与糟糕表现相关的思想、感情和行为！

这就是造成在市场上失败的主要心理学原因：当他们全身心投入市场上时，交易者们乐于改变，并且能够敏锐地接受内化自身经验。而且当他们亏损时，他们往往变得尤为投入。如果形势朝着对他们有利的方向发展，交易者们可以让开，让交易决定一切。但是，如果形式朝着不利的方向发展，人的本性（对可观察到的控制的需求）就暴露出来，密切地关注市场走势，紧紧抓住每一次变动，寻找反转的信号，希望着，希望着……

艾尔是成功的，因为当他在市场上做正确的事情时，他利用这个练习使自己精力非常集中。这种做法加强了盈利的交易模式。如果他没有执行适当的资金管理的话，他就很可能强化了与失败相关的思想和行为。交易者们习惯于将资金管理看作保护账户必要的工具（如果说也有点枯燥乏味的话）。同样重要的是，资金管理也是心理掌控的重要工具。如果你要将成功内化，就需要体验成功。在情绪上，当你在经历失败的时候，你无法做到最兴奋、最专注。

正因为如此，当市场打击到你的止损点时，中规中矩的、伤及毛皮的交易根本算不上是失败。事实上，这样的交易能加强你的控制感和掌控感。当我还是个"菜鸟"交易者的时候，我听到的其中一个较好的建议是，一旦交易朝着绝对有利于我的方向发展，就将我的止损价位变为进入价。从情绪上说，最具破坏力的交易是往返旅行：在账面收益受损后，你在实际上又遭受损失。这就是双重失败：

既没有在账面上获得收益,又没能限制亏损。这就是最伤心情、最让人沮丧的交易。当市场对你有利时,将先前的止损移动为保本止损,"我不会在这上面亏钱",你在交易期间就立刻获得了信心。

这是一种值得强化的感觉:一种满足感,假以时日,这种满足感成为成功交易的一个标记。

醒着的沉睡:白日梦

人们往往将催眠状态看成是一种不寻常的状态,认为只有专业的催眠师才会造成这个状态。然而,事实上,人们在平常的一天中,随着他们自我意识程度的起伏,会频繁地出入于沉睡的状态。

由于基于意象的、非语言的思维在一段时间内控制你并与你开始交流,白日梦是最频繁发生的日常沉睡状态之一。人们普遍将白日梦看成是无害的幻想,或者无聊的浪费时间。不过,当你将白日梦看成信息交流时,你就能更好地抓住它们的意义。

白日梦反映了你未得到满足的需求。如果你在某一时刻不能满足你的需求(尤其是这些需求非常迫切时),你就会在白日梦里为它们找到出口。肖[○],一位来自亚洲的年轻人,发现要在两种文化中来去自如非常困难,于是向我寻求帮助。他成长的许多年都是在美国度过的,但他在家中仍然说母语,并遵循他祖国的传统。在他家里,愤怒很少会被直接表达出来,尤其对长者更是如此。肖前来咨询的原因是,他总是被一些冒昧的想法所困扰。长时间以来,他总是在幻想各种场景顶撞他的导师,对他们大发雷霆等。这让他焦躁不安,因为他不能理解,为什么他总是在想这些无法接受的且很不成熟的行为。

我发现,肖在医疗轮训期间,曾经被一个住院医生粗暴对待。这位住院医生对"外来医生"做出负面评价,并暗示肖轮训合格有困难,因为他不能与美国病人有效交流。肖知道事实并不是这样,但是他不知道怎么回答这位住院医生。直

○ 此处为音译。——译者注

接表达愤怒是不可接受的，于是他通过间接方式来表达愤怒：他的白日梦！一旦他明白了白日梦有着重要的宣泄功能，他就能更好地接受它们，而不会感到焦躁不安。

我常常鼓励交易者们对他们的白日梦记录日志，将其作为一种了解未得到满足的需求的方式。和肖一样，许多交易者发现，他们的白日梦反映了没得到承认的感情和冲动，而这些感情和冲动很容易分散他们的注意力。

交易期间，一些最有趣的白日梦发生在获利的交易之后。回忆一下奥丁关于交易者过分自信的研究。当他们一段时间连续盈利时，他们往往会更加频繁地交易，市场因而被运作得不佳。由英国的马克·芬顿-奥克里维和他的同事们所做的行为金融研究表明，许多交易者都经历了一种"控制幻觉"，他们相信自己甚至能预测随机事件。这种幻觉也许能解释大部分交易者的过度自信。关于荣耀、巨大财富、名声等的白日梦，很能说明交易者们让自己对控制的看法得到确认的需要。一些白日梦仅仅是想象的市场可能发生的场景：市场如何冲破阻力，升至新高或是突破新低。这些幻觉通常都以自我安慰的方式想出来，以使交易者们对自己的头寸感觉好一些。白日梦暗示了一种需要，以便交易顺利进行。

不幸的是，这样的白日梦可能变成一种束缚。一旦你被锁到一个幻想的场景中，你在市场上捕捉有意义的标记所需的洞察力和思维要足够灵活就变得困难。当想象的场景是长期的市场走势时，这就尤其具有灾难性。交易者然后就会将这些场景当作理论基础，坚持正在亏损的头寸和违反止损。随着每个反面例证的市场行为出现，焦虑开始加剧，保护这个幻想的需要也随之上升。

我认识几个交易者，他们不承认20世纪90年代大部分时间都是牛市，而是更喜欢专注于预示着崩溃的细微经济事件。对个人而言，他们错过了20世纪80年代和90年代的市场底部，而寻求为他们的错误洗脱罪名。他们花很长时间做着白日梦，幻想着经济崩溃即将来临，只有他们从中受益。他们不再根据实际情况进行交易，而是完全建立在他们需要被证明是正确的基础上。

后来，在新千年的头几年，情况就变了，我联系的许多交易者无法相信，纳斯达克指数不会很快回到以前的辉煌了。那些放弃了工作而全日投入交易的人就处在了认知的不一致状态：他们不甘心面对这样的事实，他们向自己承诺一个已经到达顶峰的市场。他们解脱这种不一致的方法是：忽视证据，沉迷于市场会回来的幻想中。

一旦你开始以自我意识的方法交易，白日梦的出现可能会变成你的一个交易标记，提示你现在更专注于未得到满足的需要。最近我发现自己在做白日梦，想着在标准普尔股票中的短期头寸上获得超额利润。

这个交易利润可观，而且我在开始前，还向我的一些交易者同事预告了这个变化。不过，我意识到，我已经停止了观察屏幕，而且不再集中注意力追踪数据。我不再处于安全区，我完全沉迷在自己对成功的幻想中。意识到这一点，在亏钱之前，我把钱从市场上拿了回来，并重新建立起平衡。我的幻想成了一个重要的标记，使我能够变换挡位。

小结

甚至在你沉默的时候，你的思维和身体一直在交流。你的思维、姿势、活动、语调、梦和白日梦的流动，所有这些提供了一连串的信息，揭示了你对事件的处理。因此交易者被调到两种音调：一只耳朵和眼睛注意着市场数据的处理，另一只耳朵和眼睛专注于个人经验。两套数据都包含了作为变化事件标记的模式。这些标记是吵闹声中潜在的信息：交易者们可以用这些信号帮助他们制定交易决策。

有一个简单的例子可以说明在交易中主观数据和客观数据之间的相互作用。一段时间之前，市场经历了标准普尔指数从直线下跌到反弹的过程。在反弹过程中，我注意到自己非常确信市场很可能进一步下跌。我说不上这种感觉的确切来源，虽然我知道这与上涨的活力有关，因为与之前的下跌相比，上涨的动力不足。我很清楚，这种直觉不仅仅是希望市场会下跌。我在市场上没有什么头寸，也没有进行当日交易或者长期或短期交易的欲望。

在反弹期间，我利用这个机会更审慎地检视市场行为。我立刻注意到，过去

10小时内市场最低的 TICK 值为 –230。这让我觉得不同寻常。我假设这也许就是短期超买的信号，因此，这解释了为什么我觉得市场会走弱。

在那个时候，我查询了历史数据，发现最近几次的市场高峰也具有这样的模式：10 小时的 TICK 最小数值大于 –300。我立刻将这个观察结果通过电子邮件发送给几个交易同行，他们其中几个人用可靠的数据肯定了我的假设。有了这个信息，我们小组在那天标准普尔指数两位数下跌的情况下，度过了一个成功的交易日。

我相信，这个例子挑战了常见的"自由裁量"交易和"系统"交易的两分法，以及直觉方法和量化方法之间的两极化。最近，在规格表上掀起了一场关于技术分析和"计算法"的优点和缺点的讨论。我担心，这样的讨论会错过科学发现的本质。

正如你从我的交易案例中看到的那样，主观经验通常提供了假设的灵感。我关于市场走弱的假设来自于一个感觉，这个感觉又得到了详细的价格变化和跳动数值的补充。不过，这个定性的假设一旦成立，对历史数据的计算工作就有助于确定这个假设是否站得住脚：这个观察得到的模式是导致了偶然的结果，还是真正的非随机结果。

技术分析是用于形成市场假设的有效描述性语言，正如心理学语言能帮助传递主观经验一样。你如果在市场上寻找标记，一幅图表的确值得千言万语的描述，能捕捉到普通语言无法言说的微妙。就像 X 光一样，技术分析中的图表和指示物模式提供了市场结构的快照，以及这个结构是否正常的大致印象。

但是，技术分析和 X 光一样，通常都是诊断的起点，而不是终点。放射学能确定一个肿瘤，但只有血液测试的计算或对活组织检查的细胞学分析能最终确定这个肿瘤是良性的还是恶性的。同样，技术分析的图表也许能揭露一种异常的市场模式。但是，要确定这个模式是否包含了关于市场未来走势的信息，则需要正式的测试。

标记（市场的以及交易者的标记）则提供了假设。成功的交易者既对这些假设持开放态度，也对这些假设所需的支持抱有足够的怀疑。最好的交易是上升到科学的艺术。

| 第 9 章 |

心 境 催 眠

持续的关注促成持续的意图。

如前所述,主观体验既可以扰乱交易,也对市场假说大有裨益。从杂乱的个人体验中提取信息的过程无异于跟踪市场行情的过程。

在本章中,我们将基于多种思想的核心概念来深入探讨主观体验。正如金融研究文献所述,如果市场相对高效,那么采用崭新方法处理市场事件的能力可能就是追求交易优势的重要一环。这些新颖的处理方法可能蕴含更精密的数学工具。这是数据挖掘的方法。另一种新颖的处理方法就是改进交易者的信息处理。学会使用不同的方法处理市场信息,我们便能提出更有望成功的市场假说。

意识的调谐钮

把大脑设想成收音机,就像汽车的无线电广播那样。它有一个调谐钮,对应不同波段。不同的频率对应不同的电台。有的电台信号较强,有的则较弱。有的电台专播新闻和谈话节目,有的则以摇滚音乐、乡村音乐或宗教节目为特色。每个频率对应不同的内容,传送与众不同的声音,给听众带来全然不同的感受。平日里，我们大部分时间都在收听一两个调频台，收听常听的电台。的确，一直收听某些频率的节目，我们可能会忘记还有其他调谐钮的存在，并错过相应的节目内容。因而，我们收听到的只是相同风格的音乐、同一个主持人的声音以及反复播放的广告。

对大部分人而言，意识调谐钮旋转的频宽相对较小。在前文所述的有效治疗方案中，频变描述的是如下情形：个体从舒适的有限频率切换到另一个新频率。心理咨询的目标就是让人们能够控制调谐钮，在不同频率之间任意切换。总是停留在某个特定频率，我们很容易忘记调谐钮的存在。

现代存在主义哲学家科林·威尔逊（Colin Wilson）在其著作《心理学的途径》（New Pathways in Psychology）中，生动地描述了这种两难困境。威尔逊指出，大自然赋予人类顽强的适应能力，即我们善于学习新行为的能力，即使在无意识状态下，也能自动完成这种行为。例如，初学开车时，我们总是提醒自己踏板在哪儿、它有什么用处，当心迎面驶来的车辆，要在车道中间行驶等，大大分散了开车的注意力。反复训练以后，这些行为便被自动化了，开车时也不必如此谨小慎微了，可以不时干些其他事，比如边开车边聊天。

这种将复杂行为自动化的能力称为进化性适应能力（evolutionarily adaptive）。如果每个行为都需全神贯注，我们很快便会心力交瘁。一旦行为变成习惯，我们就可以腾出精力学习新的行为模式，不断丰富我们的技能。

威尔逊还指出，要具备行为自动化的能力，我们需要付出惨重的代价。很多时候，我们都被"自动驾驶仪"奴役，不能完全意识到自己在做什么、为什么这么做。这就是乔治·伊万诺维奇·葛吉夫所描述的"睡眠状态"。我们自动和家人、朋友相处，自动驾车上班，自动处理琐事。事实上，大部分时间里，我们就像机器人一样，局限于一个狭窄的意识频宽内，对该频宽之外的其他电台茫然不知。

心理学家亚伯拉罕·马斯洛（Abraham Maslow）是研究巅峰体验的鼻祖。巅峰体验指的是我们感到最有活力、最健康的一种状态。马斯洛发现，他所说的"自我实现者"（self-actualizer）具有非凡的创造力和生产力，绝大部分时间都处于巅峰状态。威尔逊观察到，巅峰体验是人们从某一频率努力向另一频率转换时所获得的，而常规的意识状态不能维持这种巅峰体验。

运用静修技巧时，我发现了二次唤起（second-wind）现象。记得我曾一动不动坐在寂静的房间里，全神贯注于某一外来刺激。我发现，很快我就心烦意乱、坐立不安了，总有一种心不在焉的冲动，想要活动一下身体、结束训练。然而，如果战胜这种冲动，就会发生显著的催眠现象。我的意识电钮突然旋到一个新的频率，不再心猿意马或烦躁不安。诚然，要从这种不可思议而又令人愉悦的状态中回过神来需要颇费一番周折。

与此同时，一旦进入这种新的状态，我发现思维和感觉也大不相同了。先前看来不可逾越的难题似乎微不足道了；原来遥不可及的市场模式也——浮现在眼前。正如弗雷德里克·希弗在试验中更换了透镜一样，我好像也改变了看待事物的视角。

葛吉夫曾经写道：努力是为实现自我发展所支付的成本。威尔逊的分析和我的个人体验都证明了这一点。全身心的努力才能旋动调谐钮，转换意识的频率。自我实现者习惯专注于工作，达到心理学家米哈尔伊·契科金特米哈尔伊（Mihaly Csikszentmihalyi）所谓的流畅状态。所以，他们一般处于高频宽状态，体验着心境广阔的巅峰体验。

海利捕捉到埃里克森的一个惊人发现，即貌似微不足道的干扰也能有效地让人旋动意识的调谐钮，让我们用非同寻常的方式来体验本我及自身的问题。几年前，一对打算离异的夫妇过来咨询。他们经常争吵不休，大多为了一些鸡毛蒜皮的琐事。他们也曾努力停止争吵，但事与愿违。这个问题很让他们头痛，以前因为孩子们都不在身边，他们本可以过上盼望已久的晚年生活。

本着埃里克森的精神，我为他们量身定制了两项任务：①共同拟定一个长假计划。以前因为要照顾孩子，他们的旅行计划一再搁浅。我告诉他们现在正是重启旅行计划的大好时机。前提是，他们必须共同制订一个周密的旅行计划，详细列出旅程安排，选择最想游玩的旅游景点，预订最好的宾馆，争取最实惠的旅行费用，等等。我告诉他们，他们俩都是独一无二的个体，有着不同的爱好，自然会对目的地、住宿等有所偏爱。这样一来，他们非但不会减少争吵，反而会使争吵愈演愈烈。这种情形要求他们必须完成第二项任务。②无论何时发生争吵，都不要试图停下。相反，他们要吵得不可开交才行。但是，他们必须单脚站在能容得下人的衣柜里争吵。这将成为他们争吵的地点和模式。在任何情况下，他们都不能站在衣柜外或双脚站立争吵。

他们半信半疑，但还是同意照做。出乎意料的是，在购买旅游手册、想象旅游情形以及制定旅行计划的过程中，他们竟然十分快乐。在整个过程中，他们仅吵了两三次，因为他们觉得在衣柜里吵架实在荒唐。他们很难以一种可笑的姿势，在一个荒诞的地点，激起怨恨并开始争吵。最后一次争吵时，他们都情不自禁地哈哈大笑起来。因为他们都觉得钻到衣柜里，单脚站立，并指责对方的不是，实在是无聊透顶。

尽管埃里克森的技巧显得有点儿古怪，但从心理学意义上来说，它还是合乎情理的。孩子们都不在身边，他们现在也有条件做自己想做的事了，所以他们认为再也不会争吵了。然而，实际情况恰恰相反。以前照料孩子耗费了太多精力，夫妻之间几乎无暇沟通。他们无法摆脱争吵，虽然交流方式欠妥，但效果要比缺乏交流好得多。

在放弃了志在达成共识的沟通，并创造出一个荒谬的争吵环境后，这对夫妻切身体会到，原来没有争吵的日子是那么惬意。而且，单脚站在衣柜里这种新的吵架环境，让他们可以从彼此新的情绪频率体会分歧。在很大程度上，争吵是他们公共频率的节目之一。换到新电台，他们就能够收听到新节目了。

转换环境是形成新心境最简单、最强有力的方式之一。大多数人会随着环境的变化而产生不同的意识状态。和爱人一起是一种心境，和同事一起可能是另一种心境。在很大程度上，一个人所在的频率是对其所处环境的一种适应。转换一下环境，人们就可以控制住生理、情绪和认知状态。

埃里克是通过电子邮件和我联系的一位交易者。他向我描述了一个奇怪的现象。他有两个交易地点：家和办公室。由于他有一份与交易无关的全职工作，因此采用了机械交易系统，在前一交易日的收盘价附近入市并在确定时间段内持有。这样一来，他可以不用时刻关注市场，也能交易获利。

令埃里克惊讶的是，当他查看账单时，他发现在办公室的交易表现比在家的交易表现要好得多。这完全出乎意料，因为无论在家还是在办公室，埃里克用的都是同一套系统，进行同一类交易，买卖同样的股票。仔细审核交易记录后，他发现自己在家时很容易违背交易系统，经常预测交易信号而不是遵循交易指令。

我对埃里克说，也许在家交易容易分心，因此干扰了他的行为和表现。他的回答恰恰相反。他在家交易的时候，妻子上班，孩子上学，因此几乎不受干扰。如果跟这有关的话，那么在家的表现应该更加出色才对。

我完全糊涂了。我让埃里克打电话告诉我最近两次在家交易的具体情况，越详细越好，例如他的入市策略、股票随后的走势、交易时的感觉、交易过程中的想法和感觉等。直到埃里克提到在交易过程中他会不时离开座椅在屋里来回踱步，我才感觉有点不正常。

我问埃里克，在办公室完成交易后会不会也这样踱步。他说不会。我问他为什么，他笑着说："都怪家里那把该死的椅子，硌得我腰酸背痛。我得站起来活动一下，否则一天下来我会浑身不自在。"正因为如此，他在办公室坐的是把矫形椅，特别舒服。

我追问埃里克以前是否也曾患有背痛或有类似身体不适的情况。他马上说，上小学时曾有一次严重的车祸，好几个月卧床不起。那时，一辆汽车驶出车道，刮倒了他的自行车，把他狠狠地摔向地面。此后好长一段时间，他疼痛不已，一直用石膏固定断骨。那段时间，他不能和朋友玩耍，也不能去上学，寂寞极了。

我问埃里克是否愿意做一个小试验：把在家交易用的椅子和办公室的椅子调换过来。他笑着拒绝了，因为他大部分时间都在办公室，所以需要那把矫形椅。不过，他主动提出买把同样的椅子放在家里，还说早就该换了。

几星期后，埃里克打电话告诉我试验成功了。他在家的交易表现正在好转。他能忠实地遵循交易信号，这让他大感不解，而且他开始赚钱了。我告诉他这是有道理的。在家时，他会感到背痛，这勾起了他对儿时那次事故高度情绪化、痛苦而又消极的回忆。他不再坐那把椅子进行交易，不再以中立的态度观察自己、观察市场,而是置身一种非中立的心境。坐在哪儿,是什么坐姿,这样一个简单的环境转换足以转动埃里克的意识调谐钮,并产生非同寻常的交易结果。

通过环境转换来改变行为

找到问题模式赖以存在的环境,然后改变环境,这就是沿用埃里克森技巧的心理医生所采用的一个简单规则。适当转换环境竟然能改变由来已久、根深蒂固的问题模式,的确匪夷所思。

在我到纽约锡拉丘兹医疗中心工作几个月后,一个保健项目主任打电话给我,说新生中多次出现种族关系紧张的局面。尤其在需要团队协作的练习中,白人学生不愿和黑人学生同组。很明显,他们认为黑人学生能力差,只会拖后腿,没资格和他们同组。

课堂上也有这种排斥行为。白人学生和黑人学生各为一组,很少互动。彼此都认为对方受到有失公平的优待,因此仇视情绪日益高涨。为了缓解这种紧张情绪,主任请我去做一次关于种族主义的讲座。她想让我鼓励他们团结协作。

你肯定认为,我一定非常怀疑这种讲座能否导致明显而又持久的态度和行为转换。我在上面讲,学生在下面被动地听,这根本不可能让他们以新的方式感受对方。的确,他们可能会按惯常的方式来体验这个世界,因为他们仍处于普通的、常规的学生环境中。

我答应去做讲座,但提出一个关键要求:主任必须同意让我就讲座内容对他们进行测试,测试成绩将作为学期课程成绩的重要组成部分,主任欣然应允。

讲座开始之前,我向同学们重申了两个新的基本要求:①讲座结束后,会就讲座内容进行测试;②测试成绩将计入最终平均成绩。然后,我装作不在意地说:"哦,对了,忘了告诉你们,评分方法也改了,全班的最低分将作为你们所有人的成绩。"课堂有些骚动,我赶紧补充说:"但是,你们可以相互讨论,分享答案。这是分组测试,交换答案不算作弊。"

讲座照常进行,学生们认真地记着笔记。讲座结束时,我给他们留出20分钟时间进行考前复习。

刚开始，大家都坐着不动。他们不知道如何分组学习。因为这是个全新的测试环境。

然后，他们几乎同时交换座位，热烈地讨论着答案。他们混坐在一起。谁也不愿得最低分，拖累整个班级。最后，大家都得了满分。他们通过团队合作取得了胜利。大家相互帮助，谁也没拖后腿。

我离开时说，这将成为他们今后宝贵的学习方法，因为大家表现得都很棒。学期临近结束时，主任高兴地告诉我，他们不那么敌对了。为了巩固初步成效，她多次在课程中插入分组测试，同样以全班最低分作为所有人的成绩。慢慢地，白人学生开始与黑人学生交谈、协作，并建立了友谊和新的课堂互动模式。既然个人利益与团队荣誉融为一体，即使最具敌对心理的学生也开始与他们所排斥的同学合作了。

创伤与调谐钮

迄今为止，我所说明的大多数技巧都是通过转动调谐钮使人们发生频率转换，从而引入新的行为模式。有时，频率转换是自发进行的；而有时，则需要适时进行干预。

假设我们不但可以在意识频率范围内进行转换，而且还能扩宽频率范围。如此一来，我们岂不是可以增强收音机的灵敏度，扩大它的接收范围，从而收听到新的电台，甚至制作新节目了？我相信，这是应用心理学（尤其是交易心理学）的一个令人振奋的新领域。人们可以通过设计特定频率来培养新模式，然后随时调至该频率。

事实上，的确有这种新频率，但常以消极的形式出现。在短暂疗法课程中，我最喜欢提问精神病住院医师和心理学实习生的一个问题是："怎样才能最快、最有效地改变一个人？"他们往往无言以对，有时也会试着用书上提到的方法来回答。

我告诉他们：答案就是创伤。创伤是最有效、最高效、最有力的转换机制。在创伤中，一个简单但强有力的情感事件可能会改变人们对自己和世界的终生看法。创伤是愈合规则的一个例外。如果一个生活事件足够强大，那么它就足以重置调谐钮。这一事件所产生的信号如此强大，以至于它能干扰其他频率，屏蔽其他信号。从现实而又骇人的意义上来说，受过精神创伤的人的调谐钮会固定在某一频率上。

约瑟夫·勒杜在其著作《情绪化的大脑》中提出了有利于理解创伤的神经心理学见解。人们的感知大都受到与外层大脑皮层相联系的高级认知功能的调节。事实上，大脑的许多思考和推理功能都与大脑皮层有关。然而，那些引起强烈焦虑的事件却能绕过大脑皮层，并在诸如扁桃体之类的低级和原始的结构中进行处理。而扁桃体同运动机能以及与压力有关的荷尔蒙分泌密切相关。当创伤事件越过正常的、理性的意识，并在扁桃体内进行处理时，就会产生强烈的记忆。之后，类似于原创伤的事件就会触发同样的扁桃体反应，导致与创后压力紊乱症（post-traumatic stress disorder，PTSD）有关的记忆闪回和极度焦虑。

举一个简单的例子。我一直喜欢开车。以前度假时，我觉得连续开车15个小时也没什么大不了的。几年前，我搭乘从锡拉丘兹开往纽约州伊萨卡的合伙用车回家。当车向右驶入国道时，与一辆车迎面相撞。那时，我坐在前座，不幸的是安全带坏了。当那辆车撞到我们的车时，我一头撞向后面的挡风玻璃，车也被撞翻了个儿。透过车窗，我看到头上的鲜血正流向地面，这是我对撞伤后的第一个记忆。护理人员告诉我，我是被救生颚（jaws of life）从车里给救出来的。他们小心翼翼地把我放到担架上，抬上救护车，并担心我可能脊椎损伤。

令医生们惊讶的是，我只是头皮和手腕受了点儿伤。在急救室缝了几针，我就没事了。但是，在随后的几个月里，我一直不敢坐在乘客位，即使车没开动也不行，虽然我敢自己开车。乘车时，我会不时地瞅着迎面而来的车辆，尤其是我的左边，也就是那次被撞的方向。随着时间的推移，经过反复尝试后，我才可以毫不畏惧地坐在乘客位上。多年后，有一次我乘朋友的车，当车转向一条繁忙的道路时，我立刻吓呆了，好像惊恐发作一样。后来我才意识到，这个转弯跟伊萨卡那次转弯非常相似：一个上坡，右边有个商店。虽然事故已经过去多年，但由此产生的情绪冲击却依然铭记在心。

创伤事件可以在意识的频段上创造出全新的频率，使身患创后压力紊乱症的人经常觉得自己简直精神错乱。我曾为一个名叫艾丽斯的女性做过心理咨询。她曾受到性侵犯，并面临死亡的威胁。当暴徒手持尖刀压到她身上时，她确信自己必死无疑。她无力反抗，只能紧闭双眼，强忍痛苦。

一年后，艾丽斯为了解决同男朋友吉姆之间存在的问题而向我咨询。每当吉姆想要进行性接触时，她总是很快想起那次强暴。她不止一次尖叫着推开吉姆，即使自己之前也渴望亲密。当然，吉姆对此更是手足无措，每一次和她亲热都如履薄冰。当这个问题蔓延到生活的其他方面时，他们的关系也渐行渐远，肢体的情感表达也越来越少。

艾丽斯不明白为何自己会有如此极端的反应。她提醒自己，那是很久以前的事了，应该能"忘掉"了。但是，记忆还是挥之不去，常常在不经意间爆发，破坏她的感情生活。就在他们第一次来咨询之前，吉姆还打算请假为她庆祝生日。吉姆带着礼物来到她家，想着给她一个惊喜，没想到她却勃然大怒。她的极端反应把吉姆吓哭了。伤害了深爱自己的人，艾丽斯也很难过。第一次咨询我的时候，她问道："我为何这样对待他呀？"

在遭受强暴之前，艾丽斯对两性亲昵很坦然。大家都认为她是个乐天派、无忧无虑。她和那些了解她的人都认为，那次强暴事件改变了她的性格。显然，很多情形都会触发她对强暴的再体验，既包括身体接触之类的显性触点，也包括惊吓之类的隐性触点。任何艾丽斯感到无法掌控的情形都可能诱发一系列的复杂反应，如焦虑、恼怒和自我厌恶等。

对于此类问题，一种治疗方法是慢慢地、渐进地让患者暴露在触发环境中，让她演练能进行自我控制的应对技巧，以消除恐惧反应。我们让艾丽斯和吉姆中止所有的性接触，只关注无性的触碰，由艾丽斯在完全自控的情况下引导吉姆，直到重新获得身体接触的安全感。经过一些无意的感官触碰，艾丽斯开始有进一步性接触的冲动。每成功体验一次，唤起创伤的条件反射就会减弱一些，艾丽斯的意识频率也最终失而复得了。当吉姆牵着艾丽斯的手走进我的办公室，告诉我他们订婚的消息时，那一天也成了我人生中特别的日子。

创伤现象提出一种令人着迷的可能性。如果能创造出同创伤体验同样强大的积极体验，并真正扩宽意识的频率范围，情况会怎样呢？这些"积极的创伤"类似于弗朗兹·亚历山大和托马斯·弗伦奇在其心理分析里程碑式的著作中所描述的"修正性情感体验"（corrective emotional experiences），他们认为体验是确定而有力的，它可以通过与艾丽斯所受的强暴一样的方式重塑一个人的性格。

我们能否直接编程和扩展心智呢？能否不经历长期治疗就改变性格呢？

我相信可以。

布雷特医生收到奇怪的来信

我盯着电脑屏幕，一边惊叹，一边疑惑。我从未见过这样的来信。作为负责学生咨询的主任，各式各样的邮件我早已见怪不怪：更改预约时间的、请求帮助的、汇报病情进展的，等等。但是，从业数年，我还是第一次收到这样的邮件。信中写道：

> 摧毁北极寒冷的相当害羞的方式。为你在新世纪所有知道的和看到的事情搭一个梯子。这只是个开始。我们有太多的事要做，这些事都摆在你的面前，因此燃起一堆烈火经常去看看吧，让这儿的语言和如释重负的感觉自由流淌。你知道自己必须要做什么，非常清楚，它就在你面前，宛如一堆烈火前的软毛熊皮毯一样。头脑的热量传递全身，如此之热以至于大火在你体内深处熊熊燃烧。灰烬耐心地等待着，以至于永远感觉不到你，也听不到你的声音。四周一片寂静，但是思绪还在继续，而且一切安好。用特制的鲜花依次洗刷成功的日子。幸福的喜悦能看见将来的一切。

信没有署名，但我知道是谁写的。我只是不明白为什么要写给我。认识我的人都知道，我最不关心"新时代精神"。每天最关心的就是家庭、股市短期走势、论文或书籍的进展。我最喜欢的车尾贴是："别提什么世界和平了，转弯时打转向灯吧。"一直以来，我对"新时代"的感受仅此而已。

"用特制的鲜花依次洗刷成功的日子。"这句话让我惴惴不安，觉着不对劲。

在精神病学系工作的一个好处是：总有人愿意对听起来不大对劲的事情发表看法。我把邮件打印出来给同事们看，他们的观点不约而同：写信的人可能头脑灵活，富有创造力，也可能精神分裂。

随后几天，这个人又给我发来邮件，用的是同样的语调和情绪。信中充满了生动的形象和怪异的含义，夹杂着超出现实界限的句子。比如：

> 神圣的东西是西部之光之时的那些伟大的东西。肆意地燃烧，它们用罕见的深处闪亮的火苗照亮天空。有这么多张面孔和这么多地方，以至于它们覆盖了天空，希望协调我们必须要走的路。这直接来自于感觉的内心，这些感觉通过最大强度和力量的广播波段轻声告诉你它们的力量。过每天单位的日子已经来临了。你已经看到这个方式了，它就在那儿，玉米地里刮来一阵大风，让它光芒四射。这个单位是如何在一天的动荡中被捕捉的呢？如果我们缩在石头的外壳里，我们又将怎样捕获未来事务的意义呢？这些问题毁灭你的灵魂，并照亮西方天空的核聚变。被否认的力量有藏身于你内心深处的方法。征服一天水泥的记忆。惊心动魄的夜晚比寒冷的一天更加闪亮。

有趣的是，当我把打印好的邮件传给非心理健康专业人士看的时候，他们的反应却大不一样。有的认为邮件作者需要情感治疗，有的则认为信件内容纯属无稽之谈。还有个人是这样评论的："真是个怪人，竟然写出这么多空洞无物的东西。"

但我深信，作者确实表达了些什么。邮件内容围绕着共同的主题：对未来的期待（如"你所看到的……"）、温暖与寒冷并存、忘却记忆和追求力量。当然，邮件中还有反复出现的形象：闪光、波涛滚滚的大海以及天空。这不是词语和形象的杂乱拼凑。正如伍尔沃斯狂人一样，写信的人也在表达着什么信息，而且他是在将这个信息传递给我。

大部分同事很快给了我建议：不要回信。他们一致认为这个人不值得鼓励。虽然大家嘴上不说，但显然认为这人是个疯子。鬼知道他要干什么？甭理他。

意识试验

正值假期，没什么人来咨询。有两个学生取消了预约，这意味着我有时间进行自己的试验了。

去年，我做了许多类似的试验，大多与增强意识和控制问题模式的技巧有关。例如，我做事总是拖泥带水。记得小时候送报收钱时，我就不急着完成任务。多数时候，任务既不危险也不艰难，甚至可能非常简单，比如回个电话或跑个差事。然而，我总会拖到实在不能再拖为止。不再拖延是因为由此可能产生的后果，至少是对后果的恐惧。

通过试验，我发现拖拖拉拉的毛病与我的状态息息相关，也就是说，在某一特定生理或情绪状态下，我会比在其他状态下更容易拖泥带水。例如，我发现，如果我做事拖泥带水，然后开始一系列快速激烈的身体运动（如，模仿打斗动作），我会很快进入精力充沛的状态，这时拖延心理就会消失。如果进入冥想状态，在脑海中静静地思考问题，也很容易重拾任务并把它完成。

一天，我做了一个有趣的试验。我很早就注意到，在冥想时，脑子里会浮现一些杂乱的形象和句子。沉睡刚醒时也会这样。有时，它们是以不带感情色彩的词语出现，如"这个方面需要改变"；有时，则以形象形式出现，比如冲进雪堆的汽车。这些形象和句子总是一闪而过，我会很快忘掉它们，继续做手头的事情。但那一天，我决定详细探究它们，而且我想到了一个巧妙的试验方法。

我知道，在全神贯注、精神放松的状态下，这些形象和句子更加生动逼真。借助菲利普·格拉斯早期作品那样的高度重复音乐，我可以成功进入这种状态。我发现，在这种状态下，辅以双手合十的技巧，我就可以回到过去，并获得一些催眠暗示。我想，也许可以通过这种状态实现其他暗示。

我的方法是，坐在办公桌前，进入一种全神贯注、精神放松的状态。当脑海中浮现杂乱的想法或形象时，我就在电脑上把它们打出来。我打字速度飞快，记录那些稍纵即逝的胡思乱想易如反掌。不言而喻，我希望用这种方法发掘出一些有趣的见解。也许，我会对市场前景或人生成就产生一种直觉。

我坐在电脑前，戴上耳麦，听着格拉斯的《十二乐章》(*Music in Twelve Parts*) 开始感应。为了进入状态，我闭上眼睛，聚精会神地凝视着眼前的黑暗。最终，我会在黑暗中找到一块比其他地方亮些的区域。这个亮点常常出现在视野的一侧，但也并不总是如此。然后，我把注意力集中到亮处并眯起眼睛（像是在看身边的东西一样），以此来扩大这个亮点。几分钟后，尽管还是双眼紧闭，但我感觉整个视野都变亮了。那时，我的目光通常会上移，偶尔会感觉眼球和眼皮的快速跳动。尽管我完全清醒，但感觉像是处于快速眼动睡眠状态一样。睁开眼时，我感觉自己已经超脱这个世界，没有任何烦恼和忧虑。

在试验中，我打算进入这种状态时再开始打字，记录侵入大脑的意识流。我不确定会发生什么。键入动作会破坏或改变意识流吗？

试验开始时，我惊奇地发现，我的手指在键盘上飞舞，飞快地记下灵光一现的意识流。我竭力不去审视或分析键入的东西，只是把注意力集中在光亮的区域。在练习的过程中，我忽然发现一个转瞬即逝的画面：一个孩子正在用基本颜料画画，左上角是一轮太阳，上方是蔚蓝的天空，右边是一只提着喷水壶的手，水珠洒落在一排雏菊上。画面大约停留了一秒就消失了。之后，我立刻停止键入。

睁开眼，我像往常一样感到超然，只是这次感觉似乎更强烈一些。看着电脑屏幕上打出来的文字，我不禁打了一个寒战。我以前从未写过这样的东西。而且，大部分内容我已不记得了。然而，有一句话着实让我大吃一惊，竟然是："**用特制的鲜花依次洗刷成功的日子。**"毫无疑问，这句话描述的是刚才我头脑中的画面。但头脑正常时，我是不会写出这种句子的。

我盯着电脑屏幕，一边惊叹，一边疑惑。记得我曾认为自己绝不可能写出电脑中新时代那样的蠢话。我禁不住全身颤抖，我第一次也是最深刻地意识到，我并非是只有一种意识、一种身份的单一体。

绘制心境图谱

随后的个人经历让我确信，人们拥有超乎自己想象的能力来转换心境。作为一个作家，我早就发现，在更富有创造力时所写出来的东西常常与计划要写的东西毫不相关。像是缪斯一直在默默地为我提供思路和灵感。每逢此时，我会回头重读写得好的部分，并自问："我是怎样写出这么好的东西的？"

幸运的是，我打字还算熟练，能及时把头脑中闪现的思想输入电脑。沉浸于写作的时候，我几乎不假思索。各种想法泉涌而出，只要把它们输入电脑就行了。这时候，要相信多重意识的观念不是什么难事。

有一次，我决定把这个观念应用于另一个试验。我首先沉浸在菲利普·格拉斯的音乐中，进入精神高度集中的状态，然后闭上眼睛，像上次那样把注意力集中在黑暗视野中的光亮区域。做这个试验的时候，我已经可以随心所欲地进入平静状态了，但我决定迟一点进入这种状态。令我惊讶的是，如果训练持续时间足够长，我竟会多次遇到二次唤起。每一次想要停止训练时，我都再坚持一会儿。最后，训练延长到好几个小时，我也一直心静如水。

这种训练的效果酷似精神药品的效果。历经几个小时的全神贯注，我的本体感受变化很大。转椅稍微动一下也会让我不知所措、晕头转向，像是坐在过山车里上下颠簸一样，完全搞不清楚自己面向房间的哪一面。睁开双眼，普通物体的色彩和形状看起来异常生动。似乎在感官输入减少的几个小时里，我的感官得到了矫正，对普通刺激更敏感了，就像一个久未进食的人味觉特别灵敏一样。

在变化较大、精神集中的状态下，我拥有了艺术家和诗人观察世界时的那种欣赏力。在黑暗中的几个小时里，我几乎什么也不想、一动不动，这让我可以敏锐地感受到房间里平常事物的美：形状和色调的细微差别，挂毯图案的相互交错，以及灯光形成的渐变的影子。我感觉很想花上几个小时来欣赏这所有的美。我心里也明白，自己对平常事物的反应有些特别。我明显意识到，我日常的清醒时刻竟然充满了刺激，如人们的谈话、路上的噪声以及形形色色的电视节目，以至于大部分时间我都处于超负荷状态且浑然不觉。我就像自助餐厅里的贪吃鬼一样，每天大吃大喝，再也品尝不出微妙多样的味道。

目前，我正在利用生物反馈试验验证一个工作假说，即在体验训练上花费的时间、训练强度以及在激发状态下可能发生变化的开放性之间有直接的关联。换言之，更深更长的迷睡状态会引起更强的认知和感官校准，使我们更容易转化体验模式。长时间减少感官活动后，花园里寻常的一缕花香也足以引发我的强烈体验，像心理咨询过程中的强干预一样强烈。

我最近在前额温度生物反馈方面所做的努力表明，要显著改变体验模式，需要持续保持安静和精力集中。的确，生物反馈读数在保持安静15～30分钟以后才会明显偏离基线，而这需要进行一定的训练。这意味着，人们意识的普通状态是守旧的，对短期的巨大转变比较抵触。这可以理解，因为频繁的巨大转变无疑会干扰日常思考和行为的连续性。为了有效运作和控制行为，人们的意识状态必须保持相对稳定。

通过尽力运用冥想、生物反馈等方法，我们可以超越意识的自然状态，引起像创伤中那样巨大的转变。这既需要时间也需要训练。因此，我们在正常的日常生活中不可能体验到这种转变。然而，契科金特米哈尔伊的试验却有力地表明，那些极具创造力的人在沉浸于工作时，的确可以进入类似于我在菲利普·格拉斯的音乐中达到的那种精力集中状态。如果是这样，那么他们一定是形成了自然方式来扩展心境以及培养新的感觉和行为模式。当然，他们也可能是通过克服守旧的意识机制来扩展其进化能力的。

我在想，交易者也能做到这一点吗？

交易试验

提高了进入新状态的能力之后，我开始进入下一个试验阶段，即先让自己沉浸在日常工作中，然后再开始一天的交易，回顾图表和指标数据来导出假设。我下意识地努力发现一切，但绝不对看到的东西草率下结论。（我必须承认很难做到第二点，因为模式似乎会突然出现在头脑中，异常清晰。）在掌握信息并经过校验之后，我决定将出现在头脑中的所有关于即日交易的想法自发地输入电脑。我快速敲打键盘，对这些想法本身不假思索。像是在给大众读者写时事通讯一样，我以不同情况下的操作建议结尾。

写作过程跟先前的试验一样顺畅。指尖在键盘上飞舞。我能意识到正在键入的内容，但又会立刻忘掉。这有点像是在看自己的身体打字一样。

我在阅读刚写的市场信息分析之前，进一步拓展了这个试验。我再次闭上双眼，重新进入精神集中状态。不同的是，这一次我带上了连在电脑上的耳机。我先把刚写出来的文字突出显示，一旦进入精神集中状态就点击菜单项运行龙系统（Dragon Systems）的"自然语音"程序，用人工合成语音把这些文字读出来。耳机里传来清晰的声音，带点儿英国腔，而我就在催眠状态下倾听。

听别人朗读自己写的东西别有一番风味，像是在聆听专家顾问的真知灼见一样。忽然，一丝怪异荒诞的想法在大脑中一闪而过：我在听万能的"上帝"讲话。但我觉得自己是在聆听真理：

> 周五大肆买入不能克服周四的阻力线，产生交易的警戒线。未能冲破警戒线的反弹提供了分类机会，把周五的低点作为最低目标。周五低点之下的一次突破有你短暂的反弹。阻力线上，你所持头寸沿TICK进一步缩水。不能在早晨反弹引起下午的虚弱。注意金融和工业股票的背离。

在听机器朗读这段文字的时候，我明显感觉写作风格酷似先前试验中奇怪的描写文。正常情况下，我绝不会说出像"注意背离"这样的话；正常交易中，我也不会强调这一点。我的确没有意识到，在金融股和构成道琼斯工业平均指数的股票之间存在任何背离现象。但是，在核查图表时，我明显看出，即使大多数工业股窄幅波动时，金融股（尤其是经纪股）正处于下跌趋势。我写的文字似乎在提醒我市场发展的主题，并预告金融股随后的可能性走势。

不论好坏，我认为我找到当日交易的策略了，同时也拥有了在交易中少有的冷静和确定。金融股下跌，而我正常的注意力却忽视了这一点，这让我确信转换后的体验模式为我提供了新的市场数据处理方法。

开盘前，我重新激起平静放松的状态。交易开始时，我很平静。开盘之初的交易量相当低，市场也相对平稳。我闭上双眼，仔细倾听，但不强加任何结论。

事情就是这样发生的。

一个想法突然跳进我的大脑。但它不仅仅是个想法，甚至不是我的想法。在大脑里，我清楚地听到了这个英国腔"注意背离"。就是这样。简简单单的一句话，但听起来像是"自然语音"程序发出的。

回到电脑前，我注意到经纪股指数已经崩溃了。整个市场都在疲软，TICK逐渐走低，但标准普尔指数依然平稳。我平静地进行着交易、卖空。我从未如此确信会盈利，也从未对目标和止损位如此确定。

几分钟后，我开始盈利了。

在周五的低点。

我没觉得成功或沾沾自喜。在这次交易中，根本没有自我。事实上，我有一种奇怪的感觉：我没有把交易放在第一位。毫无疑问，确实是我做出了交易指令。但我发誓，我并没有做出交易决定。

小结

前文提到阿里·基辅在《交易心理分析》中提出的观点：专注于市场数据处理并依其行事。神经学家奥利弗·塞克斯（Oliver Sacks）和 V. S. 拉马钱德兰（V. S. Ramachandran）的病例研究、大量的脑裂病例研究，以及不同时代和文化的神话中体验的共同性，这些都让我深信，我们的大脑的确有许多区域，远比人们通常认为的多得多。

有时，我们可能会听到这种（误导性的）断言，即人们思考问题时，只有一小部分大脑在起作用。实际过程要稍微复杂一些。普通人仅能使用可能意识的一小部分。用葛吉夫的话说，好比一个人占用了大厦里的一个小房间，却对其他富丽堂皇的房间视而不见。无论是交易、育儿还是心理咨询服务，任何一个领域里的创造力，都来自于从不同房间的有利位置重新审视世界的能力。我知道，这听起来有点神秘，不可企及。而且你也知道我不喜欢"新时代"的语言。但我并不否认诺里特兰德斯的结论：**作为客观主体的自我，比我认识到的自己要丰富得多。**

我相信，这就是交易心理学最前沿的理论。在学习扩展意识频率范围的过程中，我们获得了使用新的盈利方式处理市场数据的潜能。本书第 10 章将阐明：在某种意识状态下不能感知和理解的东西，在另一心理状态下却能迎刃而解。就像体内含有多个内部数据库，但又都限制访问一样。培养形成意识沉睡状态的能力时，我们可以扩大可使用的数据库的范围，从而能在更宽广的信息平台上进行交易。

本着安德鲁·罗和德米特里·雷宾的精神，我相信生物反馈法可能对交易者的发展大有裨益。尽管传统心理学（包括本书的许多内容）可以导出对交易成功极有意义的假说，但只有过硬的试验才能验证或否定这些假说。生物反馈法的最大优势在于：它能将情绪、注意力等主观变量转变成可以用于统计处理的客观数据。生物反馈治疗采用高尔顿计数法，并将其应用于个体体验。

未来的交易所会安装综合控制台，用来测量心律、皮肤电传导、肌肉张力和体温吗？交易者会像专业运动员那样戴上可测量脉搏和血压的腕带装置进行操作吗？从某种程度上来说，交易是一种巅峰表现运动，你将有望看到专为交易者准备的更加精密的工具，犹如你现在看到的层出不穷的高级交易软件、硬件一样。对利润的追求可能会促进人们努力追求进化，这一点甚至连艾恩·兰德都没有料到。

| 第 10 章 |

衣柜里的雨衣

复活的恶魔造就堕落的天使。

　　虽然人类的可塑性远远超出我们的想象，但也不能就此认为可塑性无边无界。我从心底里怀疑，如果一个人遍尝失败的苦果，那么他还能体会到自信与成功的感受吗？饱受伤害与怠慢的人生不可能瞬间充满欢乐与满足的感觉。新体验也不可能凭空形成。人格中存在一些潜在和隐藏的方面，但是它们会以其他形式表现出来，而自我发展训练就是要最终激活这些方面。沿用第9章里的比喻来讲，心理咨询就是要去捕获意识频率中的微弱信号，并系统地增强这些信号。也许，去创造新频率，远不如去设法接收先前收听不到的微弱信号。

　　本章将探究交易者如何通过增强那些微弱而又颇有价值的信号来改善意识收音机的接收效果。我们无须在固定频率的节目面前手足无措。相反，我们可以设法控制调谐钮、更换电台。一旦找到新的频率点，我们就能明显地觉察到：原来我们可以意识到和体验到更多的东西。我们的认知确实是由心理状态和身体状态决定的。

告别慌乱的早晨

我们总是差点迟到。每天早晨,我得送别上班的妻子,准备着送德文和麦克雷上学。然而,每天早晨总会有些小麻烦耽搁时间,比如德文找不到发带、麦克雷找不到要带去学校玩的心爱玩具等。每一次,我都是连哄带求,急得抓耳挠腮。尽管如此,我们总有办法准时到达。

但是,这一天,我们真要迟到了。我大声催促着孩子们,提醒他们吃早餐、梳头、穿鞋、检查一下有没有带上作业。我喂完猫,准备好我的午餐,一看表,时间已经不多了。慌乱中,我像往常一样大吼一声:"赶紧走!"德文和麦克雷慌慌张张地下楼,乖乖地穿上外套和靴子,全副武装以抵御锡拉丘兹寒冷的雨雪天。我也一样,冲向衣柜去拿雨衣。

雨衣不在那儿。

我找遍衣柜左边的一排外套,没有雨衣!奇怪了,雨衣一直放在那里的。打开衣柜的右边,也没有。时间越来越紧迫,我开始急得抓狂。孩子们不能迟到,我早上还有个重要的会议。更糟的是,汽车钥匙还在雨衣兜里,找不到雨衣,就开不了车。

我急速回到衣柜左边,盯着夹克和外套,一件一件地翻遍所有衣物,还是没找到。德文和麦克雷好像也发现我越来越急躁。他们现在异常安静,不敢像往日那样斗嘴。

我抬手看了一下表,已经迟到了。

有好一会儿,我头脑一片混乱。我能感觉到眉头紧锁、乱七八糟的念头涌入大脑,越来越强烈地感到恐慌。头脑里好像有个声音在尖叫:不可能!雨衣一定在这儿。我朦朦胧胧地意识到自己有点反应过度。在一定程度上,我知道即使迟到几分钟,天也不会塌下来。但是没用,我的身体已经认定这事万分火急。

随后,我平静下来。

这种情形以前也发生过几次,即在万分焦急时,我会突然异常地平静。我定定神,放慢呼吸,涌动的情绪顷刻间恢复平静。这个状态转换不是渐进的,而是自动的，比拉动开关的动作还要迅速，还有点怪异。平静下来的时候，我都觉得不像自己了。

年少的时候，我从未有过这种平静的感觉。只是在菲利普·格拉斯音乐试验和转换状态以后，才偶有这种感觉。这好像是我意识频率的一个新点。

纽约途中的停顿

这种情形不是第一次了。几个月前，我和玛吉去纽约度假。我们刚出锡拉丘兹市区沿着81号州际公路向南行驶，就注意到前面的车子向右滑去。当时正值清晨，我马上意识到，司机可能趴在方向盘上睡着了。

事实的确如此。当车轮轧上粗糙的路沿时，司机似乎醒过来了并意识到了危险。他向左猛打方向盘，试图避免冲出公路。但这是个错误的做法。车身发生侧滑，车尾向外甩了出去。为了弥补错误，司机又向右猛打方向盘，但为时已晚。车子在公路中央急速打转。幸运的是，当时路上没有其他车辆。

很少看到汽车在高速路上失控打转。我远远地看着眼前的一幕，就像看电影一样。这个场景在我的记忆中留下了深深的烙印，因为我几乎从来没有想象过这种情形。我没有担心，也不害怕，只是踩下刹车，远远地停下来，以免即将发生的车祸殃及我们。

车子继续左旋，侧滑出车道，沿着隔离带慢慢翻倒在路基一侧的缓坡上。

将车子停向路边时，我转身看看玛吉。她好像很担心，但什么也没说。我能隐约听到翻车发出的声响。我双手搭在方向盘上，长舒一口气，进入了停顿的状态。

我用一种异常平静的声音（听起来根本不像我的声音）告诉玛吉待在车里别动，等待援助，我过去看看情况。

我当时没有任何情绪反应：没有害怕，没有猜测，也没有心跳加速。

什么反应也没有。

我平静地走向那辆车。车的前排座位有两个大人，后排座位有两个小孩。两个小孩都撞翻在座位上，但看起来没有受伤。我用异常平和的声音向那位母亲解释了整件事，然后，镇定地察看着车子，车子没什么大碍，也没有漏油之类的危险，孩子们也安然无恙。好像我在对着录音机口述什么报告一样，或者说我自己就是一个机器，不带任何感情，只是在做当时应该做的事儿。

当我走向自己的车子时，发现旁边又停了一辆车。司机注意到了玛吉，并伸出援手。他说自己是护理员，已用手机求救了。几分钟后，救援赶来了，大家都没出事。

我返回自己的车子，向玛吉讲述我看到的情况。讲着讲着，我忽然意识到，那一家人可能会死掉，车里可能满是鲜血，车子也可能会爆炸。这可是一起车祸！恐惧就像大坝决口一样喷涌而出，我开始浑身哆嗦、紧张不安。

我又恢复到原来的布雷特了。

茫然不知自己已知

我发现翻找衣柜时那种平静的感觉与我在高速路上所体验到的一样。如果相信神灵，我会认为自己着魔了。有时候，小报上的文章会报道一些自称灵异缠身的人，一些艾斯伯格症候群患者就认为自己是灵异人或是可以跟灵异人交流。他们认为自己与众不同，却又说不出所以然来。这就是自己觉得被抑制的原因：像是有个灵异机器人控制着我们。这时候，我们的知觉异常清晰，没有一丝怀疑、欲念或恐惧。我觉得自己就像是一部高效、精确的信息处理机。

我转过身，平静地对孩子们说："稍等一小会儿，我得找到雨衣。"我的声音似乎很平淡，语速也比平常慢一点点，像是从远方传来的一样。德文和麦克雷似乎都未感觉有什么不妥。他们背着背包，逗弄着他们的猫咪朋友。他们才不管是否会迟到呢。

我又回到衣柜的左边，动作比平常慢了许多。没有犹豫，也没有预先思考和计划，我开始在其他衣服中间寻找雨衣。不一会儿就找到了。因为衣柜里衣服实在太多，雨衣从衣架上滑落了，夹在了两件厚外套中间。我平静地穿上雨衣，从衣兜里掏出钥匙，让孩子们上车。

开车上班的途中，我一直处于清醒、平静的状态。这是一种愉悦的、平静的、从容不迫的状态，有点超然于尘世之外的感觉。我思考着这样一个问题："雨衣真的不见了吗？"

在某种意义上，的确如此。我上上下下翻了个遍，确实没有找到。但在另外一层意义上，我清楚地知道它在哪儿。我一旦进入停顿的状态，就毫不迟疑地找到它了。对布雷特来说，雨衣确实不见了，但对那个灵异机器人来说，雨衣就摆在那儿。

有多少事情可能是我们意识到或没有意识到自己已经知道的？又有多少市场模式被埋没在众多寻常指标中，而未被我们忙乱的意识所察觉？

琼和她的心声

琼是一个聪明迷人的女孩子，她在修一门很有挑战性的医学课程。大家都羡慕她学习好、人漂亮、人缘好。对大多数同学来说，学校是充满压力的地方。他们总是担心考试不及格，因此拼命学习迎接下一次考试。琼却不同，她似乎看过资料就能过目不忘，考出很高的分数。在其他人眼里，她简直如鱼得水。

事实远非如此。琼认为自己是一个失败者。她觉得自己臃肿、肥胖、令人厌恶。她有进食障碍，患有厌食症（绝食）与易饿症（暴饮暴食和宣泄）。

第一次来咨询时，琼非常明确地表示，她本不该有这种感觉的。她也知道自己聪明，学习好，很受欢迎。在某种意义上，她甚至明白自己身体并不偏重。她坚持说，"但我还是觉得自己有点胖"，由此可见她的多重性格。"大家把我说得那么棒，我却不那么认为。我觉得自己像是个骗子，他们真的不了解我是怎样的人。"

在日常学习中，琼很少遇到什么难题。她专注于工作，由衷地喜欢医学，也乐于帮助他人。实际上，这正是她消极海洋中一个自尊的小岛。她意识到自己是个富有爱心的人，与病人关系融洽。有一次，她多花了一个小时听一个没有文化的移民大声嚷嚷他的"家庭问题"。他说自己曾因为患有与心脏病和高血压相关的并发症而入院治疗，当班医生要么不理会他对家庭问题的抱怨，要么就让他在治疗结束后再去做家庭问题咨询。琼认真听了病人的抱怨之后才明白，他的家庭问题其实是性生活问题，他是因为服用治疗高血压的药物才产生勃起功能障碍的。当她指出这不是器质性问题，而是药物的副作用时，这个病人乐坏了。说起这事，琼的脸上洋溢着自豪的笑容。

但是，一旦结束一天的工作回到家时，她的注意力就转向自身，开始没完没了的自责。她花费大量时间称体重、试穿衣服、衡量食物的分量，她站在镜子前打量自己，急切地想要减肥。有时候，她完全不能自制，吞掉大堆的冰激凌、甜饼和巧克力，以此平抑内心的厌恶。但这种暴食情况让她更加沮丧，越发认为自己没能力减肥，越发厌恶自己的身材。于是，整个夜晚，她都深陷自我厌恶的怪圈：试图减肥，然后又猛吃东西安慰自己。她感觉自己完全失控了。如果正强化真能控制我们的行为，那么琼早就成为一个自重的模范了。她不缺乏成功、被接纳与被赞扬的体验。她说自己的成长环境很积极，也很和谐。她的父母都喜欢成功，自然希望孩子们出类拔萃。但如果琼学习、运动或钢琴方面表现平平，他们也不会责骂她。当然，琼记忆最深的还是自己考了高分时父母对她的赞扬。

然而，她似乎没有记住这些积极的东西。不管生活中发生了什么，也不管别人说了什么或做了什么，她似乎对消极的自我形象念念不忘。当然，这让那些了解她的问题并想帮助她的人沮丧至极。琼意识到了这一点，于是对其饮食方面的问题守口如瓶。为了严守这个秘密，她甚至不结交真正的密友，仅仅把自己能干、自信的表面展现给他人。这进一步地加重了她孤独、失败和卑微的感觉。来做咨询的时候，她已经严重抑郁了。

第一次来咨询时，琼面容憔悴。她承认自己没睡好，还说一直暴饮暴食，有时逼迫自己吐掉吃下的东西。这样就形成了一个恶性循环：感到沮丧，吃东西安慰自己，吃完东西又有负罪感，再强迫自己把东西吐出来，然后，对这种失控行为更加沮丧。她说，她最近把宝贵的学习时间都浪费在照镜子、评价自己的身体上了。

"那么，请告诉我，站在镜子前看着自己时，你在想什么，有什么感觉呢？"

"我感到很厌恶，"琼回答说，"我不喜欢现在这个样子。"

"你能描述一下最近一次站在镜子前面感到厌恶时的情形吗？"我问道，"你当时在想什么？有什么感觉？让我也体验一下你当时的感觉。"

在治疗过程中，我最常问的问题也许就是"你能举个例子吗？"谈论细节容易让人接近他们的真实体验，从而达到激发的情绪状态与生理状态。相反，当他们完全被情绪所淹没或处于严重的危机之中时，我就尽可能地远离细节，试着帮他们从概念上理解他们的感觉。前来咨询的人都颇有城府，他们往往隐藏自己的体验。而当众多体验一起涌上心头，他们就需要有些城府了，意识到这一点对治疗至关重要。这就又回到那个观点：治疗就是要安抚痛苦的人、折磨舒适的人。

琼转过脸去，"我不知道，我就是不喜欢自己"。

这有点像弗洛伊德学派所讲的"排斥"（resistance），重新体验自我厌恶的时刻，对琼来说太过痛苦，所以她要回避我的问题。泛泛而谈但不涉及她照镜子时的情绪细节，这样她就没那么焦虑了。如前所述，排斥转换不仅仅是对焦虑的一种反应，而是人类意识的基本特征，琼的案例也说明了这一点。

事实证明，焦虑是一个很有趣的现象。它通常被看作消极情绪，但也有相当的作用。我的第一个心理治疗师伊丽莎白·霍夫梅斯特（Elizabeth Hoffmeister）是堪萨斯州小镇上的一名荣格学派的心理分析家。她直觉敏锐，颇有分析梦境的天赋。有一天，当我对荒谬的智能研究方式漫不经心时，伊丽莎白·霍夫梅斯特注意到我的逃避心态，认为我有些焦虑。她说，我们有害怕未知事物的倾向，但这也正是我们得以成长的原因。如果总是生活在已知的、常规的和熟悉的环境中，那成长就无从谈起。从伊丽莎白·霍夫梅斯特那里，我明白了成长源自对未知的焦虑和探索。

这就是为什么没有必要在治疗过程中花费大量的时间来解释和分析排斥心态的原因。这会让像琼这样的人更加远离情绪体验。许多时候，稍微施加一点压力就可以冲破这种排斥心态，进入他们丰富的情感世界。确实如此，冲破排斥这种行为本身就能显著改变一个人的状态，并进入其长期潜伏着的记忆和知觉。

"琼，请看着我。"我要求道。她很快转身注视着我，对视了一秒钟。然后，我说："现在请闭上你的眼睛，发挥你的想象力。假如你上了一天的课，现在刚到家。你一天没吃东西，所以晚上饱餐一顿。你感觉到有点饱了，这让你想到体重，于是去称体重。然后，你脱掉衣服去照镜子，打量自己的胸部、肚子、臀部和大腿，你看到什么了？"

显然，琼对唤起的想象很不舒服。"我讨厌我的样子，"她大声说道，"我太胖了，恶心死了。我不敢出门，不想见人，甚至不想穿自己的衣服。我吃饱以后，总觉得衣服太紧。我觉得自己太肥了，真想找个地缝钻进去。"琼满脸痛苦。毫无疑问，她不认同别人对自己的看法。她排斥自己的身体，渴望减肥，但又蓄意破坏节食的努力。不过，最引起我注意的是，琼讲这些话时，浑身肌肉紧张，手指掐着皮肤，像要自虐一样。她嘴里讲着"沮丧"和"痛苦"，但肢体表现出的却是"愤怒"。

她的痛苦让我心生同情。我试图安慰她，说她一点也不让人厌恶，但我意识到不能这样说。因为大家都是这样对她说的，这招显然不灵。她只会简单地认为我不可能理解她，甚至会拒绝我的帮助。

我也深信，跟她谈论食物、卡路里和体重只会适得其反。密切关注她的饮食情况和体重只会把我变成一个令她讨厌的"控制者"的角色，对我的工作有害无益。我们需要转换思维，需要一种方法帮我们摆脱沮丧与自厌—节食—挫败—暴食—呕吐—更深的沮丧和自厌这样一个无止境的恶性循环。

在我看来，琼的问题与其说是饮食紊乱，不如说是通过饮食和体重表现出来的自我形象破坏。我怀疑那些紧抓的手指才是问题的关键。

"那么，你在学校的表现怎样？"我提高声音问到。

琼看起来有点困惑，话题和情绪的突然转换让她有点糊涂。"我觉得还行吧。"她答道。

"你现在在哪个科室实习？"像沃尔特一样，所有的三年级医科学生都要进行临床实习轮岗，如外科、家庭医学科和精神病科。

"我在妇产科实习，"她说，"我很喜欢。"

"很好，"我兴高采烈地说，"告诉我，如果妇产科有个病人，她正经历你所经历的一切，她的样子像你、她的感觉也和你一样，在食物、体重和自尊方面经历着同样的问题。你会对她说些什么呢？你打算怎样治疗她？"

琼识破了我的小伎俩，笑着回答说："我会尽量帮她，让她不要对自己太苛刻。我会拉着她的手，告诉她不管她有多胖，她都能成为一个很漂亮的人。"琼的声音变柔和了，充满了同情。

"真的吗？"我假装心不在焉地说，"你真的会对一个看起来像你、感觉跟你一样的人这样说吗？你不会告诉她，她很恶心，太胖了，不应该在公共场合抛头露面？"

琼大声地笑着说："不，我不会那样说的。"

"为什么呢？"我问道，"事实可能就是那样子，不是吗？你为什么要对你的病人撒谎呢？你为什么不说，她本可以是一个漂亮的人，但现在却并不漂亮？"

"这样太刻薄了！"琼立场鲜明地说，"你不能这么做，这样只会使问题变得更糟。以貌取人是不对的，太肤浅了。"

"你肤浅吗？"我问。

"不，我不这样认为，"琼坚定地回答，"我觉得我和病人相处很好。"

"我觉得你是对的，"我说，"你应该尽力去了解你的病人，而不是仅仅看她的长相和体重。你应该友善地对待她，应该握住她的手去安慰她。"

琼点点头。

"为什么不可以苛刻地对待病人，但可以那样对待自己呢？为什么你会下意识地认为比起向我咨询的病人，你不值得帮助呢？"

琼沉默了一会儿，一脸茫然，满眼困惑，眼泪开始在眼眶里打转。"我不知道。"她轻轻地说。

修正多重性格

我的目标就是让琼注意到自己的多重性格，即那些全然不同的意识频率。这些频率对应着不同的琼：有感觉敏锐、富有同情心、专业、称职而又乐于助人的琼；也有紧握双拳，一发现自己的缺点就深深自责的琼。与他人相处时，琼的同情心就流露出来了。作为专业人员，琼很想成为合格的医学生，绝不会讲任何有伤病人感情的话！但当她照着镜子、面对自己时，作为专业人员的琼就被淹没了。取而代之的是一个愤怒的琼，她被内心的魔鬼所困扰，有强烈的复仇心和破坏性。

在办公室里就能看到这种转换太好了。谈到自己时，琼僵硬地坐在椅子里，神情痛苦，声音和脸上的肌肉都变得紧张起来；谈到容貌、体重或是对食物那种爱恨叠加的感情时，虽然嘴上说着"沮丧"，但脸部和身体流露的却是愤怒与鄙视；而谈到临床实习时，她的声音立即变得正常、直率和流畅起来，身体放松了，谈吐也自信了。跟玛丽和沃尔特一样，琼像是换了个人似的。但她自己对此却茫然不知，因为两个琼之间的转换简直天衣无缝。

看到这种双重性格，我清楚地意识到，琼的问题不在于饮食紊乱或自我厌恶。她的问题是"垂直分离"：性格分裂，以及无法进入与人为善的那一面。当沉浸于惩罚性的自我时，她无法恢复自己的同情心，不能像对待病人和亲友那样对待自己。在对待饮食和身体形象方面，如果她能进入职业、友善的自我，那么她就有能力来对抗愤怒与充满挫败感的自我。如果她能像对待患者那样友善地对待自己，也就用不着从饮食中寻求心理满足了。

许多交易者也有同样的情况。在生活的其他方面，他们能快速有效地处理信息，做出建设性的决定，并成功地规避风险。但在交易中，他们却发现自己在不停地重复破坏性的交易模式。即使他们意识到这些模式的存在，似乎也不能控制或改变它们。这些人已被锁定在某个频率，找不到调谐钮了。

触发器

在探究如何将琼的两种分歧的自我联系起来之前，让我们看看触发器在自我转换过程中所扮演的角色吧。结果发现，触发器是最大的交易破坏者。

回想一下第 8 章中提到的艾丽斯被强暴的经历。大量的触发器，无论大小，足以使她重新拾起与创伤事件有关的想法、情感和冲动。我经历了那起车祸之后，许多触发器都能激发后续焦虑，如坐在乘客席上，向右拐弯，看到汽车从左前方迎面而来，等等。

虽然意识通常比较保守，将我们围困于常规的心智结构之中，但是与特定刺激相关的强大情绪事件足以引发剧烈的转换。这些刺激就成了有别于常态的处理模式的触发器。事实上，我的许多咨询者（其中有很多交易者），都意识到了自己的行为并不符合其人格特征，并对此懊恼不已。他们认识到自己已经失去了对生活的控制。

在琼的诸多触发器中，餐后饱腹的感觉就是其中之一。她白天很忙，没有时间完整地吃一顿午餐。结果，等她晚上回到家中早已饥肠辘辘了。大吃一餐以后，她就觉得吃得太饱了。这种饱的感觉使她想起自己的身体，从而唤起了暴食后的情绪体验。更糟的是，饱的感觉跟体重增加的感觉又联系起来。紧接着，琼的自我意识便觉醒了，她觉得自己肥胖。"饱"这个触发器就像一个开关，可以直接引发她对自我的负面感觉。

问题交易的触发方式往往非常相似。冲动地发出交易指令的交易者就像受创伤者一样，会对触发器做出夸张的反应。交易中最常见的转换触发器是那些与特定情绪状态相联系的触发器。让我们一起看看以下交易者的情况：

- 交易者甲经历了1987年那场令人叫苦不迭的市场崩溃，股本损失惨重。现在，当市场走势对她不利时，她立刻就会焦虑不安，甚至无法忍受正常的下跌。这会让她在最不合适的时机卖出头寸，失败与耻辱感油然而生。
- 交易者乙自小就不受欢迎，因为他肥胖，又不喜欢运动。长大以后，他不受异性青睐。他青春期的大部分时光都在烦恼和被拒绝中蹉跎了。现在，作为交易者，他发现自己很难忍受缺少波动、萧条而又平淡的市场。在这种情况下，他习惯性地过度交易，一次又一次地遭受双重损失，直到认输为止，这又让他错过了最终的翻盘机会。
- 交易者丙在交易生涯初期曾因为在巨大市场利好消息中抓住一只高波动的股票，并逐步加仓而获利丰厚，这让他兴奋不已。现在，一旦持有的头寸有较大斩获，他就感到自己又回到了那种兴奋状态，并有追加头寸的冲动。这让他对财务杠杆最大时发生的不可避免的头寸逆转无法承受。

- 交易者丁发现，市场波动增大时，自己就会感到焦虑，即使这种波动可能已在意料之中也无济于事。如果在波动伊始没有把握住，她的焦虑情绪就转换成自责，她会责怪自己"错失良机"。这样一来，她就不能以高价位进入新趋势，并会把潜在的盈利情境内化为挫折。

在上述及其他诸多实例中，市场波动就是交易者心理转换的触发器。这也与罗、雷宾的生物反馈疗法研究结果相吻合。他们发现，即使是经验丰富的交易者，也会对市场波动有更强烈的反应。像琼一样，这些交易者可能在一天的大部分时间里处于较好状态，对工作感觉良好。但是，一旦触发器被激活，他们就变成了另一个自我，以完全不同的方式来处理有关自我及市场的信息。

大量看似非理性的交易行为实际上是对破坏性触发器的一种下意识的规避。限制饮食就是琼规避饮食过饱这一触发器的方式。坐在乘客位上绷紧肌肉是我规避想象中的车祸的方式。过早平仓获利头寸是在规避对价格下跌的焦虑；冲动地买入头寸是要规避错失良机后的自责。人们对自己的触发器心照不宣并忧虑重重。就像琼一样，交易者们会采取极端的行动（即使这些行动会破坏他们的盈亏报表）来规避这些触发器。对于身处平淡行情的那些厌烦的交易者而言，即使是双重损失的唤醒，也比失败者那种力不从心的感觉要好得多。

交易者如何才能克服这些触发器以及与此相关的行为模式呢？或许我们可以用能引起积极行为模式的触发器来代替。如果我们能为问题解决模式创造出一套可随时使用的触发器，情况又将如何呢？

对琼的催眠治疗

这就是我为琼准备的治疗方案。

"我有一个训练方案，希望我们能试一试，"我跟琼解释说，"这个方案听起来有点儿不可思议，你可能会觉得这么做有点荒唐。"

琼紧张地瞥了我一眼。

"我想让你提前开始精神病科的临床实习，"我跟她讲，"我想让你开始照料精神病人，你能做到吗？"

琼看起来完全迷糊了，这倒也引起了她的兴趣。

"注意听。靠到椅背上，闭上眼，深呼吸，放慢节奏，放松自己。现在想象一下你有一个新病人，她的名字就叫琼。她在一个成就导向型的家庭中长大。学业也好，体育也罢，只要她取得好成绩，她就会得到表扬。但是，如果做得不好，得不到表扬，她就觉得受到了伤害。所以，她一直在内心里告诫自己，要做到尽善尽美。她要成为完美的学生，要有完美的外表和完美的身材。当然，她并不完美。因此，她陷入困境，不能自拔。一旦不够完美，她就对自己产生不好的感觉。她对自己的感觉已经习以为常。如果她不完美，她就认定自己平庸。琼，现在请你试着想象一下你的患者。她内心受了伤，想要获得赞赏，渴望被接受。她尽力让自己显得漂亮，努力做事来赢得赞扬。你能在大脑里想象出她吗？"

显然，琼很难受，她似乎正在强忍着泪水。"能。"琼答道，声音有点嘶哑。

"她是什么样子的？"

"她很小，是个小女孩，正躺在床上。"

"她在床上干什么呢？"

琼微微地笑了。"她和我小时候一样，正抱着一只玩具熊听歌，那是一首摇篮曲。我不高兴的时候，妈妈经常给我听这首歌。她会抱着我，轻轻地摇晃，像哄婴儿一样。"

"很好，现在我们进一步想象一下。试着在大脑中想象出长大了的琼，她是个医学生，马上就要成为医生了。她穿着白大褂，脖子上挂着听诊器。她在实习科室查房，不时停下来询问每一位患者，安慰他们。你能在大脑中构想这样的电影画面吗？你能想象出她在医院和患者打交道的情境吗，就像播放录像带一样？"

"嗯，我能。"琼的声音稍显愉快。

"不要睁开眼睛。我们的录像要暂停一下，把这两个画面融合起来。抱着玩具熊、努力想要完美的小女孩琼正在病房里，实习生琼马上就要进来了，你能想象出来吗？你能看到作为实习生的琼来到伤心的病人琼的身边吗？你一进门，看到她就躺在你面前的病床上，抱着玩具熊……你看到了什么？"

琼似乎已完全沉浸在幻想之中。"她躺在床上，抱着玩具熊。她看起来那么小，那么脆弱，她不知道自己病了，妈妈也不在身边。"

"你在病房的什么地方？"

"我就在床边，跪在病床边，探过身去，握住她的小手。"

"你在和她说些什么？"

"没事的，我会帮你的。一切都会好起来的。我会照顾你的。"

"你还跟她说什么了？"

琼的眼泪流了下来，她哽咽着说："我爱你，我爱你，我爱你！"

当天晚上，我给琼布置了有关治疗的家庭作业。晚餐前，她在家必须穿上白大褂，在大脑中回想小病人琼的样子。我要她在专注于小病人琼的时候，自己沉浸在摇篮曲中，轻轻摇晃。然后，在准备晚餐和吃晚餐的过程中，都得让自己沉浸在摇篮曲中。我要她想象着给小病人琼喂饭的情境：坐在床边，握住她的小手，给她喂饭。如果小病人琼担心吃得太多，或担心发胖，她就得想象着给其关爱和安慰，帮助这位小病人。

琼欣然答应做这个训练。她回家吃晚饭时，不仅洗了手，还穿上了白大褂，消了毒，像是要进手术室一样。她在大脑里生动地重现了小病人琼的样子，像在临床实习中一样，仔细研究小病人琼的病情。她明白了琼的沮丧情绪与其饮食紊乱之间的联系，知晓了饮食问题是自尊心挫败的需要。更重要的是，在整个过程中，她都怀着医生应有的同情心。老师曾教她："无论如何，不要伤害病人。"因此，她绝不会责怪她的小病人。

或许，最有意思的莫过于，琼沉浸在摇篮曲和摇晃中，慢慢变成了小病人琼。所有的感觉似乎都与某种特定体验相联系：这是一种关爱、培养的体验。其结果便是一种饶有兴味的多重心理训练：在激活孩子似的、能接受关爱的自我时，同步进入成熟的、关爱他人的自我。琼边吃饭，边摇晃着哼唱摇篮曲。她把吃饭当作一种类似医生照料的活动，无异于母爱。这不再是治疗自我厌恶的一种训练。

要说经过几次训练，琼就克服了饮食紊乱症，不免有些夸张。事实上，她多次过来咨询，反复进行训练。最终，她才敢穿着暴露的新泳衣和朋友一起参加夏日沙滩聚会。但是，我们都没料到的是，自从那次卓有成效的咨询之后，她就不再暴饮暴食然后再强迫自己呕吐了。

琼自己不知道如何正确饮食，但她知道如何让患者做到这一点。在白大褂和催眠曲的暗示下，她合并了分裂的自我，并创造出一种新的模式，最终形成全新的自我形象。

当尝试转换失败

在外人看来，琼可能经历了一次性格转换。更确切地说，她更像那个能干的琼了。与富有爱心和同情心、作为医生的琼相对应的频率信号增强了，即使脱离专业角色，她也能接收到这些信号。如果她本来就不具备照料病人的初始能力，这种疗法极有可能事倍功半。

事实上，因为没能在咨询者身上找到健康、成熟的一面来固定可能发生的转换，我在咨询中也曾屡屡受挫。一丝健康情绪就像悬崖峭壁上的裂缝一样，无论看起来多么微不足道，只要宽度和深度足够，都能成为艰苦跋涉的攀登立足点。

但有时候，岩石并无裂缝，至少我没发现。这种情形并不常见，但每一次出现都让我震惊。成瘾症领域的心理咨询师可能非常熟悉这种情形：家人或是执法部门要求为经常酗酒的人进行心理咨询，但这个人极不配合，认为自己无须帮助，也无须尝试各种训练或检查特定模式，因为他根本没有问题！

在心理咨询时，我的一个患者曾身穿一件T恤衫，上面写着："我没有酗酒。我喝酒了，喝醉了，醉倒了，但没关系！"这段话挺有意思，道出了酗酒者的心理。没有全面的观察能力，即使最好、最灵敏的干预手段也只能是对牛弹琴。努力让一个人明白大家都清楚的道理是极其艰难的。

或许正是因为这样，嗜酒者互诫协会才会采取与传统疗法全然不同的康复方案。嗜酒者互诫协会认为人们必须"酒杯见底"，才会承认酗酒的问题。他们必须遍尝苦果，才能最终说："不喝了！"嗜酒者互诫协会的常客都明白，让那些不承认酗酒的人免受苦果是最糟糕的。酗酒者必须经历危机，并杯杯见底，才能幡然醒悟。事实上，那些医治酗酒的行家里手会采用残酷的量，来加速危机的爆发。之所以如此，是因为他们明白，简单的劝解不可能使酗酒者悔悟。流行于嗜酒者互诫协会的一句口号就是："心随身动。"转换更多地来自内化的体验，而非深刻的治疗见解。但即使身体已被治愈，在意识上也必须得有足够的缝隙，让他们意识到"也许，我真的有问题吧"。

如果我们缺少这种双重性（即作为问题观察者和拥有者的能力），那么治疗就会像攀登没有立足点的悬崖峭壁一样危险。

我就遇到过这种情况。纽约州科特兰州立法院曾交给我一名酗酒者。我是科特兰州精神健康中心的心理医生，他们希望我能解决所有心理咨询问题，就像是在乡村社区一样。然而，我根本没打算治疗这个人。

他之所以被要求做心理咨询，是因为他猥亵了自己五岁的儿子。

我看过法院送来的卷宗。此人有酒后犯案史，包括酒后驾车和几次因小偷小摸被捕的记录。卷宗上的照片描述了孩子肉体上受到的伤害，精神上的创伤更是可想而知。记录表明这个人先是拒绝认罪，后来又辩称当时醉了酒，不知道自己在做什么。在整个咨询过程中，他都在弱化给孩子造成的伤害。

心理咨询的基本原则是要和患者和睦相处。正如我所说的，心理治疗师和患者健康的一面之间要结成治疗联盟，这是一种纽带。研究结果一致表明，联盟关系的深度与质量是咨询最终能否成功的最佳预报器，预示着咨询能否成功。严厉批评显然无助于建立这种盟友关系。毕竟，如果求助者体验到的是心理治疗师的责骂和惩罚，他们就不太可能再来求助。因此，即使患者的行为、情感和信念与自己的完全抵触，即使他们强奸了自己的孩子，心理治疗师也要表现出对患者最基本的尊重。

我没能做到这一点。

那人走进我狭小的办公室，一副满不在乎的样子。他身穿法兰绒格子衬衫和破旧的牛仔裤，脚穿工装靴。他坐下来，看着我，等待咨询。我审视他的脸和身体，希望能找到不安的迹象，但没找到。于是，我不由自主地脱口而出："我看过法院的卷宗。你怎么能猥亵自己的儿子呢？他那么小！"

我马上后悔自己口不择言。但这个问题似乎并没有惹恼他。他的脸上竟然浮现出似笑非笑的表情。他微微地耸耸肩，回答说："因为我女儿不在家。"没有痛苦，更没有悔恨。言外之意似乎是：本来是想强奸女儿的，但她不在，只好对身边的小儿子下手了。

我敢肯定，这是一张邪恶的脸，不是冷酷、精于算计和恶毒，而是完全没有爱的能力。

我们的谈话持续了不到15分钟。那人来咨询只不过是敷衍法官而已。我身体的每个细胞都在想把他轰出办公室。我把案子还给法官时，仍然感到愤怒和力不从心。

没有立足点，我从悬崖上滑落下来。如果没有可供放大的信号，旋动调谐钮也是枉然。

小结

我们得回到先前提到的大无畏的交易清单。我发现，我很多交易行为在执行过程中都缺乏一致性。当我做完家务、一心关注市场而非盈亏时，交易结果就相当不错。

假设你有一种有效的经过检验的交易方法（这个"假设"很重要），而且该交易方法的表现今不如昔，那么你很可能像琼一样，也遭遇到了妨碍状态转换的触发器。

正如琼至少有两个自我（一个是自我打击的，另一个是充满同情和自信的）一样，许多交易者（包括我自己）至少有两个交易自我。有时候，这些自我与市场同步，再难处理的情形也能迎刃而解；而有时候，交易者们却抢在交易信号之前，忽视止损位，加倍持有亏损的头寸，或者过早退出盈利的头寸。如果你能审视自己处于交易状态中和状态之外的交易情况，你就会发现，和琼一样，那时你的内心也在进行一场完全异乎寻常的对话。

交易的时候，激活内省并注意自我对话，就可以准确告知你哪一个自我在决定交易行为，哪一个自我在控制。许多时候，你不能识别哪些触发器在起作用，但却可以认清紧随其后的消极的自我对话。这种自我对话有点儿自动的、照本宣科的味道，与当时的客观环境几乎无关。真的好像是这些触发器在你的大脑里按下"播放键"一样，开始播放那盘陈旧的磁带。辨识出磁带的内容是你抛开它们的第一步。很多时候，你会对自我消极对话中的常见词汇异常敏感，如"失败者"或者悲观的"如果……将会……"，并用它们激发出一种新的、更有益的行为模式。

一种实现方法就是通过我所说的"交易教练"训练。这种训练类似于我给琼的治疗方案。当我问琼是否会把对自己讲的话也讲给她的病人时，琼不以为然地笑了。她很清楚，她绝不会在职业环境中做出那种破坏性的行为。

在"交易教练"训练中，你将以教练的角色去培训一个初学交易的人。你的主要工作就是教导你的学生如何成为成功的交易者。把你预期、进入或退出的头寸都设想成你学生的头寸。如果交易进展顺利，你会对他讲些什么？如果市场开始波动呢？如果你的学生打算退出或是继续持有呢？你的工作就是尽力成为最好的教练。然后，再来比较在此之前、之中和之后的谈话与你以往的自我谈话有何不同。

和琼一样，在个人关系和职业关系上，大多数人都有可进入的富有同情心和建设性的一面。一旦体验到与以往的失败、挫折和威胁相关的触发器，通常就无法进入那个美丽动人的自我了。运用消极的自我谈话来激发"交易教练"训练，人们就能像琼一样用更积极的行为模式来替换这些破坏性的模式。

这就是肯、玛丽、沃尔特和琼治疗成功的关键。当问题模式出现时，他们就激发起内省，有意识地努力执行现有指令系统中的积极行为模式。我碰到的大多数交易者并不需要心理治疗。确切地讲，他们需要学会成为自己的治疗师。一旦问题模式开始表现出来，他们就得观察自己的触发器，并切换到新的思维、认知与行为模式。

总的来说，成功的交易来自对交易过程的专注；而失败的交易则来自对交易潜在结果的关注。成功的交易者密切关注市场，就像琼全心全意关心病人一样；而失败的交易者并不真正关注市场，他们关心的是自己、自己的账目记录或声誉。

一个有效的训练就是，你可以把琼的治疗方案复制到自己身上，就像我做列数剖析那样。首先，辨识出你交易成功时的环境，审视自己的交易，观察自己的模式，将你的注意力放到成功交易中的正确行为上。然后，按照以解决方案为中心的最佳传统，不断重复行之有效的模式，并找出能帮你进入积极模式的触发器。

你的目的是给自己创造一个"成功交易者"的模型。如果仔细观察，你会发现，成功的交易者是一个完全不同的自己。它拥有独立的情绪、内心对话、体态和思维模式。我们的想法就是找到与那个成功交易者相对应的意识频率，然后将它预先锁定。因为总是希望接收到这个频率，最终你就能随心所欲地接收！

为了达到盈利目标，你所需要的就是一个可复制的市场机会，一种可以使机会对你有利的交易模式。一旦找到了，剩下的就是坚持不懈，不断重复那些行之有效的模式。很多向我咨询过的交易者都很绝望，因为他们没能发现更多的模式来增加交易机会。他们买书，参加培训班，希望能收集到更多的机会资源。但是攀登交易的峭壁只能从一个立足点开始，一步一个脚印。从单个模式中汲取成功的经验，比从众多模式的混杂结果中汲取经验要有效得多。

正如琳达·拉什克强调的那样，如果你能掌握哪怕一个交易步骤，你就有机会运转整个模式（一种身份），进入该模式并将其扩大很多倍。文斯·隆巴迪曾经说，任何比赛归根到底就是做你最擅长的事，并不断重复。关键在于找出你最擅长的事，并将其制成未来发展的模板。琼以医学生的身份在家吃晚餐时，完成了转换。当交易者们将精力集中、训练有素和灵活应变的那些性格方面投入到交易活动中时，即使只有一个机会，他们也能完成转换。如果缺乏一致性，那么任何机会都是没有价值的。如果没有交易机会（交易模式以及遵循模式的一致性），交易中的暗礁就越发险峻，令人望而生畏、胆战心寒！

| 第 11 章 |

弹球绝技

当人们认为自己可以或不可以改变的时候，
他们实际上是在预测结果。

亚里士多德把人类称作"理性动物"。我们人类一直致力于解释周围的世界和拓展我们的认知领域。为了实现这一目标，像第一批探险家绘制出世界地图一样，人们会在大脑中形成对外界人和事的主观映像。有时，这些映像是扭曲的；有时，这些映像又可准确无误地指导人们的行动。行为金融学已经证实，一些认知和情绪上的偏见会扭曲人们对事物的认知，并误导人们的交易和交易决策。人都有七情六欲，这会左右我们对事物做出预测和解释。所以，作为交易者，我们可能与亚里士多德所说的潜能相差甚远。

本章将探索交易认知心理学的相关问题，并着重介绍建模，即主观映像的形成。我们将会看到，改变我们个性和交易方式的重要方式之一就是要形成对全新体验的新认知。要做到这一点，我们必须直视现有认知中的错误和缺陷，不再机械地服从现有认知，而是要形成新认知。

为世界建模

模型用于表示相关客体，如样板房、汽车模型或股市模型。优秀的模型应能体现客体的本质，而忽略其次要特征。例如，火箭模型的形状和动力系统要与实物无异，只是大小不同、所用材料有别而已。

科学家们通过创建模型来进一步了解自然界的未知领域。一个模型的构建可反映出其中所蕴含的理论基础和对我们在世界上所观察到的模式的解释。弗洛伊德早期著作将人类思维描述成封闭系统里的一系列能量转化活动。如果我也是这样描述的，那么我的模型就是建立在物理学和能量守恒定律基础之上的。下面，我将尝试使用公认的牛顿学说来解释认知。

像认知与物理学实例一样，科学研究的模型大多采用类推法，以已知推断未知。一方面，行为学借鉴基于强化与塑造原理的动物行为模型来解释人们如何形成新的行为模式；另一方面，认知疗法则借鉴计算机模型，把人脑看成信息处理器，并将认知输入转换为情绪输出。

如约翰·弗拉维奥所说，发展心理学家和研究者让·皮亚杰强调"所有人都应通过创建世界模型来促进自己对客体的认知。他把这些模型视为先导经验模式，并指出这些模式可以指导人们的行为。这些模式帮助人们理解事物，并对世界作出回应。当遇到不能解释的事物时，人们试图将其纳入自己的模式之中，以确保全面了解事物。然而，如果融合得不好，人们就会产生失衡感。这些模式就不足以解释人们的体验"。皮亚杰解释到，这时人们就会调整自己的模式以适应新的体验。

这就解释了人们所了解的治疗中病人的转变过程。当痛苦的生活经历扭曲人们的先导经验模式时，他们往往会来寻求治疗。他们先识别出模式，然后竭尽全力把新的体验融合进去。许多情况下，我让病人反驳我所说的积极观点，这意味着我的工作就是要去支持他们。对他们而言，淘汰那些与他们的消极模式不相符的反馈，比承认他们对己对人的看法有误要容易得多。

为他人创造最强有力的体验方法之一是使自己超出对方通常认为的界线。例如，我把我家的电话号码留给咨询服务中遇到的每一位学生，并告诉他们在定期的会面之外，还可以通过电话、电子邮件和我联系，或者直接见面。有时候，我必须要在很晚或者周末和他们见面。还清楚地记得，我和家人在百慕大度假的时候，一个心烦意乱的学生给我打来紧急电话。这些额外的联系都是无偿的，而且也不属于我的正常工作范围。还有一次，在一个专业考试前的午夜，我答应和一个学生见面，帮助他缓解越来越焦虑的情绪。他非常吃惊，问我为什么这么晚还答应见面。我的回答非常简单：因为你值得我帮助。

许多人没有包含这种概念的先验模式，即心理档案柜。如果不能让我的行为顺从他们的先验模式，他们就想改变自己的先验模式来适应现实。这种差异（全新的体验）促使人们发生变化，因为它会迫使人们重新绘制心智地图。

在那些培养交易技巧的人身上，可以清楚地看出这种认知上的重新构建。有时候，当人们发现自己的系统能胜任模拟交易和随后的真实交易时，那种"我不行"的心理就会消失，取而代之的是对交易工作的逐步掌握和理解。同时，当你的爱车第一次和别人的车子擦肩而过时，你一定会感到心惊胆战。然而，经过反复的成功体验，你就能重新构建你的心理模式。从心情上来说，这一点会很自然转化为一种自信心。你不再担心自己能否成功开过去。你理所当然地认为：自己能行。

多年以来，我一直以为自己是个容易紧张、不善于演讲的人。在我读研究生的时候，为了拿到奖学金，我每周必须授课三次。前几周对我来说非常痛苦，但几周之后，教课就成了稀松平常的事。我与学生沟通的能力慢慢增强了，并且学会了如何使教学变得更加生动活泼。课程结束时，我已经敢在满礼堂的学生面前来回走动，轻松自如地授课了。更重要的是，我开始认为自己是演讲高手了！不言而喻，新的体验改变了我内在的自我模式，为我创造了新的身份。

回想一下迈克尔·加扎尼加和其同事在研究脑裂患者时得出的结论。当他们要求病人解释其左手的行为时（这些行为是由相对非语言化的大脑右半球处理的），病人马上为自己的行为创造了一个合理的解释。这使研究者们总结出人的左脑（约翰·卡廷所说的第一类智力）的主要功能就是充当解释器，对已有的体验做出解释。不难发现,这个解释器是主观认识的重要创造者,将原始的体验转化为内在的自我意识。加扎尼加认为,人们是通过叙事创作来实现这一过程的。就像科学家用理论来解释他们的观察一样,人们创造故事来解释自己的体验。

认知心理学家乔治·凯利巧妙地运用了这个叙事解释器,鼓励咨询他的人去构建一个理想的自我。在咨询过程中,咨询者应详细描述理想中的自己,甚至具体到穿衣服的风格、说话的语气和体态等。这个理想中的自我甚至有名有姓。他们就像作家创作的人物一样,通过各种细节被勾画得栩栩如生。一旦咨询者完成这种构建,他们就会被带进一个不熟悉的社会环境,来扮演理想中的自我角色。比如说,一个害羞的人可能会进入购物广场,扮演一个坚定自信、外向的购物者。结果跟我读研期间讲课的体验一样,凯利发现这种角色转换带给他们的都是积极的反馈。一段时间过后,他们都内化了这种反馈,并朝着理想的方向修正了自我观念。

不难推测凯利在认知重建方面所取得的成就。在新的角色扮演过程中,咨询者需要进入全新的意识状态。他们必须采用新的情绪模式、生理状态和思维方式。用尼采的话说,他们实际上是在实践理想中的自我。通过重复和反馈,他们确实在头脑中构建了新的状态,拓展了自己的身份和行为技能。

这使我想到了重要的一点。交易时,你的解释器一直处于工作状态。你不可避免地内化你的交易体验。意识状态极不平常时的那些体验往往印象最深。如果你感到异常冷静和自信,这就会引起解释器的注意;而如果你异常害怕和怀疑自我,解释器也会记录下来。你作为交易者的身份实际上是对意识中那些凸显的体验的一种提炼。解释器不会去弄懂现实的寻常方面,只有不寻常的体验才会激起你重建主观认识的努力。

以上推理可以引出一个重要的心理学结论。如果你想在交易中取得成功,你就必须习惯损失。毫无疑问,这个说法听起来有些怪异,违背常理。但是设想一下:如果你把每一笔交易都看作对市场方向的预测("在 X、Y、Z 条件下,我预测市场在 B 时段会出现 A 情况"),那么在预测被推翻的时候,所有的交易都该止损出局。

另外，在不完全确定假说的情况下，任何系统操作都有可能遇到一连串预测被推翻的情况，并引起交易资本的损失。为避免这种毁灭性的打击，你会在每笔交易中只投入一部分资本。将止损和资金管理结合使用，就能使损失变成平常事儿。在多笔交易中发生有限的损失并不能算作失败或糟糕的交易。如果你能保证50%的交易成功，并将平均损失设定在收益的一半以内，你就会获得丰厚的回报了。

在成功的交易者中，我曾多次注意到一种思维定式：他们把失败的交易看作做生意的成本。棒球选手很清楚，只要有60%的击中率，他们就能步入名人堂。同样，成功的交易者也认识到交易次数过多，他们就会出局。诀窍就是尽早分辨出哪些是赔本的买卖，并及时遏制它们。从心理上来说，尽管他们可能屡次失败，但他们从未内化失败的体验。他们的解释器不会对这些常见的事情做出反应。相反，在十次交易中，如果一个人成功了九次，但却在一次灾难性的亏损中全盘皆输。那不难想象，这种过山车式的模式会引发怎样的自我感觉。

凯利的角色疗法为交易者提供了一种理想的指导方案。交易者应该构建一个理想的自我、一个自己梦想的角色，而不要一心想着根除个人冲突。这个理想中的自我必须是具体而翔实的，包括这个理想交易者收集的数据、数据的使用方式、入市和退出安排、资金管理方式和采取的思维定式等。这个假想的理想交易者有自己的名字和布局理想的交易场所，甚至交易前的惯例以及收市后的活动也要设计好。

接下来，交易者就要尽可能有意识地严格按照设计来执行：采纳每一个信号，遵守每一个止损，遵循每一个规则。如果交易者确实运用了经过验证的有效方法，随着时间的推移，你会看到同我的讲课体验一样的结果。交易者会内化这些成功的体验，并按照理想中的自我来修正自己的形象。

在内化成功之前，你必须扮演成功者。空谈不能改变自己的主观认识。只有强有力的、不平常的体验，而不是刻意安排的"积极思考"，才是个人转变的根源。

把自己塑造成交易者

前面阐述了为什么理想交易者的模型必须源自亲身体验，而不能凭空想象。我在审视交易结果时，发现自己最成功的交易都是短期的。在那段时间内，我有非常清晰的假说来验证，有明确的入市与退出的时机以及限定的交易时间，这保证了我可以全身心地投入到交易中去。如果我延长持股，那么一旦假说被推翻，必然遭受更大的损失，同时交易时会加入更多情感因素。这反过来又会导致这种情形：持有亏损的头寸时间过长，增加亏损头寸的持有量，并导致交易和情感的双重损失。在这种情绪状况下，我不可能把自己塑造为一个积极的交易者形象。

如果有人让我想象理想的交易者，我可能会想到每笔交易动辄成百上千万美元的交易大师，比如沃伦·巴菲特和彼得·林奇。可是，我知道无论从认知上还是情感上，他们都不是最适合我的理想典范。我更倾向于一次关注一个市场，在假说和风险管理中都有定义参数。我更喜欢把每一天都视为新的开始，对有把握的日内交易持有更大头寸，并有策略地处理隔夜的开仓。用棒球术语来说，我很少打出本垒打，我不太可能成为罗杰·马里斯（Roger Maris）、汉克·艾伦（Hank Aaron）、马克·麦圭尔（Mark McGuire）或巴里·邦兹（Barry Bonds）；我更有望成为托尼·格温（Tony Gwinn）、瑞奇·亨德森（Rickey Henderson）或卢·布罗克（Lou Brock）。我的目标是慎重出击，尽可能上垒（可能盗垒）。这也许没有长传冲吊那样刺激，但却更具挑战性。在设计理想交易者时，我需要首先接受我是谁，我最擅长什么。我是优秀的简短治疗专家和短期交易者。速度是我追求目标的一部分。但是如果让我在一个长期治疗的机构工作，或者让我担任价值型共同基金的经理，我一定不能充分发挥自己的潜能。

最好的模型总是来自内在的自我。

玩市场弹球

读大学的时候，我靠玩弹球机打发时间，那段经历给我带来一个重要的交易心理体验。总的来说，我打弹球的水平很一般。游戏中，有的球能玩很长时间，而有的却会顷刻间失去。随着经验的积累，我控制挡板的技术大有进步。但是，我从未随心所欲地准确击中过目标，也从未掌握真正的弹球天才将球推到准确位置的身体姿势。

然而，我坚持不懈。过了一段时间，我终于在一台弹球机上发现了一个小窍门：一个可以得分的特殊门道。于是，我反复利用这一窍门赢得高分。例如，我玩的一台弹球机的两侧各有一个斜坡，中间有许多目标。最有效的策略就是用挡板击球，把球弹向中间的目标。如果我瞄得够准，我会经常得高分。但是，弹球有时也会从两个挡板中间坠落，导致失分。

有一天，我在玩弹球的时候竟然发生了这样的事情：弹球从右斜坡落到左挡板上。当时，我的手松开了按钮，没来得及按下挡板，所以没能接到球，也没能击中球。结果，弹球从左挡板弹到了右挡板上。对此，我深感意外。我原以为如果不用挡板，弹球只会从中间坠落。然而，经过反复试验，我发现在那台弹球机上，如果任弹球从斜坡上滚下来击中左挡板，那么游戏者就一定能用右挡板击中球。一旦被击中，球就会弹到左斜坡上（得分点），然后从左斜坡或者右斜坡上滚下来。无论弹球从哪边滚下，都会在右挡板上被击中，然后再次弹起。稍加练习之后，我就可以使每个球多次重复这套模式。每重复一次，积分就增加一点。用这套模式没有击中中间目标得分多，但我很少失手。结果，只要投一次币，我就可以在这台弹球机上玩上一整天。

诚然，这种打法会使游戏变得不太刺激。由于重复采用高命中率的模式，游戏中的不确定性大大减少了。但是不确定性和刺激性的减少也是这一策略成功的主要原因。除去情绪干扰，整个游戏过程几乎完全机械化、程式化了。虽然我的弹球向来打得不好，但我自信可以在那台弹球机上取得成功。我调整了主观认识，将"我能成功"这一事实内化为自我意识。后来，我发现很多弹球机上都有窍门，于是一再调整自己的主观认识。假如给我足够的时间和实践，我深信可以找到大部分弹球机的窍门。

有趣的是，只有采取那些看起来奇怪的、不合常理的策略时，才有可能发现窍门。如果采用设计者事先设计好的方式来打弹球或电子游戏，结果必然失败。比如，几年后，在打篮球电子游戏时，我发现只要采取一种特定的投篮角度（从角落投篮），就能大获全胜。设计者给这种角度投篮设定了很高的命中率。只要掌握了这一点，就一定能赢。而变换投篮角度，或者采用那些看似高命中率的角度投篮，则必败无疑。

要想在市场中获胜，你只需要找到一个这样的窍门，不断重复使用即可。即便如此，就像玩"二十一点"一样，你还是会遇到不确定因素和损失。但更重要的是，成功的天平已经向你倾斜了。只要重复的次数足够多，你就能从账本底线上看到好结果。而解释器也会抓住这些结果，相应地调整你作为交易者的身份。就像有许多弹球机和电子游戏机一样，市场也有许多种：商品市场、股票市场。关键是要破译密码，找到窍门。

像弹球游戏一样，你只有采取逆向思维策略，才能找到窍门。市场最疲软的时候买进，最强盛的时候卖出。但在极端情绪状态下，市场就会不完全有效。按照设计者预先设定的方式做交易，是不可能在市场中获利的。

我最近开始用纸笔进行分析，如果某个交易日5%以上的股票创下年度新低，纽交所综合指数（$NYA）会有何变化。研究的时间范围是1978～2001年，我重点研究了随后150个交易日（大约7个月）后的股价回落情况。

在这个时段中的422个交易日里，5%以上的股票创下了年度新低。这种情况大都出现在熊市末期。此时，悲观气氛正浓，交易者往往盲目抛售。有趣的是，150个交易日以后，88%的时候是上涨的，涨幅约为13%。在总体样本中（追随1978～2001年的牛市），150日时间段中73%的时候是上涨的，但仅上涨了6.5%。在股票被疯狂抛售时期购买股票的人，所得收益是正常情况下购买股票收益的两倍。他们找到了弹球机的窍门。

逆向交易：弱化交易者的主观认识

违反直觉的交易方式也有它的认知根源。你的解释器随时都在对市场进行解释，即使在它重塑你的自我意识时也是如此。很多有关技术分析的文献，无论是否有效，都为你的解释器处理源源不断的市场数据流提供了探索的方法和规则。

因为一张图表相当于上千字的信息，而且市场图包含了单一图的大量信息。读图和指示器的图形显示就成了大部分交易者的重要信息宝库。不采用图表分析的交易软件着实罕见。

读图表模式和解读振荡器本身没有什么错误。只是这正映射出游戏设计者预先设定的玩法。如果你根据移动平均线的突破、相对强弱指标的极限或者其他图表分析程序中的预置策略来进行交易，那么你不大可能找到窍门。

一个更有望成功的交易策略就是反其道而行之。就像打弹球那样，我不启动挡板，而是采用不合常理的方法。逆着流行图表模式进行交易是一种特别有望成功的交易方式。在有些情况下，人们甚至能从随机数列中获取有意义的图表模式，对此大家并不陌生。只要时间跨度足够长，人们就会从图表中发现类似双头、双底、旗形或三角旗的形态。

如果把图表模式看作市场沟通，你会发现，想要理解那些信息，必须考虑信息的相关背景，即元信息。但遗憾的是，许多人读图的时候都没能做到这一点。

信息文本反映的是内容，而信息背景则是对该信息相关情况的说明。人们总是根据语境来理解听到的事物。也就是说，人们需要借助文本信息来获取信息的意义。一个医生在诊所或者鸡尾酒会上可能都会说："你好吗？"但在这两种语境下，同样一句话却有着完全不同的意思。

在咨询中，许多学生问我：他们第一次与异性约会时，会花很长时间相互倾吐心声，当时感觉很好。但后来，感觉就一般了，这到底是为什么呢？第一次约会就谈论个人生活是不合时宜的。一般情况下，比较亲密的朋友之间才会无话不谈。如果两个人第一次约会就将自己的隐私和盘托出，那只能说明，他们是因为孤独才急于拉近距离。但很快他们就会发现自己面临很大的压力，于是就慢慢从这种易受伤害的位置上退出来。

同样，交易者也容易忽视对信息背景的考察。像一个理智的人对待第一次约会那样，成功的交易者也会理性对待每一笔新交易。在下大赌注之前，他们总会静观市场变化。他们总是先买入小额头寸来投石问路，情绪不会过早受到牵制。如果预测是正确的，那么以后还有足够的时间来大展身手；如果预测不正确，损失也不会太大。我把最初的这些小额头寸叫作"先锋头寸"，用它们来"勘察地形"。但是多数结果都是我不愿看到的，它们大多有去无回。没头没脑地进入市场，就像在爱情中被冲昏头脑一样，更多地表达了自身的主观愿望，却忽略了客观环境。

人们经常机械地去解释诸如图表和震荡指标之类的技术指标，死板地看待指标的含意，完全不考虑相关背景。如果在市场大幅攀升之后、波动逐渐减小或利率提高的背景中，出现双顶或者头肩顶形态，那我会格外小心。但如果在长期的暴跌以及利率下调的时候出现同样的模式，含意就可能完全不同。

尽管存在许多不足之处，但是读图自从19世纪以来就被广泛应用并且有可能继续流行于21世纪。人们需要从一系列事件中总结出规律，才能有效发挥读图的作用。这也是人和动物的重要区别之一。每项科学成就都体现了人类总结自然规律的非凡能力。不幸的是，这也导致了人们对规律的迷信和错觉。

就拿恐慌症来说吧。恐慌症是一种使人产生恐慌、焦虑感的病症。许多恐慌症患者同时患有恐旷症（害怕公共场所）。这种病的患者会毫无缘由地突然感到恐惧和焦虑。许多人在第一次遇到这种经历时，都以为自己必死无疑了。

恐慌症最令人难以容忍的是，它总是发生在人们忧郁的时候，而不是真正遇到压力和威胁的时候。一个人可能正坐在车里静静地等待信号灯，突然就会感到一阵焦虑袭来，痛苦难当。这种没有缘由的恐慌，同人们理解世界的需要发生严重摩擦。凭借头脑中现有的知识，人们不知这种恐慌为何物。

于是，恐慌症患者开始自作聪明、完全迷信地为自己寻找病源。由于没有明显的病因，他们的解释器就开始过度运转，试图去解释不可解释的东西。如果第一次是在车里发病的，患者就把汽车当作病因；如果第一次是在商场或者人群中发病的，他们就会避开商场和人群。我曾经遇到这样的咨询者。她在高速路的斜坡上驾驶时，第一次遇到恐慌症状。从此，她避开所有带斜坡的马路，包括那些并不与马路相连的斜坡，比如通往停车场的斜坡。随着发病次数的增加，越来越多的场所被列为禁区，直至转化为恐旷症，从此不敢出门。

交易者，尤其是处于经济动荡阵痛中的交易者，也容易像恐慌症患者那样，试图从随机事件中读出含意来。人们可以通过电脑、报纸或者咨询机构轻易获取图表模式。因此，图表就成为人们进行猜想的首要对象。当人们对自己的未来感到非常不确定的时候，会用各种方法缓解焦虑；而当所持股票面临风险的时候，他们就可能向图表和震荡指标寻求答案。人们强烈地想要弄明白、想要有控制感。于是，他们觉得，即使是不可靠的答案，也比没有答案好。

从这一角度看，图表与其说是真正的分析工具，不如说是心理工具。它们为交易者困惑的解释器提供现成的解释。然而，这又赋予各种模式一定的价值。如果你知道焦虑的交易者容易恪守图表模式来检验自己的头寸，那么当图表模式失效的时候，你就可以利用这一窍门获取利润了。

大部分图表模式都包含盘整区域，即相对于前面的走势，市场保持在一个相对狭窄的波动区域内，比如旗形、三角形、双顶/双底、头肩形、杯柄形态等。顾名思义，盘整区间就是指在该区间内价格波动减缓，单位时间内价格变动的绝对幅度减小。当市场恢复正常、波动较大的时候，就会有从盘整区间突破的趋势。

这正是图表模式的弱点所在。假设一只股票经过下跌之后，正趋于杯柄形态，人们一般会认为这是市场谷底。在前期下跌中受损的感性交易者，就会把这当成开始持有多头或继续持有现有多头的大好时机。他们渴盼手中的头寸能突破图表的最高点，创出新高。

然而，一旦模式失败，那些感性交易者和投资者就会大失所望。他们的抛盘会加快盘整结束的速度，这为反向投资者创造了良机。另外，从丹尼尔·卡尼曼和阿莫斯·特沃斯基有益的探索性研究中可知，一旦人们的意识锁定在某个特定图表模式上，修改主观认识的速度就会相对较慢。因此，有望成功的"弹球"贸易就是要识别出失败的图表模式的最初阶段，并相应地进行反向交易。例如，假设市场已经上升到相对高位，但股票却冲破"杯柄"继续攀升。第一次位于杯柄形态以下时，你应该想要做空，利用好那些被低价位吓怕了的、只知道卖出头寸的目瞪口呆的交易者。当你逆着预先设定的思路去玩时，你就会发现独特的获利机会。

如果能发现背景不能为流行的图表和指标模式的有效性提供支持，你就有机会做一笔成功的反向交易了。道路斜坡与人的头脑健康毫不相关。同样，图表模式也不会改变市场行情。然而，如果满世界都是惊慌失措的人，那么斜坡和图表就会被用来解释那些不可解释的现象了。股票越是显眼，图表模式就越流行，越容易被交易专家四处传播。这样，你就越有可能反其道而行之并大赚一笔。相比之下，大众的交易心理也就黯然失色了。

为了能与普通交易者的交易策略相区别，我花费了相当多的时间来分析市场的分时数据，包括股票价格、股价变化幅度、进出交易量、TICK 统计数字、E-Mini 交易量、当日腾落状况、当日新高/新低数量以及板块指数之间的相互影响等。我的目标是研究"设计者希望人们怎样玩游戏？"这样我就能为自己设计独特的窍门了。简言之，我是在市场上寻找大学玩弹球游戏时的策略。

经过研究，我可以比较肯定地说，普通交易者在两种不同（有重叠）的背景下去看待价格，而且只考虑价格。

（1）普通交易者似乎对股价突破到新高和新低特别敏感，并且会紧跟突破走势。

（2）普通交易者似乎对图表中的支撑位和阻力位特别敏感，当触及这两个位置特别是即将突破时，他们就会有所行动。

目前，这种动态使得利用失败的突破做逆向交易成为把握极大的策略。继在 MSN Money 网站开设了一个颇富见解的专栏之后，维克多·尼德霍夫和劳莱·肯纳对"与市场走势为友"提出了质疑，言辞激烈。经过研究，我发现他们是正确的。普通交易者过分夸大了市场走势指标的预测作用，而且认识到如果自己过多使用市场走势指标，这种方法很难应付突然的市场逆转。至少目前看来，制胜法宝就是识别失败的突破，并利用它们做逆向交易。

内心图示和墨迹测试

罗夏墨迹测试法是最有效的心理测试方法之一。测试的方法是将十张卡片染上墨迹，有的染成彩色的，有的染成黑白的。测试的唯一提示是要求受试者说出他们从墨迹中看出了什么。有些墨迹看起来像某一事物，有时整个卡片则可能使人联想到某一物体、某个人或者某种动物。就像我们平时看天空中的云彩一样，受试者需要试着从中发现一些形状。答案不分对错，目的只是想让人们发挥想象力。

墨迹测试法是一种投射测验法，因为受试者倾向于把自己投射到感觉中。一个人从墨迹中看出的形状，尤其是在模糊状态下，反映了其思想的内容和结构。罗夏墨迹测试法就是故意制造模糊的图像，迫使人们尽可能多地把自己投射到反应中。测试很有效，因为很少有人知道心理学家的目的是什么。测试中，人们很难隐藏自己的真实感受和性格。

经验丰富的测验者可以通过墨迹测试法得出很多信息。首先，心理学家会看看反应的内容，即这个人看到了什么。他的答案是不是跟多数人一样，或者是不是人们没有注意到这些反应。这可以反映受试者的很多社会倾向。答案里渗透的是什么样的感情色彩？是充满暴力、冲突的，还是比较和谐的？受试者给出了多少答案？焦虑的人常常会过多地关注图片的细节，给出很多答案。由于不能很好地和外界进行交流，受压抑的人可能只能从墨迹中看出很少的东西。

有的人小时候曾经遭受过情感或者身体上的虐待，观察他们的墨迹测试反应是挺痛苦的事儿。他们墨迹反应的对象涉及破碎的事物，如打破的东西、受伤的身体等。有的反应折射出愤怒，涉及爆发的火山、血迹斑斑的刀子、摔断的肢体等画面。在这些病例中，受试者所看到的就是其创伤生活体验的反映。

其次，心理学家可以从人们看图片的方式中获得很多信息。相对而言，受试者在墨迹测试中看到的东西，没有他组织感觉的方式那么重要。那些患有严重精神病的人，可能会因为幻觉和错觉而与现实脱节，经常会得出一些与墨迹测试本身无关的怪异答案。心理学术语将此称为"形状认知水平"。形状认知水平低意味着答案与墨迹的实际形状不符。比如说，有的人将一个细长的红色墨迹看成落日，仅仅因为墨迹是红色的。之所以会出现这种情况，是因为这个人对红色太过敏感了，以至于忽视了二者形状上的区别。

在墨迹测试中，颜色是情绪的标志。如果答案大多涉及色彩，这意味着受试者过着积极向上的生活；而如果答案没有色彩，则意味着这个人的情绪体验受阻。有经验的心理专家在进行罗夏墨迹测试时，会把颜色和其他因素，比如形状等测试指标结合起来，以获取更多有关受试者的信息。例如，把一条细长红色墨迹看作落日的人可能对颜色高度敏感（情绪反应）。然而，这是以形状认知水平（知觉精确度）为代价的。这样的人在情绪化状态下，极易误解现实状况。这是交易者多么熟悉的状况啊！

实际上，我认为交易者都有必要做一下罗夏墨迹测试，从中了解自己的主观映像及其构建。让我们看看下面的模式，这是我在受试者身上观察到的：

- 有人可以准确察觉墨迹的某一部分，然后试图让整个墨迹符合他的感觉，于是就极不准确了。例如，部分墨迹可能看起来像一只耳朵，他就会把整个墨迹说成是一个头形。虽然准确地抓住了耳朵那部分的形状，但是整个墨迹形状却与头形相差甚远。交易者中也有这种情况，有些交易者仅仅依据几条数据信息就臆断整个市场。

- 有的人十分谨慎，仔细观察每一个细节才会作答。他们经常在给出答案之后还要再次审查墨迹，而且每次都要更改答案。他们往往需要好几分钟才能给出一个确定的答案。这种人一般非常焦虑，在交易决策中也会碰到类似的困难。

- 有的人在测试中表现得相当冲动。一看到卡片就马上把他们看到的东西说出来，这些人往往只顾及墨迹的颜色，对形状分辨的准确性较差。这种冲动通常会导致平庸的、感情用事的交易决策。

- 当墨迹区域貌似物体时，有的人会给出比较准确的答案，主题也会比较积极乐观；但如果墨迹区域貌似一个人的形状时，答案的精确度就会下降，主题也会比较悲观。交易中也有类似情况，有的交易者在交易中很成功，却不善于与人相处。也有一些墨迹测试对象和交易者的情况恰好相反。

- 行动导向的人会从墨迹中看出运动的物体、动物和人，他们的答案大多是对运动的描述。理智一点的人给出的答案很少涉及运动，更多的是相互交织的复杂细节。交易风格也有类似的区别。一些交易者依靠读盘和场内体验；另外一些则依赖于建构和测试精密的系统。

当然，罗夏墨迹测试法也没有什么神奇之处。天空中的云、杂志上的图片都可以拿来测试。实际上，还有一种投射测验的方法称为主题统觉测验（thematic apperception test，TAT）。测试采用一组处于模糊环境中的人物图片，受试者需要根据卡片描述的情境讲一个故事。有一张卡片上画有一个小男孩低头看着地上的一把小提琴，神情专注。第一次接受测试时，我的故事是，这个小男孩梦想着将来成为世界著名的小提琴演奏家。不同的人根据图片编造了不同的故事。例如，有人说小男孩很沮丧，因为他的小提琴摔坏了；有人说小男孩很难过，因为他不会拉小提琴。人们往往把成就、失落和失败的主题投射到他们的生活故事中。

没有什么事物比市场更加让人难以捉摸。每张市场图表都是一个罗夏墨迹测试，鼓励观察者把希望和担忧以及对市场走势、模式和意义的理解，投射到上上下下的波动中。对于心理学家而言，市场就像一组投射测试，可谓趣味横生。你可以看到不同的人对同一刺激会做出什么样的理解。就像在罗夏墨迹测试和主题统觉测验中一样，人们从市场中看出的内容和判断的方式，是观察者的反应而不是市场本身。从这一角度去看金融媒体，我们会得出非常有趣的见解，评论员和交易者都在关注自己的主观认识，因此很少得出一致的交易见解。

当然，在评估交易者们的主观认识时，这也有助于人们判断应该信赖哪些专家。我所要找的市场评论员，一般都是那些花大量时间鼓吹自我和提供信息的。实际上，只要在简讯和专栏中充斥着"我"或"我们"的字眼，我就知道他们一定在文章中花了大篇幅进行自我宣传。

一般情况下，无论从实际需要还是情感取向上，作者们都鄙夷这种预测。劳莱·肯纳和维克多·尼德霍夫曾对市场上那些在公司宣传中自我吹捧的公司进行过研究，结果发现这些公司的真实业绩不如市场表现（安然公司在2002年破产就是一个典型的例子）。用罗夏墨迹测试中的术语说，这些评论员和公司在看待现实情况时，只注重颜色，不注重形状，结果容易导致对市场的误解。这是一个重要的逆向交易指标，众多评论员和公司的统一意见往往具有重要意义（请回想一下令人振奋的网络股）。

如此一来，那些自认为有必要提醒读者阅读自己最新精彩评论的作者，就成为我最喜欢的市场投射指标之一。如果那些作者在做出不怎么成功的推荐后会短暂沉默，那就更有意义了。当作者只想到自我，需要抬高自己时，他们的预测通常就模糊不清。像那些狂躁症患者一样，他们考虑问题不切实际，在罗夏墨迹测试时会忽视卡片上至关重要的细节，冲动作答。

我发现，利用交易权威的推荐进行反向交易通常可以获得成功。他们对认知的需求扭曲了自身的市场认识，用评论中的感情色彩就可以衡量出扭曲程度。我记得有一位权威，在世纪之初的市场大跌中，强烈支持纳斯达克成长型股票。市场一出现反弹，他就到处疯狂兜售自己的主张，就好像经他这么一说市场就会走高一样，或者努力让别人（或者他自己）相信他是正确的。在最后的市场高位出现的几天时间内，他的鼓吹再次出现，这使那些借助心理治疗进行交易的交易者大赚了一笔。

然而，就实现投射测试的纯粹价值来说，没有什么市场现象比人们分享观点的BBS更有价值。在这里，人们可以不用顾忌自己的职业形象，自由发表观点。通常出现的都是对市场不确定性的反应，人们把自己最基本的担忧、得意、后悔和希望都投射其中。我有时会寻找那些在特别时间发布的信息，比如深夜或清晨。一个人如果在凌晨3点发布信息，这显然说明他内心非常迫切。如果这样的人很多，那就是市场出现情绪极端的绝好证明。2001年年初，很多人在深夜满怀希望地发表对科技股的看法，科技股当时正处于历史新低时期，他们这种缺乏形态认识的表现深深触动了我。这一信息告诉我市场还会继续下跌。

偶尔，我也会到人气旺盛的BBS发表自己的市场分析，借此观察读者的反应。我一般是发表自己对市场的理解（在什么情况下做空或做多），以及我当前基于市场分析所持有的倾向。有时我会收到读者的正面回复，跟我分享他的看法；有时也会毫无回音。但是有时候我的帖子也会触动某些人的神经，引起刻薄的人身攻击。有一次，我表明了自己的倾向，即逐步做空市场。结果招致不少人的辱骂。有一个人甚至斥责我鼓吹空头的目的是要破坏经济！如果这是某个怪人的个人看法，我不会在意。但事实是，几个人同时从我的分析中感到了威胁，分别向我发起人身攻击，这为我提供了一条非常有用的信息，即他们需要市场攀升。但如果他们对自己的牛市看法很有信心的话，就没有必要攻击我了。

两天后，市场确实上升了，但很快发生逆转，接着股价暴跌至历史新低，以人们的疯狂抛售告终。在某种程度上，我相信，那些在BBS上攻击我的人也清楚市场非常脆弱。然而，这跟他们持有的头寸产生了冲突，让他们心理上觉得别扭。他们试图否定我的交易策略，其实就是为了减轻这种别扭。他们的主观认识不再适应市场现实，其情绪化的语言就是明证。

写这篇文章时，我在长线交易者中见到的最大胆的主观认识就是，坚持认为正在下跌的成长型股票（大多是从某高点大幅下降的）可以摆脱低迷的现状，重现往日辉煌。如果有消息说，这些股票已是明日黄花或者市场焦点已经转移到其他行业或主题，那肯定会遭到强烈反对。如果我问一位中年男人，当生育高峰期出生的人变现用于养老的股票时，你们这些年轻一点的投资者怎样才能保持自己的股票市值，我想他非揍我一顿不可。

他的反应无异于我触到患者神经或者指出某些患者害怕的问题时，患者所做出的反应。他们不是反对，而是在评价之前就强烈排斥证据。从某种程度上说，最好的市场预测，就是那些人们相信能够实现，但又无法让自己的解释器适应的预测，当交易者投资组合失败时，他首先会经历否定和愤怒，然后才会恐惧和屈服。在那些感到不安全的持有者的否定和屈服阶段，就可以做几笔很棒的交易。

交易者的主观认识和语言

设想两位交易者约翰和卡罗来我办公室进行咨询。他们担心的问题是相同的：发现自己止盈太快、止损太慢。

约翰这样问我："医生，我不知道自己是怎么了。也许我注定要赔钱。你能帮帮我吗？当我持有的头寸看好时，我会特别兴奋，在上升趋势还不到一半我就止盈出局了。像是我故意和自己过不去一样。但是，当市场情况对我不利时，我却死死抓住不肯放手。像是甘愿受罚一样。我对待自己的婚姻也是如此。多年来，我一直苦守着失败的婚姻。我的问题到底出现在哪儿？"

卡罗的问法和约翰不一样："医生，也许你可以帮帮我。作为交易者，我很努力，但结果却事与愿违。我总是使自己继续持有那些不好的头寸，而一旦获利，又害怕煮熟的鸭子飞了。在市场迅速变化时，我需要一个方法来保持镇定和思维清晰。你能帮帮我吗？"

这两个人的基本担心是相同的，但是问题却完全不同。

理解他们的关键就在于理解他们所使用的语言。人们使用的语言是了解其主观认识的最佳窗口。约翰把问题归结到自己身上。他把自己看作是甘愿受罚的人，认为自己很失败。他的主观认识已经扭曲了：他不是遇到了问题，而是自己就有问题。

卡罗并没把问题个人化。她看到了自己交易决策的弱点，但这并非根本的性格缺陷。卡罗想要解决的问题就是改变自己。

心理学家对这些语言细节特别关注，因为它们揭示了一个人自我认识的很多情况，也可以说明人们怎样看待市场。

为金融网站撰写专栏文章的一大乐趣，就是有机会听到读者的反馈。在市场动荡时期，他们的电子邮件为我了解交易者的看法提供了非常有价值的信息。

2001年2月我为MSN Money网站撰写了一篇专栏文章，很多读者给我回信，表示他们对科技股下跌的担忧。有时候，有些来信请求我对市场行情进行预测，他们问我："你认为市场会向哪个方向发展？我该继续持有还是抛出？"

纳斯达克成长型股票一年之内从5000点以上跌到2000点以下，此时问这个问题，含意就有所不同了。问题的主旨是："市场到底在干什么？"人们甚至已经不再关注市场的前景。他们只想弄明白当前的市场情形。

交易心理的文章涉及最多的就是恐惧和贪婪，其实有关创伤和迷茫的话题也很值得一提。从读者的反馈中可以看出，他们既不看涨也不看跌。他们已经麻痹了。实际上，在随后对读者所做的一次非正式测试中，我发现，尽管媒体认为股市无力回天，但是在这种致命的下跌过程中，还是无人减仓。这一测试结果是使我认为熊市并未结束的一个重要因素。

认知疗法认为，人们对世界的反应部分是由思考方式传递出来的。人们所用的语言是揭示其思考方式的一个窗口。他们通过选择的语言和组织语言的方式来表达自己的意思。

有一位求职者到一家公司去应聘首席执行官的职位。该公司正欲寻找一位强大而有效率的领导。这位应聘者曾经在一家小公司供职，业绩不错，符合公司的面试条件。面试者询问他在那家小公司的任职经历时，他回答："我在XYZ公司经历了很多成功和失败。幸运的是，成功多于失败。我任公司总裁时，很多生产厂商找我们做供应商，这极大地促进了生产，扩大了市场份额。由于公司股价上升，我很容易就以优厚的股票期权计划留住了重要的管理人员。我已经看到了即将到来的挑战，包括经济的总体下滑和劳动力成本（尤其是医疗保障方面）的升高。上季度，这些因素已从某种程度上影响了我们的利润。但我们始终能盈利，我相信经济衰退会使我们变得更加强大。"

基于以上的回答，你认为这位应聘者适合这个职位吗？一般人会根据他的回答内容认定这是一位成功的、颇富见解的领导者。但是，心理学家却对他持保留态度。

虽然语言是积极的，但是语言组织的方式却出卖了他。仔细观察就会发现，应聘者在谈到自己时从没用过主动语态。都是事情碰巧落到他手里，而他也从没描述过自己的领导才能。这说明他的语言并没有把自己放在主动角色上。他对句子的组织方式比句子本身更能说明问题。

英语中很少有哪个单词比"我"更加有力。无论你什么时候用到带有"我"字的句子，你都是在用语言表达自己重要的心理真实性。你对生活的体验和规划通常都体现在带有"我"字的句子里。你所用的带有"我"字的句子中包含肯定性的词较多，还是否定性的词较多？副词和主动动词较多，还是形容词和被动动词较多？我相信，语言中主动的我（I）和受动的我（me）出现的比例是个重要的"技术指标"，可以判断一个人在多大程度上把自己当作生活中的积极的主体。主动的我（I）可以做事情，但是事情只会发生在被动的我（me）身上。

同样，你对市场的理解也体现在你的语言中，就像我的两位专栏读者一样。这也体现在以市场为主题的BBS和聊天室中。BBS和聊天室里的内容并不是特别重要。有人在鼓吹某类股票，另一些人则在贬低。然而，发帖人所使用的语言却能说明很多问题。

一个简单的评估办法，就是衡量帖子中包含的情绪化语言的使用频率。有些帖子的内容相对比较实际，主要集中在新闻、收入、产品发展和图表模式等。其他的则比较感情用事，抨击或表扬公司、行业、经济政策，诸如此类。作为一位心理学家，我不在乎作者是赞成还是反对，我只知道他们在感情用事。一般来说，信息处理中感情色彩的增强，多出现在市场转折点（牛市或熊市走到极点）。这对借助心理治疗进行交易的交易者来说，是重要的市场信号。

在前面提到的科技股下跌中，诋毁美联储主席艾伦·格林斯潘的帖子达到疯狂的地步。当时，几乎所有信息版都包含着大量抱怨美联储政策的帖子。这表明很多交易者在情绪化地处理市场信息，加剧了市场波动。在市场的（暂时）回调中，就产生了许多有利可图的短期交易。

市场的语言也可以反映出情绪化问题。我会监测每个交易日看涨/看跌期权每5分钟的交易量，以此来发现情绪化的显著加剧。我并不计算传统的看涨/看跌的比例，只是将每个5分钟时段的全部期权交易量同相对的正常水平（过去100天内相同5分钟时段的平均期权交易量）进行比较。全部期权交易活动可以粗略地衡量情绪化水平。当交易者按别人预先设定的玩法交易时，情绪化水平一般较高。

这是一个有望成功的逆向交易信号，因为它揭示了交易者当前采用的交易模式。

小结

当你对语言结构变得敏感以后,在阅读金融网站专栏、看金融新闻,以及参加在线讨论的时候,你就会用一种全新的视角来看问题。你的语言反映了你的世界观。每次开口说话,你都在向外界传达你的世界观。人们很少在话语中流露内心的真实感受,但却无法从说话的方式中掩饰自己的感受。扑克牌高手、心理学家和交易者都懂得"话语"的价值。你的话语、感受和行动,反映了你理解世界的方式。

我不止一次听到成功的交易者说,他们是通过找到那些能使大部分交易者受到打击和伤害的办法,来发现市场中的正确做法。乍一听,也许有些不可思议,但实际上,这真的反映了一个人对模型创造的深刻理解。而且,请相信,我经常觉得市场好像总跟我作对。

我曾多次碰到有人在聊天室里为市场到底是牛市还是熊市而争论不休,结果却发现市场陷入盘整。同样,在市场最低迷的阶段,市场竟能重振雄风,比如2001年9月11日世贸大厦倾倒之后。

市场的功能就是在经济体内有效配置资本。为了实现这一功能,从长期来看,市场必须对承担的风险给予回报。如果承担风险的回报过低,比如股票的回报率持续低于存款利率,那么业务活动和拓展必然会停滞不前。由大部分交易者形成的市场心理模型,决定了他们头脑中认为安全、可靠的路线。虽然在特定情况下,这些模型可能会产生可观的回报,但从长远来看,如果市场要对风险承担有所回报的话,它们就必然受到惩罚。当我看到大量资金在"9·11"事件后流入公债基金和货币市场时,我知道是该提前变现公债资产组合,获取长期利润了。市场的恐慌反应很少能有所回报,无论恐慌上升还是下降。市场总是回报那些能够创造独特方法、发现那些不易被人发现的游戏玩法的人。

| 第 12 章 |

枪口下的治疗

急中生智。

非同寻常的意识状态在加速转变过程中的作用,有助于解释为什么危机既是剧烈动荡,又是良好机遇。当主观认识受到强有力的挑战时,我们会感到迷失方向和受到威胁。同时,我们也很可能不再将这些事物融入主观认识。相反,我们会让主观认识去适应矛盾的现实。要实现转变,我们就得激起危机,去挑战对市场和自我的原有认识,动摇那些我们认为理所当然的东西,从而以全新的方式对待生活和交易。

本章我们将探讨危机在转变中的作用,以及如何策略性地用令人不安的事情来打破自己的安逸。如果学会直面危机,我们就在自我转变的道路上迈出了一大步,包括生活的方方面面。

杰克,危机中的男人

咨询业中有一条不成文的定律,即越临近周五下午,就越容易出现危机事件。整个一周都可以是悠闲的,这没有关系。但到了周五下午 5:00,就会有人打电话，而且是个受伤的人。这时你的每一根神经都想问："周一再说行吗？"但你没问。你欣然将咨询安排在下午 6:00，同时又要为加班而向家人道歉。

有时候，比如现在，我抱着笔记本电脑坐在超市咖啡馆里工作。在周末清晨的购物者中，我显得有些不合时宜。但是，我热爱我的工作。我刚刚成功地帮助一个经历了炼狱之苦的学生克服了一个主要障碍，我相信我们会摆平一切。同时，我还研究了过去三年道琼斯 TICK（$TIKI）以及标准普尔期货溢价的有关数据。我相信，我已经改善了一种切实可行的短期交易模式。这么多的想法，却只花了那么一点时间！

有些时候，比如周五下午，我希望能像银行职员一样悠闲地工作，或者根本不工作。我接二连三地给那些悲伤沮丧的人做咨询，忙到下午 6 点还不知道何时下班。

当杰克走进办公室时，我正处于这种状态。在此之前的一个小时里，我试图通过质疑一个咨询者的人格假面和他非常满意的自我形象，来向这个咨询者传达治疗信息。结果却适得其反，我怀疑他是否还会再来咨询。我托着腮，黯然神伤，用博尔赫斯的话来说，我就是陷入忏悔和倦怠的典型例子。

杰克是个大块头，身材高大、宽肩阔背、健壮结实。但他面容憔悴，没有表情。他穿着皱巴巴的汗衫和牛仔裤。这一切都表明他的沮丧。

半分钟内，我又精神抖擞了。杰克告诉我他想自杀。没有畏惧，没有苦痛，直接就说想自杀。他想以每小时 96.5 公里的车速撞向大树。他说，这才足以构成交通事故，他的孩子才能继承他的保险赔偿金。我胸口一阵发紧，意识到这不仅仅是"狼来了"，杰克是当真的。

"我来这儿，是因为他们一再劝我找个人谈谈，"杰克解释道，"但我已经决定了。我不想活了，不想再这样活下去了。"说完这些，他双手捂着脸，情绪失控，默默地流泪。

只有某类人可以欣然接受危机调解。长期心理治疗过程中的一切工作都可以压缩到一次危机调解治疗中：相识、了解、换挡，制订并实施转变计划。但是，并非每个人都能这么快地实现转变。毕竟，开丰田凯美瑞的人比开宝马 M3 的人要多得多。危机调解是咨询中的 NASCAR 赛车比赛。没有弗洛伊德那样的舒适治疗床和细致的解释,有的只是狭小的碳素纤维赛车驾驶舱,以及对稍纵即逝的事件和快速反应做出的粗略解释。

很奇怪,一旦开始治疗,优秀的心理治疗师就不再考虑速度问题。他们不再考虑终点线,或者患者可能会死掉的事实。像在交易中一样,他们全身心地投入。

只有在无忧无虑时,才可能如此专注。对我来说,面对处于生死抉择关头的咨询者时,镇定来自这样一种信念:以生命为第一要务。试想,如果有人一心想要自杀,他当然不需要来做咨询,因为咨询对他来说毫无价值。既然来向我寻求帮助,就说明他们还是想活下去、想解决问题的。很少有人真的想死。他们只是想摆脱那种不堪忍受的情形。他们来咨询就是为了寻求其他出路。这正是心理医师的着手点。

危机状态下,心理上的混乱意味着咨询者不是在漫步,而是在奔跑,试图挣脱命运的牢笼。一次治疗可能就会决定未来的生死问题。在这种危机情形下,心理上的一切都处于紧张状态,任何调解都可能产生极大的影响。这就好比,在时速 241 公里时稍微转动方向盘所产生的影响,比时速 24 公里时的影响要大得多一样。

没有心理健康专业的高级学位,也一样能轻易地判断杰克正处于无法忍受的情境。即使面容枯槁、泪眼婆娑,但我还是可以看出他是一个骄傲的男人,不会轻易求助于心理医师。他显而易见的沮丧表明,他尚未完全陷入自杀的想法中。他还没下定决心死在高速路上。对我来说,他的眼泪极有价值。

"我失去了妻子,"杰克嚷道,"没有了孩子。你看我这副德行!"他指着自己破旧的衣服,叫嚷着。"我曾是个幸福的人,有自己的事业和家庭。现在,我一无所有,和那些混蛋没啥两样。"杰克越来越恼火,越来越狂躁。我甚至觉得他会从椅子上跳起来,砸烂我的办公桌。

其实,他的愤怒让我松了口气。沮丧和愤怒是硬币的两面,分别说明问题的原因。在硬币的一面,沮丧将问题归因于自我,试图在内心找到自责的理由;在另一面，愤怒则将问题归因于外部因素。有时，人们在愤怒和沮丧中摇摆不定，试图弄清痛苦的现实。经验丰富的医师不只看硬币的一面，还会看硬币的反面。他们会同时看两面，像双面神一样。愤怒表明了伤害和失落，沮丧则表明了怨恨和挫折。

前来咨询的人当然没有这样的洞察力。愤怒时，他们把其他人都看成坏蛋，把自己当成无辜的旁观者；沮丧时，情况却又正好相反。幸运的是，这样的想法也有它的用处。一般说来，抑郁的人比愤怒的人更容易伤害自己。

我发现杰克一直处于危机的边缘。小时候，他就是个好动的捣蛋鬼，一个希腊大家族中的败家子。由于多次犯法、屡教不改，他被父母逐出家门。青少年时代，他学会养活自己，靠他的精明头脑和努力工作勉强度日。他决定用自己赚到的钱向父母证明自己不是败家子。二十几岁时，在一个朋友的帮助下，他开始做起了交易。起初的几次交易非常成功，在大牛市中尝到了甜头。接着，他接受别人的投资来扩大交易资金，生意像滚雪球一样越做越大。等到他发现牛市才是他成功的真正原因时，一切为时已晚。第一次遇到市场修正时，他损失惨重。他被迫清算财产，把仅剩的一点钱偿还给曾经信赖他的投资者。

这次损失彻底击垮了他，让他陷入沮丧的深渊。梦想的破灭似乎证实了他最怕面对的事实：他真的一无是处。他的妻子厌倦了长期动荡的生活，带着孩子搬进了他们一位世交的公寓。那一刻，他的世界彻底倒塌了。杰克气愤地告诉我那位朋友向他收取高额房租，并说那是他必须为孩子支付的"抚养费"。他怀疑妻子可能也参与了此事，于是就去拜访那位朋友。说到这里，他摸了摸腰间一个鼓鼓囊囊的东西，脸上掠过一丝让人捉摸不透的诡笑。他解释说，自己还带去了一个来自史密斯 & 维森⊖的礼物。直到杰克和妻子的关系无可挽回时，那位"朋友"才减租。

说完这些，杰克死死地盯着我。他在等待我的反应。我得承认，这是我第一次遇到这样的考验。我该对这个充满暴力倾向的故事做何反应呢？我该怎样劝告坐在我面前的这个人呢？他腰里别着枪，一触即发。

⊖ 美国军火制造商，此处指手枪。——译者注

我强装微笑，故作轻松。我试探着说："好了，谢谢你给我讲了这个房东的故事，我想这意味着你怕我提高资费标准吧？"

突然，这个抑郁寡欢的杰克又变回了那个交易大亨。他开怀大笑，那种胜者的得意之情让你觉得，你就是他个人世界的核心。他说，如果我不介意他的朋友，他倒是愿意和我聊聊。

在心理咨询中，这种测试并不罕见。心理分析研究者约瑟夫·韦斯和哈罗德·桑普森把测试看作心理治疗的核心。他们认为，移情疗法是一种重要的心理测试方法：病人们努力在心理医生身上重演自己过去的经历。患者这种做法，是在试图让心理治疗师扮演其父母的角色，这是他们生活中一直缺少的角色。弗洛伊德则认为移情是病态的，是在日后的生活关系中对早期矛盾的机械重复。然而，对于韦斯和桑普森来说，移情却是非常有益的。病人对心理医生进行测试，跟交易者对交易进行测试是基于同一个原因：他们都在寻找所需的成长经验。

杰克清晰地向我表明，他是个坏男人。他毫不掩饰腰里鼓鼓的手枪。他说话的内容显示出了他的痛苦、迷惘和忧郁；而说话的过程却不是这样。杰克希望我排斥他，就像他的父母当年排斥他那样。或者，像韦斯和桑普森认为的那样，他在激起我去接受他，这正是他父母当年没有做到的。

我们刚刚才认识，所以不能过早地直接从谈话内容转移到谈话方式，并指明他现在所做的事情。在他伸手求助时，这样的做法只会使他感到不快。我尝试着用幽默的方式来回应他说话的方式。我那句玩笑话的弦外之音是：我不怕你，也不为你感到羞愧。我可以把你当作一个坏男人来接受。

杰克接着讲述他的故事。他每天在交易上花很多时间，但同时也开始沉迷酒色，寻欢作乐。他沉醉于最初的成功，觉得自己完美无瑕，于是不再把交易作为自己的事业，渐渐地把越来越多的具体工作交给他人去做。他怀疑（但未能证实）一个合伙人在经营中中饱私囊。市场刚刚跌落、杰克的经济状况开始吃紧时，他得到了两位投资者的资金注入。然而，当他的业绩更差时，资金流就中断了，他的朋友们也越来越不安分了。杰克被迫退出市场后，才注意到一直被自己忽略的妻子和孩子。

停了好久，杰克开始大笑，他的笑声在房间里回荡。"我不想再这样了，"他静静地说，"我宁愿死掉算了。"

面对生活的挑战

如果有人怀揣手枪准备自杀，你会怎么劝他？这是专业学校教授的传统技巧所不能解决的。杰克不需要任何心理分析或者预先安排的技巧（从开放性的问题到反应，到最后的总结性陈述）。他只需要一个活下去的理由。不幸的是，这不是心理学教学大纲上的必修课程。

在这种情况下，作为一名心理医生，你绝对不能显示出疑虑、惶惑或恐惧。因为你眼前的人正在寻求问题的解决办法，他需要你提供一个方案。如果你自乱阵脚，表现出信心不足，他们就会丧失对你的信任。此时，你不需要表露出任何情绪、发表任何言论，也不要做出任何结论。心里不确定不要紧，流露出来就不好了。即使有人腰里别着枪，离你的太阳穴近在咫尺，你也要镇定自若。

心理医生能在暴风雨中神情自若，是自信的表现呢，还是怕自己不够自信呢？是信心帮助人们度过危机呢，还是先体验到暴风雨，然后才获得自信呢？

如同手握大把徘徊在保本价的股票冷静地等待时机一样，我静静地坐在杰克的面前。我知道，无论怎样回答，采取什么样的举动，我都会将它们内化为我的主观意识。首先要按照理想的目标去行事，然后把你的感受转化为内心意识，行为失控只能使你进一步失去自控力。

所以我就和杰克耗在那儿，就像有一笔大的头寸正命悬一线一样。尽管内心忐忑不安，我仍旧密切关注标记。

命悬一线的比赛

在 1992 年举行的 NCAA 篮球联赛中，迈克·库赛维奇（Mike Krzyzewski）教练带领的杜克大学队在半决赛中遭遇劲敌肯塔基大学队。比赛打到加时赛，在最后 30 秒钟曾 5 次交替领先。每次一方投中一球，对方立即还以颜色。似乎只有最后持球的那一队才会最终获胜。每个球都处理地完美无瑕。

肯塔基大学队赢得了最后一次获胜的机会。肖恩·伍兹（Shawn Woods）突入禁区，带球上篮。篮球弹射入网。此时离比赛结束仅剩 1.4 秒。

库赛维奇教练后来向大家解释他在暂停时对队员的战术指导时说："我首先告诉他们，我们会获胜的，不管你们是否完全这么认为。"那时队员的体能已经非常虚弱。整个赛季已经命悬一线了，他们几乎没有希望了。教练唯一可做的就是取得队员的信任，并使队员从教练身上看到希望。

调整队员的心情，然后鼓励他们。恐惧与危机，再说一些增强信心的话。

格兰特·希尔（Grant Hill）一个长传，把球传向克里斯琴·莱特纳（Christian Laettner），莱特纳高高跃起、接球、转身、投篮。这一连串的动作一气呵成！

这一球完美地投进了篮框。

队员们欢呼雀跃，托马斯·希尔（Thomas Hill）双手抱头，喜极而泣。就在那一瞬间，所有的痛苦和疑虑都得以释放。在比赛还剩不到两秒的时候，他们反败为胜了。

优秀的运动员之所以出类拔萃，就在于他们能够为自己创造胜利的情绪，用胜利的言语来激励自己。乔治·福尔曼（George Foreman）是一个不可战胜的神话，很少有人相信穆罕默德·阿里（Muhammad Ali）可以在非洲的扎伊尔（Zaire）打败他。到 1974 年为止，福尔曼已经挫败了所有的重量级拳击手，包括多次击倒对手，并闪电般地击败了技艺高超的乔·弗雷泽（Joe Frazier）。虽然因为逃避越南战争而遭受监禁，但阿里的出拳速度仍然不减当年；而福尔曼的出拳力度也是毋庸置疑的。这位上了年纪的"最伟大的拳手"阿里，唯一的希望的就是能躲过福尔曼凶狠的勾拳，就像他当年躲过索尼·利斯顿（Sonny Liston）一样。

在赛前接受采访时，阿里对媒体解释了他的力量源泉。如果他只想到自己和乔治·福尔曼，他会被吓倒的。但是如果他相信"上帝"在保佑他，福尔曼就变得一点都不强大了。他相信福尔曼是渺小的，是完全可以战胜的。比赛前的几个星期，阿里嘲笑福尔曼是"木乃伊"，意思是说福尔曼出拳太慢，根本跟不上那些"出拳如蝴蝶般飘忽不定，拳头如蜜蜂蜇人一样狠而准"的选手。显然，阿里是在试图说服自己和公众，去相信这将是一场真正的战斗，他一定会战胜对手。其实，他是在重演当年与利斯顿比赛时的做法。他曾在赛前虚张声势，嘲笑利斯顿是只"大笨熊"，以此来震慑强大的对手。

然而，福尔曼并没有被吓倒。

阿里带着坚定的信念出现在第一回合比赛现场，结果完全出人意料。他没能躲过对手的出击。他摇晃着走进拳台，连续给了福尔曼几个右勾拳。福尔曼像发了疯的公牛一样扑向阿里，抓住每个机会连续向阿里的身体和头部发起反攻。到第一回合结束时，阿里已经明显招架不住了。在扎伊尔 27℃ 的闷热天气中，他不能在整场比赛中都保持身体的亢奋状态。有人评论说，在第一回合和第二回合之间的休息时，人们第一次从阿里的眼神中看到了真正的恐惧。

休息时，阿里坐在那儿，呆呆地望着天空。这是他进行自我心理咨询的时候了：一种危机咨询。在第二回合比赛开始前，阿里突然站起身，带领着人群大喊一声："阿里，打败他！"人群应声如雷，阿里的举动重新点燃了他们的热情。在接下来的六个回合中，阿里的做法是从来没有人尝试过的，也没有人想到他会或者能够那样做。他让福尔曼一次又一次地击中自己。阿里当场发明了削弱对手信心的战术。每被击中一次，阿里就大声嘲笑高大的福尔曼说："你就这点能耐啊？跟个娘们似的！"

福尔曼更加恼火，他疯狂地击打这个羞辱他的人。有很多足以击倒任何对手的出拳，都与阿里的头部一擦而过。到第七回合，福尔曼的体力已经消耗得差不多了。第八回合一开场，阿里就知道对手已经体力不支了。"现在该轮到我了。"阿里大喊一声。比赛开始了，事实也确实如此。阿里当头一拳将强壮的福尔曼击倒在地，再一次成为重量级拳击比赛的世界冠军。阿里将自己的恐惧转化为了不可战胜的自信，是拥护者的热情使他重新塑造了自我形象。（几年之后，遭受重创的福尔曼实现了个人转型，成为一位引人瞩目的媒体人物，重获他在拳坛的霸主地位。）

在金沙萨（Kinshasa）的那晚，也许并不是阿里当头的那一拳，或者是他那能承受多拳而屹立不倒的本事铸就了他的成功。事实上，阿里已经变成自己的心理治疗师了，他能不断调整自己的状态，将危机和逆境转化为灵感和机会。遇到可怕的事，他能让头脑保持冷静、灵活，当场想出新的策略来。

如果阿里做交易，我相信他会是个了不起的人物。

危机咨询中的机会

长时间从事心理治疗工作的好处之一，就是对治疗中可能出现的状况了如指掌。每当遇到棘手的事，我都会回忆起职业生涯早期经历的险胜，以此安慰自己。其中最紧急的一次发生在午夜，一个咨询者打电话向我求救。接到电话后，我匆忙赶到她家。其实这是一种有勇无谋的做法，正确的做法应该首先通知警察和医院。但因为救人心切，我直接去了她家，没想到打电话的人正用刀抵着自己的脖子准备自杀。我胆战心惊地和她谈了两个小时，直到她愿意放下刀子接受心理治疗。甚至有一刻，她扬言要用刀子捅我。

试想有人挥刀向你砍来，你侥幸躲过，这样的经历就如同到地狱走过一遭。相比之下，听到有人要自杀就没那么吓人了。这就是我对那些处于危机中的人的忠告。我曾经遇到过失去了工作、爱人和财产的人。我也遇到过一些除了驾驶执照外一无所有的酒鬼，他们满脑子都是虐待别人的记忆，这些记忆随时都在折磨他们。但是他们还是可以把自己的处境扭转过来。这是可行的。即使是当其他事情都变得无望的时候，即使比赛只剩 1.4 秒钟的时候……

我的乐观来源于治疗师处理危机时的其他可能。那些试图自杀的咨询者已经改变心态，同意接受心理治疗。但由于饱受恐惧、沮丧和愤怒的折磨，他们还是处在一种非常情绪化的状态中。他们想听到的就是能重燃希望的话：尽管当前还不明朗，但还是有办法的。就像我帮助其他人一样，我也会尽力帮你走出困境。

作为一名心理治疗师，你内心也许会害怕，担心是否真的有令人满意的答案。但不要紧，你只要看着他的眼睛，消除他的疑虑，让大家一起努力：来吧！我们有办法的。

在那种情况下，你看到的所有东西都是值得注意的。这有些像渗透作用，你的自信可以转化成他们的信心。在危机的激发状态，信息可以自由地从心理专家传达到咨询者那里。开始还愁容满面、痛苦不堪的患者，转眼间就会挺起腰板，盯着你的眼睛，铆足了劲向你表明他的乐观。那些缺乏科学认识的人可能会以为是使用了法术，就像是心理专家的灵魂进入受助者头脑中一样。你对患者说的话也许跟几周以来其他人对他说的没有区别。但是你拥有他对你的信任，而其他人没有。咨询者的心态只可能因你而改变，不会为其他人改变。

当杰克随时准备掏出别在腰里的手枪时，他所需要的强心剂其实就是希望和乐观。但这次，我却没有那么做。

因为我当时正在脑海中重现自己的一些经历。

布雷特医生的交易危机

事情发生在1982年。在1981年的大部分时间里，整个股票市场都萎靡不振。每次反弹都很乏力，这使我明白，市场还将进一步跌落。实际上，用于衡量市场力量的腾落曲线已经跌破股市多年的最低点。因为预测到市场可能下跌至道琼斯指数1974年的低点，所以我在那年夏天采取了空头交易。

但我的时间安排糟糕透顶。没过多久，我的空头头寸遭遇了多年以来最强劲的攀升势头。我焦灼不安，好不容易才熬过了8月，期盼股市回落，使我得以"解套"。市场接下来确有回落，但这引起了市场在整个秋天同样强劲的上扬。

经受了前期的打击后，我不得已选择了平仓。我在过去五年内的积蓄血本无归，全部赔光。我完全误解了市场。

我彻底错了。

很难描述我当时的沮丧心情。那不仅仅意味着挫折和失败。我就像丢了魂一样。令人惊讶的是，我能正常工作，内心却是一片空虚。我像行尸走肉一样，漫无目的地一件事一件事地接着做。生活没有乐趣，也毫无希望。每一天，我都带着自杀的念头。但即使自杀也变得毫无意义。在相当漫长的一段时间里，我每天重复同样的事情：起床、上班、帮助别人。但内心始终空荡荡的。后来，一位朋友告诉我说，那些日子我的样子特别吓人：趿拉着鞋，头发凌乱，目光呆滞。

看到杰克，就像看到了当年的自己。他就是那个一直被我掩藏在大脑深处的自我，但还是被我认出来了，完全认出来了。尼采说得对：当你凝视深渊的时候，深渊也在注视你。

我慢慢地、疲惫地向杰克讲述自己的故事。我不确定这位高大、精力充沛的家伙到我这里来时期望得到什么。但我确信他一定没料到，能听到他的心理医师讲述自己消沉得想自杀的故事。

我告诉杰克，我想把交易做大，来证明我的能力。我父母都是成功的，我需要向他们证明我的能力；我也需要向那些不信任我的人证明我的能力；还需要向自己证明自己。我打算自杀就是想从单调的日常生活中挣脱出来。在开始几年的交易中，我一直能赚到钱，只是数额不大，也没有什么风险。所以我加大赌注，开始做保证金交易，用远超过我账户金额的资金进行交易。1982年股票大跌本可以将我解脱出来，巩固我的交易生涯，没想到却把我抛进沮丧的深渊。

我向杰克解释说，在一段时间里我疯狂酗酒、约会，拼命想从那个黑洞里逃出来，结果让我沮丧不堪。在纽约豪默的一个小酒馆，我喝了几杯威士忌，还抽了些特别有劲儿的烟（可能掺了毒品）。当晚，酒馆里有一支乐队在演奏，我分辨不出歌词和曲调。那音乐像是从心底里传出来的，宛如一股水流涌入我的脑海。我一动不动，呆呆地坐在那里。我不敢离开座位，甚至不能将身体坐直。不知过了多久（同一曲调飘过我的脑海），我挣扎着站起来，离开酒馆回到车里。那时我已经足够清醒，小心翼翼地开车上了路。路上行人很少，不太可能出事。回到家里我吐了一夜，早上醒来才意识到，酒后驾车很可能会在路上撞死人，心里充满了负罪感。我的思维很清晰，头却痛得厉害，嘴里一直重复着杰克的那句话：我不能再这样活了。

那次经历对我影响很大。几周后，我又烂醉如泥，那是我一生中最后一次醉酒。那是在新年聚会上，在那里我遇见了玛吉。她后来成了我的妻子，也是我一生中最爱的女人。七个月之后，我们订婚了。第二年，我做了一个重要决定，转行去做我最喜欢的工作：学生心理咨询。我终于走出了绝望的深渊，生活发生了180°的大转弯。

杰克全神贯注地听着。这个刚刚还意志消沉的人，现在却专注地看着我。他不时地插话进来，讲述他的聚会和不忠的故事。他还讲述了遭受的挫折，坚持认为这都是自作自受，认为自己一无是处。过了一会儿，我们之间的界限模糊了，我们的谈话就像多年以前的音乐一样在我们之间流淌。在这里，没有心理医生，也没有患者。只有两个有相似痛苦经历的人在尽情地分享着各自的"战斗"经历和创伤。

我打断了谈话。

"嗨，杰克，"我说，"你对金钱和交易都不感兴趣，这些都不是你沮丧的原因。如果这就是原因的话，你完全可以持枪去抢劫，想抢多少就抢多少。但那证明不了什么。你想证明你父母是错误的，你想让自己做出点成绩来。你失去的是这些东西，而不仅仅是交易资金。"

杰克似乎陷入沉思。于是，我放低声音说："我敢说在你的头脑里，有个声音在说，你不会有啥出息的。"杰克点了点头。"这让你感到沮丧，"我温和地说，"因为你觉得他们的说法可能是对的。"

杰克睁大了眼睛，惊奇地问："你怎么知道的？"

我淡淡一笑，"因为这也让我感到沮丧"。

创造新的角色实现转换

将自己的痛苦经历告诉患者，不完全是教科书上介绍的治疗方法，也不是我在治疗过程中经常采用的方法。然而，这种方法会给治疗过程带来意想不到的效果。在多数情况下，人们总是勇敢地迎接挑战。

多年来，我一直担任一家成人精神病院的治疗小组组长。治疗小组的首要目的就是保护人们的安全。在成本意识深入人心的时代，当人们对自己或者他人构成危险的时候，或者与现实社会格格不入、生活不能自理时，他们就会被送进医院。

这里的病人都已经被打垮了。其中许多人曾经长时间遭受身体和情感上的虐待。还有的人长期患有忧郁症、精神分裂症或者双极型情感失常症等。有时，你很难分清什么是心理疾病，什么是长期服用镇静药物造成的后果。目光呆滞、步履蹒跚、神态绝望，这些都是长时间情感折磨和药物治疗的典型表现。

在这个治疗组里，组织患者相互交流是一项重要内容。因为害怕被嘲弄，而且心里明白没人会对自己的问题感兴趣，所以和别人谈话时，他们总是低垂着眼，问一句答一句。但是，一小时过后，虽然坐在休息室的还是这些患者，可他们却在热闹地进行交流，相互讲述彼此的苦难和隐私。看到他们怎样解决困难尤其让人大开眼界。当其中有人情绪低落，想要自杀时，即使是其中最不善交流的人也会伸出援助之手，非常友好地进行劝解。这时候，很难让人相信他们都是长期精神病患者。

经过一轮这样的小组治疗后，我深受触动，意识到问题在于我是治疗师。如果我是帮助者，那么其他人是什么角色？他们只能是受助者。然而当他们在生活区的时候，就不存在患者和医生。人们互帮互助。每个人都对他人有帮助。但是患者的角色就意味着，除了与其他患者相处的时候，就不再有人需要他们，他们对任何人都没有用。

在下一次治疗中，我尝试着做了一个试验。我用一种低沉、忧郁的声音对这组人解释说我不能在这次会上说太多话。我告诉他们，我的家人出了严重的健康问题，我正为我女儿的健康担心。

治疗室变得异常安静，这是以前从未发生过的。

"你女儿怎么了？"其中一个人关切地问我。这是一个年轻的女人，小时候曾经遭受过虐待，一向沉默寡言。

"她被确诊大脑附近长了个瘤，"我向她解释说，"要做一个大手术，我只是有点恐慌，就是这样。不过，他们说手术的成功率是很高的。"

"我从没听说过'你'也有发慌的时候。"一个长头发的年轻男子惊讶地说。

我听得出来，他说的"你"指的不仅仅是我，包括所有的心理医生。

"如果真是那样就太好了，"我笑着说，"我希望我永远都不会焦虑，不会有自杀的念头或抑郁的感觉。"

我听见有人叹气。"你曾经想过自杀？"其中一个人疑惑地问。她的语气像是在说："你去过火星？"

"当然，"我答道，语气中带着一丝不满，"你以为我是什么人，机器人？"

"只是你们从来没有跟我们谈起过这些，"第一个女人解释说，"你们了解我们，但是我们对你们却一无所知……"

"是的，"一个年轻的男人愤怒地插了一句，"感觉就像是，你坐在那里观察我们、评价我们。"

"好的，公平一些。"我提议说。"你们想了解我什么？"

"你曾经失去过亲近的人吗？"那个年轻男人接过去问。

我停顿了一下。"两次，"我说，"我的祖父去世了，我是第一个在房间里发现他的尸体的。我知道他病了，下午去看他，但他已经死了。很长时间以来，我都深感愧疚，后悔当天早晨没有去看他，那样至少不会让他一个人就那样孤单地去了。"

我又停顿了一下，接着说："我和妻子曾经失去一个没出世的孩子。那段日子很艰难。我非常害怕再次失去孩子。"

有一位年长的妇女，她在治疗中一直都是忧郁、沉默的。听到这里，她突然激动起来，"太可惜了！"她迟疑了一下，"我住院之前，我的丈夫去世了。"她解释说："他自杀了。"她又哭着说："我俩以前经常吵嘴，一直都在吵。可我从没想过他会自杀。我觉得是我杀了他。"

那位曾经遭受过虐待的年轻妇女离开座位，走过去抱住老妇人。很明显，那位起初很生气的男人也被触动了。"我父亲在我五岁那年就离开了我。"他大胆地说。

房间里不再沉默，大家都忘记我是治疗小组组长了。如果当时有人推门进来，一定分不清我们到底谁是医生，谁是患者。就用了几分钟时间，我们就为自己创造了新的身份。

跳跃与节拍

在杰克和医院小组治疗过程中，到底发生了什么事情？答案可以在音乐中找到。

W. A. 马修（W. A. Mathieu）在《欣赏音乐》(The Listening Book) 中把"跳跃"理解为：音乐中由一个音阶突然转换到另一个音阶的过程。他解释说，每一个跳跃都要由接下来的曲调来填补，就像《彩虹深处》(Somewhere Over the Rainbow) 中前两个音阶之后的曲调。当价格出现跳空缺口，从一个价格水平到另一个价格水平做突然的、不连续的运动时，技术分析专家也依照相同的现象来进行分析。寻求平衡的天性促使人们到每一次跳跃或者每一个跳空缺口的极端之间去寻找中间地带。

治疗中的跳跃，是指从一种关系转换到另一种关系。当治疗开始后，我被定为治疗者的角色。杰克和医院小组里的其他病人则被定为患者的角色。我提出问题，他们回答。他们告诉我他们的感受，我帮助他们寻找解决办法。这一模式将医生和病人都锁定在狭窄的角色里。

不需要做太多结构上的修改，就可以改变音乐的感情基调。菲利普·格拉斯的音乐作品之所以那么动听，就是因为他在音乐里恰当地安排了一些细微变化——人们沉浸在重复的音乐片断后对音乐结构上的微小变化的感知能力。当 CD 机里格拉斯的一曲音乐结束，进入到下一曲的时候，沉醉其中的听众突然听到一个跳跃：一个突然、不连续的转折，产生震撼性的效果。

当治疗师在治疗中摆脱自己的角色束缚，一定也会产生这种跳跃。由于患者的反应都被限制住了，因此，他们几乎不可能用自己的正常模式来回答。这就产生了易变性，为用新行为模式填补缺口敞开了大门。如果我向患者吐露自己的烦恼，或者看起来比患者还要脆弱，那治疗的"音乐"就会发生根本性变化。通常，一个受助者去填补这一空白，跳出他们自己问题的束缚，开始充当帮助者的角色。

参加治疗的人和处于任何其他重要关系中的人一样，都可以在互动中创作出乐谱。乐谱有自己的主题和节拍，以及独特的音色和结构，能反映出"演奏者"的状态。如果其中一方通过重建双方关系或者只是稍微调整说话的声调或音量，对乐谱做了稍许改动，那么整个曲子就变了。向新变化、新主题和新旋律敞开了大门。

这对改变交易者的行为模式具有深刻的启示。如果交易者想要加快改变的速度，创造跳跃点，就不仅要采取不同于常规的做事方式，而且要完全不同。对那些曾经遭受过创伤、现在正需要安全感的人而言，可能有必要逐步改变；但对多数人而言，采用婴儿学步般的速度并非最佳选择。

我们来看一个实际交易的例子。我最近感觉，我的研究和交易已经非常出色了，是扩大交易规模的时候了。但我有些犹豫不决。为了防止这种来之不易的信心转变成过分的自信，我显然过于谨慎了。

然而，无人能消除心中的不快，并最终战胜它。于是，我没有采取逐渐加大投资量的做法，这是对不安的一种妥协。我决定立即加倍我的头寸。我这样做，是想用行动来增强自己的信心，就像当时为杰克做治疗那样。虽然我未必信心十足，但我要假装自信，以此增强信心。

另外，我认识到，我在为自己创造一个新角色。我一直都认为自己是一个"小交易者"。如果一点点地来扩大交易规模，我永远不能改变这个身份，想要成为"稍大的交易者"也不可能。如果我的目标是交易规模，那么我就需要慢慢习惯"大交易者"的角色。

我不会假装这段交易日很好过。规模加倍，风险也就加倍，情感焦虑则增加得更多……坐在电脑前，我不断安慰自己，这和我以前的成功交易是一样的，我现在遭受的市场打击和阿里当年在金沙萨的痛苦经历是一样的。我所能做的就是做好心理准备，随时准备接受打击。同时等待时机，直到我也可以大喊一声："现在该轮到我了。"

当我决定根据纽交所的TICK指标编制我的最近邻域模型时，我的机会终于来了。这个模型能从过去三年的交易中，将TICK走势与最近相似的交易日都列出来。这使我可以看到在过去的每一次类似情形后，市场都是如何发展的。

有一段时间 TICK 指标特别强，于是我就到数据库去查找有关 TICK 指标强劲但股价却没有上升的历史情况。结果给我当头一棒，每一次出现 TICK 指数强劲而股价并不随之上升的情况，都要等到 TICK 指数和价格完全跌落下来之后，市场才会结束低迷状态。

在这一研究的指导下，尽管市场已经下跌了一段时间，但我还是将头寸规模加倍，做空市场。我完成了跳跃，紧张地盯着显示屏，对自己的研究结果坚信不疑。如果市场不创新高或者 TICK 指数不狂跌，我就决不平仓。

当交易获利的时候，我发现我又恢复了平日的冷静和自信。我能理解这次交易其实和以往的交易大同小异，获利与否和交易规模大小没什么关系。我获得了收益，但并没兴高采烈。相反，我觉得这很平常。我正在适应跳跃，感觉更平常了。它正在成为本我的一部分。

如果交易者有勇气坚持自己做出的跳跃，他们就有潜力将新的经历内化在心中，并为自己构建一套完全不同的主观认识。我认识的一个名叫德韦恩的交易者，他告诉我，他在交易中总是很冲动，很容易被套牢，尤其是在市场急剧波动时；有时却又会因为考虑不周而过早地结束交易。

我鼓励德韦恩去做一次大的跳跃。这段时间，他一天最多交易一次，而且只有在两个交易系统都指向同一方向的时候，他才进行交易。开始，他对我的建议踌躇不决，抱怨说："我可能一整天都做不了交易！"

"就是这样，"我解释说，"如果你想控制住自己，就不能那么冲动。做几笔你完全有把握的交易，看看你会有什么感觉。"

德韦恩认真地去做了，并且在接下来的几周内完成了好几笔成功的交易。由于无法从过度交易中获得兴奋感，他就投入大量精力进行研究、计划、寻找新的交易方向。到实验完成的时候，他似乎已经不想回到以前的高频率交易了。他认识到他可以填补那个空白了，在有把握的前提下可以做更多的交易了。经历过一段有把握的日子，他觉得那种感觉已经深入他的内心，甚至在他加大交易频率的时候也是如此。

如果你想实现某个理想，你就得按照理想的方向彻底改变你的行为，然后在那套模式上花足够的时间，从而将其内化在自己的心中。如果你为自己设计了合理的目标，并且挺过了最初那段尴尬的阶段，你就会像我在医院治疗小组遇到的患者一样，给自己创造一个新的角色。

我强烈地感觉到，跳跃的时间和幅度与结果直接有关。这可能正是试验性的简短治疗之所以能成功的原因。在治疗中，患者会沉浸在他们一直逃避的体验中，极大地转变自己以往的行为模式。哈比卜·达瓦鲁的治疗方法与众不同，治疗中会与患者所有的抵抗发生激烈碰撞。在延长的治疗中，患者们被达瓦鲁的试验弄得越来越焦急、沮丧，最后甚至直接表现出生气和愤怒。这正是病人们一直在忍受的感觉。跳跃到新的愤怒状态，而且没有什么可怕的后果出现，就可以有效地修正感情体验。像沃尔特一样，达瓦鲁试验中的患者发现，原来他们可以大发脾气，却不会引发任何破坏性的后果。

大部分的交易问题都会涉及错误的自控方法。许多交易者过分地依恋市场，不能按自己的计划采取果断的行动。另一部分人则过于鲁莽，不能遵从常规和规则，总是进行计划外的交易。对那些抑制型的交易者而言，最有效的情感跳跃就是转换到那种高度兴奋、行为导向的状态：亚历山大·洛温所倡导的猛击床垫的方式，阿尔文·马赫尔所描述的沉浸于体验之中的状态。而对那些易冲动的交易者而言，最有效的跳跃则完全相反：通过集中精神、适当放松和保持身心平静来降低对事物的敏感程度。经过充分的练习，这些跳跃将为你的心理接收机开辟新的频率，加强交易者自我安排的能力。

我相信，我长时间保持身体和意识平静及沉浸在菲利普·格拉斯的音乐中所得到的独特而强烈的效应，就是出于这一原因。就像约翰·利雷的感觉隔离仓一样，生物反馈和音乐练习所创造的跳跃如此彻底，使我们几乎不可能再回到旧的行为模式。另外，我发现经过反复练习，人们对改变后的状态更熟悉，也更容易接受。以前要花几个小时才能达到精神高度集中的状态来完成的跳跃，而现在则只需几分钟就够了。此外，我发现一天内自然而然出现的全神贯注的时段会不断增加。无论是由于社会激发还是直接技术指导所引起的与常规状态的根本决裂，似乎都能加快转变，打破旧模式，巩固新模式。

小结

"我也想像你那样做,"杰克对我说,"你认为我能做到吗?"

杰克指的不是我的收入,我的收入跟他原来的收入水平相比实在不值一提。

他是想知道他能不能做一个好人:一个成功的交易者、一位好丈夫、好父亲。有趣的是,杰克认为自己在家庭中的表现比在交易中的失败更糟。

"那么,我就会真正拥有一些东西了,"杰克解释说,"我想要一些真正属于我的东西。"

"你觉得你的成功不真实吗?"我问。

"是的,"他承认,"我总觉得自己是在瞎折腾,让我的家人也跟着受苦。而且我不能面对那些给我钱进行投资的人。他们中有一个人是坏蛋。我想他一定会跟我现在一样惨。"

我现在知道杰克为什么带着手枪了。回忆一下过去的事情,我也明白了为什么他的生意会搞砸了。

"杰克,我发现,只要那些消极的声音还在我脑海里回荡,无论市场上有多少利润都不够。我还会不停地追逐、不停地冒险,直到血本无归才肯罢休。但是一旦把那些声音赶出脑海,我就能从赌桌上抽回一些钱。这虽然不能给我带来利润,但我可以做得很好,而且感觉很好。"

我的意思是:问题不在于你生意上的失败,而是因为你在内心早已把自己定位为失败者的角色。

"你是说如果能忘掉过去,我就会成功吗?"他略带喜悦地问我。

"不,"我强调,"我是说如果你能克服过去,不管赚多少钱,你都会是成功者。"

我能看出杰克慢慢想通了。他的目光专注,肩膀也慢慢挺直。这种特殊的作用是由另一种催眠过程所引起的。

杰克的脸上掠过一丝微笑,我发觉他的眼睛眨了一下,向两侧偷偷地瞟了一眼,"那么你认为目前的市场如何?"他问我。

这句话告诉我，他的这次转型还不算彻底。

几个月后，他找了份好工作，重新关注他的孩子，并开始发展新恋情。他成了又一个悬崖勒马的人。危机，即一种痛苦的、毁灭一切的失望感，为他创造了一种情绪，使他接受了新的情感信息：现在这样就很好。在他还是原来的自己，还按原来的方式生活的时候，那些信息是不能打动他的。而当危机情况出现时，相同的观念却可以使他的生活调转方向。

在一种状态下，杰克跟我一样，被锁在一个模式里；而在另一种状态下，从感情上接受了自己的行为方式中存在的严重失误后，他就会重新安排自己的生活。危机是催化剂，是培育新生活方向的肥沃土壤。杰克像我和阿里一样，在危机中找到了解决方法：他不必通过在市场上取得成功来证明自己是生活中的成功者。

| 第 13 章 |

治疗亵渎的方案

真相就像咖啡一样，是苦是甜在于感觉。

什么能让交易者彻底放弃旧模式并转向新模式呢？答案很有意思，竟是愤怒。在所有情绪中，愤怒远没有焦虑和抑郁能引起心理学家的注意。然而，很多人正是因为无法忍受愤怒，才在攻击冲动面前焦虑和抑郁。

如果发泄得当，愤怒可以成为最有益的情绪之一，释放出大量催化转换的能量。本章我们将探讨如何治理妨碍交易的愤怒和挫败，并利用它们推动转换的步伐。

了解你和自我的关系

在探索愤怒之前，让我们看看你和自我的关系。一旦你意识到重建咨询关系可能带来转换，使个人承担和内化新角色时，你就不难认识到如何通过改变你同自我的关系来引导你的转换了。我帮许多人完成的转换都需要学习如何有益地自我交谈。在琼从愤怒的自我交谈到有益的对话的转换中，这一点尤为明显。

对交易者而言，用日记记录自我对话是有益的训练之一。内心交谈是主动的我（I）与受动的我（me）之间的交谈；是你和自我关系的直接测度。确实，保证不了你与自我关系的质量，还谈什么自尊呢？

当人们记录自己正在进行的思想流时，自我谈话也成了有形的，以后就可以回到谈话中，进行检查和评价，他们就能获得观察的能力并自问：我怎样跟自己谈话？这是我跟他人谈话的方式吗？我希望别人也跟我这么谈话吗？

当你检查书面日志，看到你在破坏性的自我交流中所花的时间时，你会非常震惊。最糟的是，在你情绪受到激发、最容易内化消极性时，这些谈话的毒害会更大。在严重亏损后你怎样跟自己谈话，在很大程度上确定了你随后的情绪反应：在将来交易中的信心、你的支配感和控制感以及你的动力。可悲的是，许多人处理自己与自我关系的方式，如果发生在另外两个人身上，就算得上是感情虐待了。像杰克一样，每次内疚、怀疑和自责，人们内心的不安全感就更根深蒂固一些。

在交易方面的一种表现，就是人们无法根据已经取消的交易做反向交易。假如你根据某只股票未来两周会上涨的预测，发现一笔很有把握的交易。结果，即使在后来的10个交易日里大盘上涨，这只股票也一直维持窄幅波动。你认识到这笔交易不能成功并决定承受一点损失出局。现在问题就成了：在你接受损失时，你的内心对话是什么？通常，谈话中包含了承认失败、气馁和消极的情绪。你告诉自己，这笔交易是个败笔。更糟的是，你可能会以失败者的身份来处理这笔交易。

这种消极处理损伤了你从市场行为中学习的能力。如果陷入自我贬低，即使在情况允许时，你也会失去做反向交易的精力和动力。很多时候，很有把握的交易没能成功，但它为你提供了宝贵的市场信息。如果预期上涨的股票没能跟随大盘上涨，那它在下次回调中就会特别不堪一击。然而，如果固执己见，就很难扭转你的交易思维。交易审核不仅能揭示遵守止损位和接受适当损失的能力，而且能以积极方式把这个信息资本化。死板的交易者只会将多头止损，却不会在情况允许时反向做空。这可能就是内心对话的罪过。

就像从苏珊、玛丽、沃尔特和杰克的咨询中看到的，我们可以转换这种对话。为了完成这种转换，就要接受你与自我关系中的新角色，练习你想从别人那里听到的有益的自我交谈。不幸的是，仅有积极的思考还不足以逐出消极的对话。还得有治疗创造出的那种情绪体验才行。怎样才能为自己创造出这样的体验？这就是把愤怒当作宝贵同盟的时候了。

自恋症的戴夫

戴夫刚一进入办公室就让我很不舒服。他是个身材瘦长、神经紧张的医学生。在医学委员会组织的入门考试的前几天，他就到了。我不愉快与他的急迫要求有很大关系。戴夫遇到了学习困难，想要立刻获得帮助。不是尽快，是立刻。

人们请求帮助的方式通常在很大程度上说明了他们的性格模式。有些人和我预约时间时，好像感觉自己很过分一样，不时地为因这种小事打搅我而抱歉；另外一些则觉得很平常，就像在跟他们的会计师预约一样；还有一些则没约定会面就一股脑地表达自己的请求，滔滔不绝地谈论自己的问题。

我最不喜欢那些不经过秘书而直接打我办公电话的人。他们不考虑我是不是正在进行咨询，就开始诉说自己的问题。或者，他们为了很普通的问题就要预约在几分钟或几小时内会面，他们是绝不会对自己的保健医生或律师提出这样的要求的，好像大脑里想的就是"我需要，我现在就需要"。

心理学家称其为回归。面对压力时，人们会回归到成长形成期所用的处理模式，就像我与妻儿搬到新家会躲进浴室一样。这一类特殊的回归称为自恋症。在当前冲突的压力下，一个人回到儿时以自我为中心的模式。就像小孩子可能会不顾现实的约束和他人的需要就提出自己的要求一样，患者在以自我为中心时也会向治疗师提出极其苛刻的要求。

戴夫也是这样。在我给一个患者做咨询时，他敲开办公室的门，要求立即给他治疗。"出什么事儿了？"我问。我对他打断我的治疗很气愤，身子尽量挡在他和我的患者之间。

"我在为医学委员会组织的入门考试努力学习，"戴夫说，"我彻底失败了。

我两天没睡，一直在看资料，还是没有找到通过考试的方法。我想进入神经外科。如果考试分数不高，一切就都完了。"

"我正在治疗，"我说，"你能去拐角处的候诊室等一会儿吗？等这个治疗结束，我还是很乐意和你谈谈的。"

我知道自己接下来还要参加委员会会议。但考虑到戴夫一脸焦虑，只能晚点再去开会。"可我等不及了，我得学习。"戴夫几乎要生气了。

我不敢相信地瞪着他，有些为浪费了另一个学生的治疗时间而有压力。"你想让我怎么做？"我问。我想加上一句，"把这个学生踢出去，然后跟你谈？"但我没那么做，担心激怒他，也担心他可能会接受我的建议。

"我去候诊室吧。"戴夫闷闷不乐地说。

我继续完成手头上的治疗。现在，我已经为面对那个我不喜欢的治疗做好准备了。

回归与多样性

一个人回归到不同层次的机能意味着什么？正如前面看到的，回归的想法预示着时光倒流的旅程、理解与响应模式的返回，它更适合成长的早期阶段而非当前的环境。同时，它也预示着这个人拥有多重思维空间。有时，这些思维空间在洞察力的特定时刻会发生碰撞，就像沃尔特意识到的，"我做事像个小孩子，一点不像成年人"。作为小孩的自我、作为成人的自我，以及作为观察者的自我突然融合成复杂的性格，天衣无缝。

多样性通常能反映出成长水平。这是让·皮亚杰的开创性认识。我清楚地记得女儿德文第一次在录影带中看到自己时的情境。便携式摄像机的磁带刚一取出，就在电视上播放。当她在屏幕上看到自己时，眼睛瞪得大大的，用三岁孩子稚嫩的声音激动地喊道："两个德文！"这是个典型的皮亚杰时刻。由于无法适应自己既是观看者又是被观看者的状况，她断定一定有两个德文。

如果一个成年女人得出德文那样的结论，那可能意味着她有精神病。精神病本身就是一种回归，回归到更加死板的理解和认同。如果伍尔沃斯狂人说，他感觉自己像个空荡荡的商店，我们不能说他精神有问题。因为他一直坚持说自己是个商店，才触发那样的诊断。

如果一个人在罗夏墨迹测验中给出了多重成长水平的反应，那我们可以从中了解到什么？这里有一个典型例子：一个测试者可能把第一张卡片看成蝙蝠或者蝴蝶，概括出翅膀、头部等特征。这是普遍的反应，绝没有打破现实的边界。然而，第二张带有红色墨迹的卡片，可能会引发与其结构和内容相差甚远的反应。患者可能把顶部的红色看成海马，而把底部的灰色看成大地。整个的反应就是"流血的海马正在山间遛弯"。

这跟小德文没啥两样。由于无法协调不同的理解，如鲜红似血、海马的外形，以及酷似大山的灰色区域，患者就把它们融合成一个违背现实的整体。给出"流血的海马正在山间遛弯"的反应，而且即使面对尖锐的质询时，他也丝毫不觉得这个反应别扭，这就是回归已经发生的重要线索。

墨迹测试就是多样性的展示。它记录了人们面对模糊刺激时的意识状态的转换。事实上，无意识写作和布兰登完成填句训练也是类似的心相描述测试：给受试者一个刺激，然后让他无意识地做出反应，不做任何删改。自发的语言、写作和理解，揭示了信息处理的转换。但只有在意识能随着时间前后推移的前提下，这一点才有意义。

如果仅靠罗夏墨迹测试卡片的颜色就能触发回归反应，那么交易者看着图表上的突破而时光倒流的可能性会有多大？我曾看到这样一个情境，一个交易者看到实时图上一条宽线时，就表现出极端的行为和情绪模式：愤怒、抑郁、自责和焦虑。更令人震惊的是，在这一市场事件之前，根本没有这种反应的迹象。一个交易者告诉我，开盘时他能冷静自信。但到市场反应破坏了他的交易计划时，他又回归到焦虑中了。他本有机会赶上正在形成的市场趋势，但他却从边边角角来审视整个市场走势，没做任何交易。随后，他描述说，当时感觉很无助，就像小时候被大孩子欺负一样。

那个交易者想让我帮他驱除焦虑。他没意识到焦虑只是问题的冰山一角。问题的根本在于，他无法控制自己的意识调谐钮。市场正控制着他的意识状态，而不是意识状态控制着他的交易。给交易带来最大挑战的，是一个人对意识状态的失控，而不是与特定意识状态有关的具体问题。

自恋症与回归

作为一种回归形式，自恋症的基本特点就是，一个人酷爱自己的体验，以至于不能适当地回应社交环境，特别是他人的需求。当戴夫希望我缩短手头的治疗来解决他当前的危机时，他跟扭曲罗夏墨迹测验卡片内容的那个患者没什么两样。在情绪的胁迫下，他无法准确判断和回应当前的社会情境。

在治疗之初，自恋症还在继续。戴夫刚一落座就开始不停地描述他的长期焦虑、多次消除焦虑未果，以及由于压力过大而担心考试不及格。他似乎有些意识到自己陷入了恶性循环：焦虑增加了担心，而担心又让自己更加焦虑。但他似乎完全不能停下来。他从不问我，不向我咨询，也不问治疗需要多久。他完全沉浸在自己的担心和需求中。对他而言，我是谁并不重要。

有一段时间，我任由他不停地说，希望他能筋疲力尽让我插上几句。

可是，我根本插不上话。

他继续自言自语，语速极快，略显紧张，不停地转换话题，如"我总是焦虑，考试时就会崩溃""我什么也不想干，要是进不了神经外科，不知道自己将来要做什么"。偶尔，他会对我说"你得帮我"。但我刚要问个问题或者稍加评论，他就打断我，继续讲述自己的紧张状况。

突然，电话响了。戴夫不再喋喋不休地谈论自己的焦虑。我暗想，至少我打电话时他不会唠叨了吧。然而，处于回归状态的他，也就仅仅比我成长中的孩子强那么一点儿。

也没强多少。

接电话也就一分钟左右，我刚放下电话，他又滔滔不绝起来。"人们都不尊重你的私人空间吗？你总是会被这样打断吗？"显然，他不希望自己的治疗被打断,但他却忘了他也是这样打断上一个治疗者的。

自恋症——在那样的情绪状态中,人们可以看到别人的缺点,却完全看不出自己身上的缺点。正如衣柜里的雨衣一样:在一种状态下,人们看不见它;而在另一种状态下,却能清楚地看到。人们怎样才能处在忽视和领悟、成熟和不成熟的极端呢?这些人又到底是谁呢?

日常体验的状态

科林·威尔逊的重大发现是,人们一生处在相对不多的几种意识状态中。奥地利心理学家赫尔曼·布兰兹塔特(Hermann Brandstatter)和美国的埃德·迪纳(Ed Diener)曾要求普通人记日记,定时描述他们的意识状态。这种体验的定时取样,远比基于自我评分的回顾性描述可靠。诚然,治疗师很自然会把这种日记当作咨询的积极部分。患者或交易者记录的每周大事记,能帮助治疗师进入患者的世界。

这种日记产生了一个有趣的画面。大多数人类体验可以用 8 种情绪状态来描述:①欢乐;②放松;③活跃;④疲劳;⑤悲伤;⑥恐惧;⑦满足;⑧生气。如果你想象一个坐标系,X 轴左半轴是激动,右半轴是压抑;Y 轴上半轴是积极,下半轴是消极。这样,你就可以看到各种常见状态的情况。人们的体验状态或愉快,或厌恶,或活跃,或稳重。戴夫的恐惧体验是消极的、活跃的,与之相反的状态就是积极的、压抑的,比如放松或满足。

布兰兹塔特报告了一个有趣的发现。在非常熟悉的生理和社会环境中,最容易出现低激发状态;而出现不熟悉的人和地点时,则出现较高的激发状态。情绪的激发程度与环境息息相关。如果你感觉安静、放松,你就会沉浸在普通的常规状态下。相反,如果你正在寻求情绪刺激,你可能会寻求高度的新奇。

当你考虑人们在日常生活中面临的选择时,这就很有意义了。觉得工作负担过重的人,可能想要一个安静的、放松的、能在家度过的假期。而觉得工作缺乏刺激的人,可能会选择去新奇的地方。研究人员罗伯特·麦克雷和保罗·科斯塔发现，对新奇的渴望是个特征式的因素。有的人容易接受新体验，倾向于追求刺激；另一些人则更注重安全和稳定，避免变化。随便问问人们经常去哪些饭店，你就可以做个有趣的性格测试。追求刺激的人很少两次光顾同一家饭店；而追求稳定的人则常去为数不多的几家特别喜欢的饭店。

这引出一个重要结论。在练习控制你的生理和社会背景时，实际就是在测定你的意识体验并因此调节你对转换的接受程度。在你生命的大部分时间里，你都按照设定好的日常惯例生活：固定时间起床；每天早上依次刷牙、洗脸、吃饭；按照特定的路线去上班；按照设定的工作时间工作，然后下班回家吃晚饭；以惯常的方式陪伴家人、看电视、处理家庭琐事。这些日常惯例限制了你可能会体验到的情绪、认知和生理状态。事实上，布兰兹塔特的工作表明，日常惯例会削弱日常体验，使人们避免较高程度的情绪激发。这既会削弱日常体验，又会润滑社会机器。毕竟，对付戴夫这样的高度激发者是很费劲的！

正如菲利普·格拉斯的音乐所展示的，像循环音乐这样重复的刺激足以引起迷睡状态。事实上，整个电子舞曲流派都是以此为基础的。在布兰兹塔特的研究中，日常惯例可能被视为长期循环，很多日常体验可以理解为迷睡的一种形式。这跟乔治·伊万诺维奇·葛吉夫的分析很相近，他把普通的意识状态视作睡眠的一种形式。想想处于正常意识框架时你所抛弃的所有信息，你会万分惊讶。开车时，你很少注意风景的独特性；步行时，你没有注意观察周围环境。大部分行为都是自动的、毫无自我意识的。这种自动导航式的行为很有效率，但却无异于在催眠诱导中体验到的意识限制。

这跟对意识状态的通常理解有所抵触。催眠一般被视为从一个状态到另一个状态的过渡，即从通常的清醒意识到迷睡状态。然而，催眠可能只是日常常规循环的加强，它减少了循环周期并增强了相应的关注程度。从正常状态到催眠状态的过渡，可能是迷睡的强化，而非真正的诱导。

心理意识研究先驱之一查尔斯·塔特（Charles Tart）把意识描述成"世界模拟器"（world simulator）。他在名为《觉醒》（Waking Up）的论文中提出：意识体验的功能，就是模拟世界并让人们可以遨游其中。电玩的动作模拟或多或少具有真实性，这取决于程序分配的内存。在其他条件相同时，128位的游戏机能比16位的游戏机提供更惟妙惟肖的画面。从某种意义上说，人们的意识状态决定了他们世界模拟器的位数。在许多日常体验中，人们就像16位的游戏机，只能给出世界的局部描绘。接近更广泛的价值和情境时，就好像给模拟器加装了扩展卡，扩展到以兆计的位数，来提供更惟妙惟肖、更真实的体验。

科林·威尔逊观察到，当意识的能量水平降低时，从事件中分析意义的能力会骤然降低。在一种意识状态中，像普罗斯特一样，人们能从单一事件中理解出意义。然而，大多数时候人们就像被蒙上眼睛一样，在生活常规中漫无目的地乱转。就像分析家托马斯·弗伦奇所描述的"心身症"一样，这一问题与其说是出现情绪冲突，不如说是心理资源耗尽，比如无法接入扩展卡。威廉·詹姆斯正确地断言了人类的身体状态好像人已经养成了只动一根手指头的习惯，根本不注意整个身体有机体。

努力与局部意识

如果你想掌握市场的情绪挑战，下面几点尤为关键：戴夫的问题（以及大多数交易者的通病）不是焦虑或自我怀疑。戴夫被锁定在单一的意识状态下，以16位的意识模式运行，根本无法处理考试所需的信息。同样，陷入厌倦、害怕和得意的交易者只注意愿景，却无法理解摆在眼前的市场模式的意义。如果他们无法利用现有资源进行数据处理，即使有获得新数据或处理旧数据的新方法也是白搭。大部分交易者不需要收缩，而是需要有人帮助他们扩展意识控制。

许多自我发展的方法完全采用了詹姆斯的观察结果。它强调，身体姿势和动作意识的逐步增加是培育意识的扩展状态的方法。在回顾了诸如亚历山大技巧、自律训练、生物反馈、渐进放松、菲尔登克雷斯方法和雷奇安原理等形式之后，迈克尔·墨菲（Michael Murphy）在《身体的未来》（*The Future of the Body*）一书中解释说，改变动力模式有利于拓宽行为技能。就像人们被限制在思考和情绪模式的有限技能中一样，他们也容易僵化在僵硬的姿势和动作模式限制中。事实上，人们的认知、情绪和生理限制披上了一层外衣，反映出习惯性的意识状态的贫乏。治疗可以通过各种方式来丰富人们的状态：有些是改变思考模式，有些是促进新情绪体验，有些是引入不熟悉的姿势和动作。转换之路各不相同。

如果全神贯注地关注同一活动的时间足够长，你的意识就呈现出适应意识接收器的新频率。在最初的意识状态中看似难以逾越的困难，在新状态下很可能就不一样了。让我们看看下面的例子：

- 完全沉浸在写作中的作家会失去所有自我意识，他会很吃惊地发现时间过得飞快。在这种状态中，原来的担心简直不能进入他的意识中。

- 赛跑运动员开始疲乏，觉得对测试没有信心了。然而，只要咬紧牙关，她就能再度兴奋。此后不久，她就能体验到赛跑的兴奋状态，觉得精力充沛，重新焕发活力。先前的气馁也就消失得无影无踪了。

- 重压之下的主管人员进入一个感觉隔绝舱，在一个完全黑暗且隔音的环境中漂在海上。跟约翰·利雷的观察很一致，这个主管开始感觉厌倦、没有刺激，但随后就适应了这个环境。当他以平静的状态浮出水面时，他的压力就完全消失了。

- 交易者在跟冲动交易的倾向相抗争，特别是在开盘时，因为他担心会错过一波大趋势。他把生物反馈器连接到录像机上开始试验。在试验中，为了看到显示器上的画面，他必须保持较高的前额温度。一旦温度低于下限，画面就会中断。40分钟后，他就学会通过保持身体完全平静并抛开内心对话和失落，来保持画面持续放映。在治疗结束时，他觉得自己竟然远离市场中的情绪，并能在早晨轻松地做交易。

- 过于谨慎的交易者，利用清晨的举重练习使自己进入合适的意识状态来迎接市场的开放。通过利用已故的迈克·门策的高强度训练计划，她在相对较短的时间里集中进行举重训练。锻炼过后，肌肉由于增强的血液流动而发胀，这说明她已完全进入状态了。她忘记了先前的犹豫，可以积极追踪自己的优势了。

努力是加快转换的关键。只要置身于与平常完全不同的意识/身体空间中，然后用你想要的模式来设定新空间，你就可以消除已经存在多年的问题模式。通向转换的最大障碍就是你习惯了现有的意识/身体状态而不愿意做这样的努力。绝非巧合，在向士兵灌输所需的精神和行为模式时，军队也要给新兵进行严格的锻炼和培训。转换绝不可能在安乐中发生。

将来的交易者，可能会选择跟每周一次的谈话治疗相差甚远的方法进行自我发展。虚拟现实屋和感觉隔离舱可能会像家庭影院一样常见，让普通消费者也能用上意识科技。这些将成为意识的家用锻炼房，可以用来扩展意识和特性，但不能根除问题。如果具备为自己的意境导航的能力，那么基本正常的健康人完全没有必要经年累月地利用心理治疗来探讨冲突和问题。只有无法更改意识的调谐钮时，人们从意识接收器中听到的糟糕音乐才称得上问题。

实现崭新的意识框架

新奇和意识状态之间的关系，为大部分心理学家治疗戴夫这样的患者提供了重要思路。尽管戴夫是个有经验的学生，但他却把每次测验都当作崭新的状况。他沉浸在不及格的威胁中，把身体激发水平提到最高，对紧急情况做出典型的"战或逃"的反应。对戴夫和交易者来说，征服焦虑的关键是要消除紧急感。只要在综合体中引入熟悉和重复的成分，戴夫就能转向较不激发的状态，在学习中可以少受干扰。

较常用的是被称为"系统脱敏法"的方法。它教给焦虑的人如何利用深呼吸和渐进式肌肉放松等技巧来集中精神和保持冷静。一旦他们比较精通这些方法，就可以逐渐地在出现紧张状况时保持放松的状态。通常，通过分级就可以实现它。给压力事件设计一个比例尺，比如 $0 \sim 100$。在 0 端是最不紧张的情境；中间是有些紧张的情境，在等级为 100 的那端则是严重的压力事件。然后，鼓励他们想象各种情境，从等级的低端开始，一直慢慢向上提高紧张水平。在整个过程中要一直采用放松技巧。

目的就在于，通过重复让人们学会把冷静放松与以前造成焦虑的环境联系起来。例如，戴夫开始可能要先在看课本时保持放松，然后是读书，做样题，最后参加真正的考试。直到完全达到当前的轻松水平，他才不会移到紧张等级的更高端。充分发挥想象力对这种练习大有裨益。再如，在进行真实交易前，一个交易者可能把轻松同面临下跌时的虚构情境联系起来。利用意象，就能构建日常生活中很难建立或者根本不可能建立的练习环境。

仅剩几天就要考试了，我自然想要对戴夫用这些技巧。认知行为学的方法很适合治疗过程中的家庭练习，而且可以尽可能地利用时间。看着时间很快溜走，我打断了戴夫的紧张谈话，缓慢而平静地对他说，我有办法降低激发水平。"这些技巧要依靠我们自身的能力，通过转换呼吸速率平静下来。"我解释道。

戴夫看上去有点怀疑，于是我强调说："我们有足够的时间来实践它。"我直视他的眼睛。"如果有必要，从现在到考试期间我会每天和你会面，以使这些技巧起作用。"振作起来，打败它！

戴夫眨了眨眼，好像刚从白日梦中醒过来，直直地坐着，然后开始气急败坏地说："不，我试过，没用。你无法理解我的问题。我试着打开书，然后就想逃避。我总觉得资料太多了，我落后太多，绝不可能通过考试。我明年就要确定专业了，如果不能学神经外科怎么办？我就想学这个。拿不到住院医师资格，我如何向父母交代？我需要学习，但学不进去。"

戴夫说话时，我一直盯着他。我的知觉异常敏锐和清晰。显然，我所说的他一句也没听。他还没听听我打算如何使用脱敏方法，就置若罔闻了。然后，他就继续像以前一样唠叨自己的担心。在这种担心模式中，他一直说个不停，从没抬头看我的反应。我清楚地感觉到他只是对着我说，而不是说给我听。看着他，听着他的唠叨，我知道，他根本无法控制自己。他已经被某种东西控制了。

我意识到，缓慢平静地说话，对戴夫的激发模式不起作用。我换了一种方式。在自我转换的方法中，所谓的神经语言程序（neurolinguistic programming，NLP）可能最适合转换中的意识状态。受米尔顿·埃里克森催眠工作的启发，

NLP方法利用正在发生的转换和与患者的交流来诱导"迷睡"状态。约翰·格林德和理查德·班德勒（Richard Bandler）在《催眠过程》(Trance-Formations)中强调，在尝试转换前，要与患者建立起和谐的关系。仔细探索患者语言的语调、语速和内容，并使自己的语言与患者的相吻合，就可以培养这种和谐。

于是，我不再缓慢平静地恳求希望，而是开始模仿戴夫的状态。我挺直后背，用他的口吻跟他说话。我几乎只用了一口气就说了一大通："你说资料太多，绝不可能看完，考不及格，生活也是失败的。这会让你很生气。你越生气，就会有更多这样的想法涌入你的大脑，你就越学不进去。于是，你更焦虑、落下的知识更多，然后又觉得资料更多，永远看不完……"

看着我焦虑地解释他的问题，戴夫却没有笑。但他的确放慢了些。"你得帮我，"他恳求道，"还有几天就要考试了。"

"那我们得打破这个恶性循环。"我也把声音放慢了。

"不可能！"戴夫嚷道，听他的口气更像"我不愿意"。"你不了解。我的焦虑跟别人的不一样。我拿起书本，就开始紧张。我一直在想，这太多了。我永远看不完……"

戴夫又一次加快速度。这真是最奇怪的感觉。他不是在看我，而是在看穿我。然而，我这次立刻打断了戴夫。我柔和地说："戴夫，你已经告诉我了。你在反复叙述同一件事情。我相信，这就是你学习的时候发生的事，你一直有同样的想法和感觉。我们需要找出打破这一模式的办法。"

"我已经试过了，"戴夫嚷道，"我无法打破这个模式。我需要别的办法。"

我能感觉到自己发怒了。戴夫和我陷入一个循环。每次我提出一个策略，他就回答说"是的，但是……"我越是向他传递他能克服焦虑的感觉，他就越发沉浸在这种状态中。我朦胧地意识到，戴夫需要焦虑。从情绪上讲，他似乎确信压力能让他"敏锐"，能帮他看完资料。他甚至认识到，焦虑在摧毁自己的工作。他觉得，转换到未激发状态太可怕了。他把未激发视为缺乏动力、缺少关注。他绝不容许自己慢下来。

我简直无法扼制自己的怒气了。从一开始见到他，我就不高兴。自恋癖，看穿我的目光，奇怪的、录音似的焦虑想法，"是的，但是……"的回答模式——所有这一切都激怒了我。我能感觉到愤怒要爆发，想要斥责他，想要"解释"他的抗拒，结束这段愚蠢的对话。尽管我知道这样做没用。渐渐地，我发现自己跟戴夫一样被激发了，我的心在怦怦跳。我换了个坐姿，随时准备斥责他。但是怎么斥责他？斥责他什么呢？

我不知道该怎么办。我体内的每根神经纤维都跃跃欲试，想要斥责他。我又换了个姿势，想在办公室的躺椅上舒服一点。尽管我很沮丧，却不敢斥责戴夫。但我也不能只是坐在那儿愈发生气。这一想法刺激了我：这就是戴夫的经历，英雄无用武之地。我已进入戴夫的状态。我已经成了戴夫。

我毫不犹豫地离开座椅，盘着腿坐在戴夫旁边的地板上，胳膊松垮垮地垂在身旁。"让我想一下。"我轻声对戴夫说。我闭上眼立即觉得平静了，但非常警觉，好像坐到地板上就能让我摆脱愤怒。奇怪的是，戴夫也安静下来了。毫无疑问，看到治疗师坐在极不寻常的地方引起了他的好奇心，或许把他的注意力从内心的焦虑中吸引了过来。

"我真想帮你，"我抬头望着戴夫说，"但我做不到。你完全正确。你的焦虑的确与众不同。其他学生担心不及格，就会承受压力，但你所经历的远比他们多。这就是为什么没有适合你的方法。这不是焦虑问题，而是愤怒问题。你很生气，你真的厌恶自己。看看你每天都对自己说些什么：你永远看不完资料，你会不及格的，你成不了外科医生。都是这种厌恶的信息！如果这是个简单的焦虑问题，我几天就能帮你解决。但要改变一个人对自己的基本感觉，就需要花大力气了。这不只是时间问题。"

戴夫愣住了，他的眼睛开始模糊。他一句话也不说。

"我希望我能帮到你。"我轻声说。

眼泪沿着戴夫的脸颊流下来。他看上去不再焦虑了。他面部扭曲，努力抑制哭泣。他低下头看着我。"我为什么恨自己？"他问，显然他被这个想法折磨着。

我没回答。脑海中掠过一个貌似荒谬的想法：我的坐姿就像卡洛斯·卡斯塔纳达（Carlos Castaneda）在跟魔法师唐·胡安（Don Juan）的冒险中所描述的"战斗"姿势。然而，在我的生活中，却想不起那种姿势的特点。

"你得帮我。"戴夫哀求道。

我开始同情他。最后一个请求不是自恋式的，甚至与考试无关。他真的绝望了。他不是在请求学业上的帮助，是在请求帮他关爱自己。

"我们或许可以试试，"我犹豫着说道，"这是个长期的尝试，而且很特别。但如果你愿意试，那我们就试试。"

戴夫的眼睛瞪大了些，并使劲地点点头。他的肢体告诉我"是的"而不是"是的，但是……"只有"是的"。

这是个崭新的开始。

给意识换个姿势

我不是第一次注意到，改变姿势可以影响意识状态。在交易中感到沮丧和压抑的时候，我最喜欢的个人练习，是用极大的音量播放令人振奋的音乐。如果我戴着耳机沉浸在音乐中，站着并随着音乐摇摆，就有作用。任何正常的坐卧姿势，都只会延续内心的想法，维持消极状态。于是，我一直随着音乐摆动，有时还会戴着耳机慢跑。人们很难既保持沮丧的状态，同时又唤起情绪和生理的激发。身体姿势和动作，与音乐元素结合在一起，才能激发新视角。

当一个人进入冥想或者祈祷的姿势时，类似的原则似乎也有效。冥想一会儿，我往往发现，叉着腿静静地坐着把手放在膝盖上之后，我的警觉状态就开始了。

大多数不受欢迎的情绪状态（如生气、抑郁）都与特定的姿势相关。从猫的身体姿势（如后背拱起、皮毛竖立等）可以推断它的状态，对它了解更多。同样，我们也可以这样观察自己，即使不说话，身体也在传递信息，我们可以从手势和姿势中获取一套私人体验。正如洛温注意到的，有些事情并非偶然。抑郁的人认为自己一文不值；而真正自尊的人，则把自己看成重要人物。抑郁会贬低身价，降低活力。

我坐到地板上的姿势，尽管是非语言的、无意识的，但却向戴夫传递着信息。戴夫的焦虑（身体的紧张和喋喋不休的谈话）也是传递出的信息。人们的问题模式就是对自己和世界的信息传递，通常出现在未形成语言之前。从伍尔沃斯狂人坚持说自己是折扣商店（"我是空的"）和玛丽推开他人的努力（"我害怕亲近"），再到杰克作为坏男孩的一些古怪行为（"我想让你对付我"），以及苏珊的退学决定（"我不想像我的母亲一样"），征兆总是有含意的。征兆是一部分意识向另一部分意识的信息传递。

戴夫陷入焦虑的循环。渴望成功的内在压力造成了恐惧，进而触发无助感，从而产生更大的恐惧和压力。他能短暂地体验其他状态，但循环却一直在将他往回拉。他被意识的调谐钮卡住了。从某种意义上讲，他是无意识的。他陷入恐惧中，无法跳出来选择另一种状态。事实上，他相信这是必要的，因为在他看来，激发的减弱等同于动力的减弱。戴夫最重要的表现不是焦虑，而是对焦虑的迷恋和陷入痛苦的程度。我直到给他治疗时才读懂他传递的明确信息："我需要保持警醒！"

有多少交易者也采取戴夫这样的模式，坚信他们的生气和压力能带来交易的机会？如果他们认为降低情绪强度会减弱对成功的动力，那他们抗拒变化还有什么值得奇怪的吗？只有真的有可能永不改变，他们才可能像戴夫一样，考虑尝试不同的东西。

我必须指出，坐在戴夫脚下的地板上的这种姿势，让我觉得精力特别充沛。视角是不同的，身下的地板带来的感觉也很特别，这提高了我的警觉状态。卡斯塔纳达的"战斗姿势"是警戒的一种——围坐一圈来防御进攻者。在我离开椅子坐到地板上时，我想要爆发的感觉，已经转换成了警戒感增强的意识。我不再想对戴夫发怒。能量已经转换了，转换为行动准备就绪的状态，就像起跑线上蓄势待发的跑步选手一样紧张。

我以前曾感受到过这种箭在弦上的潜能。通常到了主要考试、公众场合或者重要事件时，我就会体验到强烈的身体紧张状态，只有通过踱步才能得到释放。这就是我对戴夫的感觉：不是生气，而是想动手。

"好的，戴夫，"我站起来说，"站到我面前来。"

戴夫欣然照办。他站在办公室中间，面对着我。

"我们要做的很简单，"我说，"你不用说那些关于考试的事，我来说给你听。"

戴夫有些困惑不解。

"我来说给你听那些你告诉我的事，好吧？我希望你能告诉我你的感受。"

戴夫看上去愿意尝试任何事。

我慢慢地围着戴夫转，双眼一直盯着他的眼睛。有时我会离他很近，近到破坏了他的私人空间。我一直不停地围着他踱步，用逐渐增大的声音重复着他的话："看看有多少考试资料啊，你永远看不完。你已经落后太多，不可能赶上了。你要是通不过这次重要考试，你该怎么办？你无法进入神经外科学习，其他工作你又不想做。你能想象怎么向父母交代吗？你有什么办法吗？不！你只会紧张，然后更加落后……"

我的声音快接近咆哮了。踱步、目光接触和大声指责的口气，让我想到了新兵训练官正在制服新兵，以便逐步培养他们。在我冗长枯燥地陈述时，我看到戴夫的脸变红了。他似乎对自己新兵的角色一点儿也不满意。他什么也没说，但肌肉紧张起来，脸也扭曲了。

我继续踱步，努力思考。"没有人经历过这种事，"我喊道，"他们忙于学习，而你却只知道紧张。你甚至不能延期考试，因为那样你会考虑更长时间、更加焦虑。即使你真的开始学习也没用。你已经落下太多，赶不上了。资料太多了，你永远看不完……"

戴夫看上去要爆发了。他怒视着我，脸色通红，握紧了拳头。在我看来，他似乎已经忍无可忍了。

"你有什么要说的？"我大叫道。

"去你的！"戴夫喊道，他的双手举过头顶，身体在颤抖。他完全沉浸在令他痛苦的愤怒中，似乎随时准备动手。

在第一次治疗中就能如此和谐！

我抓住戴夫的肩膀。房间似乎充满活力，我们都因身体得到释放而充满活力。"这对你很好,"我注视着他的眼睛说,"这对你很好,你还是喜欢自己的。你能够生气。你能对那些消极想法说'去你的!'"

戴夫马上明白了。他点头认可这个意外的进展。

"你觉得自己在家能对那些消极想法说'去你的!'吗,就像刚才在这儿做的一样?你要做的,就是想象着我正站在你面前,说那些让你生气的事。"我建议道,"闭上眼睛,想象一下我正围着你转,说你学习有多落后。然后把自己释放出来,我不介意你把邻居都吵醒,对你头脑中那个声音大声说'去你的!我不会容许你让我恨自己'。"

这就产生了咨询中的一个创新:"去你的"疗法。这可能不像心理分析或结构性家庭治疗那样严肃,但很有效。戴夫无法放松,但他能生气。当他生气时,他能站出来为自己说话而不是攻击自己。他觉得浑身是劲,而不是四肢无力。生气让他受到激发和充满斗志,但并不让他脆弱。对他而言,身体姿势和生气的表情比冥想更强有力。生气让他保持警醒,而且他需要为考试保持警醒。

通过几天宣泄气愤以后,戴夫已经能坐下来为考试复习了。他目前正在学习他选择的神经外科。

然而,那不是真正的激动人心的催眠过程。毕竟,戴夫已经通过了考试。我对他通过考试很有信心。在治疗结束时,我们刚进行亵渎式的情绪爆发,戴夫就转向我说,治疗可以暂停。"哦,我占用了你太多时间。"在注意到治疗超出了常规的治疗时间后,他充满歉意地说。

我转过身面对他。他似乎真的为超出预定的时间而懊悔。"另外,"他笑着说,"我要开始学习了。"

他一点儿也不自恋了。催眠过程已经完成:从开始的"现在就给我治"到现在的"很抱歉占用你那么长时间"那一刻,戴夫似乎像任何医学生一样敏感和体谅。当提到学习时,他甚至是微笑着的!多重状态、多重性格、多重信息处理流程、多重意识。通过稍许亵渎和姿势的转换,戴夫已经在意识调谐钮中设定了一个新频率。

小结

如果问普通交易者交易心理方面的问题，答案千变万化，但都离不开"需要从交易中消除情绪"的主题。正如戴夫的病例所揭示的和我这几页一直重复的，这是一个十分狭隘的表述。消除戴夫的焦虑和消极想法之间的循环很重要，但仅仅消除他的情绪似乎达不到目的。只有唤起不同的、更有力的情绪模式，才能让他转换根深蒂固的模式。身体姿势和动作是这一转换的重要成分。

交易者在独特的心理障碍下操作：他们的工作一般只能产生有限的身体活动。坐在屏幕前看报价，几乎一动不动，身体和认知状态就被限制在狭窄的范围内。这有益于保持常规，包括自我挫败的常规。听起来可能有些奇怪，我所能给接连失利的交易者的最重要建议之一，就是用完全不同的方式处理市场信息。不要考虑市场，要大声把交易讲出来。不要坐在屏幕前，要在办公室里踱步。不要一直追踪市场，要短暂离开屏幕，做些令人振奋的事。每一个转换可能都足以帮助交易者用新方式处理市场走势并用不同的方法执行。心理学家杰·海利曾说，如果开始你无法成功，那就再试试，然后做些不同的事。

在金融 BBS 和聊天室里，我遇到很多像戴夫这样的人。他们过于沉浸在自己的焦虑中，无法适当地评估自己的投资。他们预期的每一步似乎都充满了风险：如果买入或持有，可能会亏损；如果不买入也不持有，可能就会错过机会。他们请求别人指点迷津，但又置若罔闻，因为任何行动都预示着失败。他们对世界的回复就是"是的，但是……"而麻痹的结果就是负罪感和自责。

戴夫之所以能坐下来准备考试，是因为两个重要转换。第一，他知道他所体验的焦虑实际上是对自己的愤怒。"资料太多，我根本看不完"和"如果这次考试发挥不好，我永远不能获得一个好的住院医师资格"的想法导致了他的自责。当我在交流中说出这番话时，他觉得这充满敌意，带有诽谤性质。当我把他的想法说给他听，让其中的愤怒成分更明显时，他的本能反应就是保护自己。"去你的"这种爆发以及他的姿势和面部表情的改变告诉我，他已经调动起自尊，并超越了焦虑。

第二，戴夫能把愤怒从我身上转移到自己的问题模式上。最初，他的爆发是冲着我来的；我就是令他痛苦的人。然而我很快表扬了他的亵渎行为。在他处于激发状态，自尊被调动起来后，我建议他迁怒于自己的负面想法。现在，"去你的"这种爆发成了他面对焦虑的治疗工具。如果他能保持对消极想法的愤怒，他就不会像以前那样生自己的气。他已经告诉自己，他需要激发和警醒才能通过考试。这让他无法接受任何放松技巧。如果给他一个既能保持警醒又能保护自己的方法，我便能帮他在学习和考试中保持一种有益的模式。

很多交易者同样需要警醒。特别是日内交易者和利用诸如期货和期权等杠杆工具的短线交易者，有时会坚持一种说不出的信条，即他们需要冒险才能获得机会。很多人甚至错误地认为，服用毒品可以提高他们的洞察力。不幸的是，激发的提高，使交易成了一个情绪"过山车"，最主要的体验就是失去控制。我最近和一个日内交易者聊天，他告诉我他们公司有多少台电脑显示器被砸坏了。他同事们的交易紧张背后，就是戴夫体验的愤怒。冲自己发泄不满或者发泄到电脑身上，只会增强他们的受挫感。

戴夫的咨询提供了一种替代方法，对交易者有强烈的暗示：不用把怒气发泄到自己身上或者周围的环境中，可以把怒气发泄到自己的问题模式上。事实上，对这些模式生气，是让自己脱离它们并保持观察者的姿态的重要一步。

很多时候，我们都可以识别出伴随交易问题的内心谈话，并愤怒地挑战它们。前面我提到过一个例子，一个交易者如果做空时错过价格高点或者做多时错过价格低点，他就会焦躁不安。他等啊等，想等到股票再次回到那一水平，这样就可以不再为错过机会而自责了。结果，他反而发现自己错过了整个趋势性走势，这让他更恼怒自己。

通过把注意力放到他的完美论上，并把挫折发泄到他的完美"情结"上，他就可以远离这种破坏性模式，并能在趋势性走势正在形成时买入头寸。每次他禁不住诱惑想捕捉顶部或底部时，他就会想象最糟的交易后果，并把怒气转移到自己的完美主义上。有时，这可能意味着大声喊出自己的愤怒反应，把完美论的想法当作敌人。通过把旧模式与痛苦而不是安全联系在一起，他就可以接受只抓住市场走势的一段,或许他把"错过的"那段趋势当作为保证交易对自己有利而购买的保险单。

像戴夫一样,这个交易者发现,他很难识别出自己所痛恨的模式。有时,愤怒被解释为消极情绪。事实上,它是那些想要借助心理治疗进行交易的人的有力武器。如果你能识别出干扰你实现目标的重复性模式,如果你能把这一模式当作你的敌人,并冲它表现出你所有的挫折和愤怒,你就已经改变了你同你自己的关系。不再仅仅是识别出问题,现在你已经成为与问题战斗的一名斗士,你的意志和控制力得到了增强。然而,要注意的是,改变戴夫的不只是愤怒而是整个愤怒的体验。跳跃的程度再一次创造了快速的转换。

| 第 14 章 |

靠在沙发上进行交易

最伟大的转换已经发生。

在前面的章节中,我已经试着敞开治疗室的大门。我们进入到肯、苏珊、菲尔、玛丽、杰克、戴夫、沃尔特和琼等人的头脑中。我们也窥探了咨询师的头脑,探讨了人类转换过程需要的绝不仅仅是简单谈话这一观点。或许,我们现在可以汲取这些病例中的经验教训,并总结一下如何才能成为更高效的交易者。

对交易心理的建议

你已经不止一次发现,人们进行信息处理的方式和进行有效的市场交易所需的方式大相径庭。正是出于这一原因,你若想成为成功的交易者,就必须转换为另一类人。市场成功与其说要学习某种心理技巧,还不如说要系统地培养持续努力和专注于目标的能力。这跟举重大同小异,这一点让我印象尤为深刻:渐进的、持续的、专注于目标的努力能产生显著的进步。

交易者该如何为意识和精神建造健身房呢?下面我们将探讨 11 个主题,把它们合在一起就构成了理解交易心理学的框架以及进行自我发展的措施。

（1）**行为是模式化的**。你观察市场的模式。你欣赏音乐和文学作品的主题。人类行为的组织方式也是这样。你很少会有12种不同的问题。更可能的情况是，你会经历一个简单的、综合性的问题，它以十几种方式呈现出来。关注每一个具体表现并不能产生转换。关键是要改变潜在的模式。

（2）**交易模式反映情绪模式**。妨碍交易的模式，通常是你生活中其他方面模式的延伸。行为金融学领域的研究，已经找到了那些影响人们做出系统性不对称决策的信息处理偏差，特别是在存在风险和不确定因素的情况下。这些偏差包括过于自信、禀赋效应以及受框架驱动的偏差。其他影响交易的偏差，则是个人经历中的不适模式的延伸。如果深陷个人关系，在交易中也会表现出类似的模式。相反，如果你很难在个人关系中坚守承诺，那么在交易中也会很难信守自己的承诺。很多问题交易都是日常生活中的认知偏差和情绪影响的具体体现。

（3）**转换始于自省**。只有实时观察到模式，才有可能打破它。大多数模式都是自动发生的。当它们发生时，你根本意识不到。在知道应该采取积极措施之前，停止做那些无效的事情尤为重要。通常，这意味着在问题模式第一次发生时就要打断它们，并远离它们。这些模式一般出现在生活的方方面面，而不只是出现在交易中。因此很多日常体验都能提高你的交易自学能力。例如，中断并转移自己对配偶的气愤和厌烦，就会让你在交易中控制同样的情绪。当你摆脱问题模式时，转换过程就开始了。当你表现出积极模式时，转换会继续进行。

（4）**问题模式倾向于固定在某些特定状态**。如果说有一个主题统领全书，那就是人们由于大脑的劳动分工而拥有多重信息处理方式。有些方式是与语言相关的、明确的；其他的则是与语言无关的、缄默的。这些模式组合起来就能产生独特的状态，每一种都有关于自己和世界的独特体验。当你通过情绪、生理或者认知活动进入某一特定状态时，就会激发与这一状态相关的行为模式。结果，每天当意识状态随着外部的日常事件发生转变时，你会多次辗转于问题和解决模式。状态转换的脆弱性削弱了你坚持目标的能力，使你很难坚持诸如减肥和锻炼之类的原则。从某种程度上讲，如果你无法坚持目标，即使是仔细研究出的交易计划也无法让你持续稳定地获利。

（5）正常的意识存在于我们有限的能力范围内，决定着大部分日常体验。沉浸于日常常规会使你局限在常规的意识状态中。这样你会陷入固定于这些状态的问题模式。咨询的核心是，在人们未处于情绪、生理和认知常规时，引入新的建设性模式。如果那些技巧处于常规时期，那么即使尝试积极想象和自我交谈之类的不同转换技巧，你也不可能获得成功。加速转换最强有力的心理技巧，可以创造出积极的创伤，在异乎寻常的认知和情绪处理状态中为人们提供全新的体验。正常的人类意识（未必是与精神紊乱相关的异常）是获利交易的天敌。

（6）多数交易发生在有限的状态范围内，使交易者陷入问题模式。交易者倾向于关注他们所处理的数据，而不是处理数据的方式。在一定程度上，你所能看到的信息取决于你的意识状态。当处理与信息数据之间的相关性时，人们一般容易压制信息的处理模式。当你更多地出于心理原因而不是逻辑原因做出决策时，你的交易方式将发生扭曲。你可能已经发现，交易者做交易时的状态与他们研究和制订交易计划时的状态迥然不同。市场拥有不可思议的力量，它能激活与情绪激发和认知偏差相联系的模式。结果，交易者发现，即使事先认真制订交易策略，他们也很难持之以恒。

（7）一般人，尤其是交易者，同时上演解决方案和问题模式。一个人如果完全失去机能，就无法生存下去。多数人都有依附于特定状态的不良功能模式，以及依附于不同状态的例外情况。于是，挑战就从一种状态转换到另一种状态。找出已经存在的有益模式，并学着有意地进入这一模式，便是实现心理转换的最快方式之一。这需要从不同的侧重点进行自省。目的是要找出那些成功制订并执行交易计划的情形。目标是在交易内外清楚地意识到这些情形，并像一个目的性极强的人一样去做交易。从在目的性最强时所做的事中挖掘成功的关键，并照着去做，就能更好地提高自身的交易能力。

（8）尽管情绪意识状态与市场信息处理和交易中的扭曲存在关联，但消除情绪未必就是提高交易能力的秘诀。消除消极的模式本身并不能创造出积极的模式。交易者可以利用积极的情绪体验来找出有益的解决方案，创造出其他积极的新模式。成功的交易者似乎可以以仔细观察和研究为基础，来培养新的交易方式，并将这些方式与独特的认知、生理和情绪模式联系起来。通过这样做，他们就能非常适应市场模式。这些交易者也会对那些模式中的转换标记变得敏感，就像心理医生会去适应他们的患者一样。有效率的交易者也经历过重大的情感事件，但他们却不会迷失在自己的感觉中。他们已经准确地调整自己，可以利用情感作为市场数据来制定其研究策略。

（9）**市场的成功通常源于不合常规的做法。**康奈尔大学的查尔斯·李（Charles Lee）和巴斯卡兰·施瓦米纳森（Bhaskaran Swaminathan）所做的重要研究发现，放量上涨的股票在几个月时间内会继续超越市场表现，但随后它们会在几年时间里都表现欠佳（纳斯达克科技股在20世纪90年代末到21世纪初的表现就是一个显著的例子）。李和施瓦米纳森把这种现象称为动量生命周期（momentum life cycle）。我自己的研究表明，这种生命周期甚至发生在更小的时间范围内，特别是在喧闹的资产期货市场中。随着高成交量和高TICK上涨的市场，在短期内仍会继续上涨，然后开始修正。相反，当大部分股票创新低时，一些预期回报较好的长期投资机会就会出现。人们会本能地推断这一趋势会继续，并赶紧涌进高动量市场。即使有证据表明这不会奏效，人们还会本能地坚守那些头寸。交易者对市场的情绪反应，可以用来推断出其他交易者可能做出的反应。具有讽刺意味的是，这可能是应对市场生命周期中不可避免的反转的最差对策。进入活跃市场或退出急跌市场的情绪挣扎，通常都为成功的反向交易指明了方向。

（10）**转换能否成功，直接取决于人们为转换付出多少努力和重复次数。**能够坚持下去的新的建设性模式是那些与烂熟于心的独特意识状态相联系的模式。将新模式与某种独特意识状态联系起来后，无论你何时再次进入那种状态，都可以更容易地唤起那些模式。经过强化演练之后，这种联系最容易变成自己的东西。洞察力本身很少能创造出转换。通常，换一种方式做事才能使转换成为你正在形成的自身技能的一部分。交易者改变自我的最大挑战，同时也就是在治疗中实现转换的最大挑战。开始转换相对容易，但要持之以恒就困难多了。不经过巩固，人们很容易重回习惯的模式中。转换中的一个关键因素，就是反复以同样的方式、在同样的时间和同样的环境下重复想要实现的模式。最初，上演新行为需要有意识的努力。而经过重复以后，这些行为就会变成自动的，并内化为自身的一部分。

（11）**要想交易成功，既要赢得市场中由统计得出的机会，也要利用规律性的机会。**如果没有有效的机会，就以主观的、未经检验的方式进行交易，或者无法持之以恒地利用可以获得的机会，交易最容易以失败告终。提高交易者的心理素质并不能提供客观的机会。设计或购买有效的交易系统也不能使你成为伟大的交易者。因此，交易系统的开发和交易者自身的发展必须同时进行。你所采用的方法，以及实施这些方法的能力，决定了你的交易能力。我强烈地感觉到，在市场中发现模式和制订交易计划的过程，有助于培养在交易中保持努力和坚持目标的能力。像分析家和中立观察者一样潜心于市场，往往可以使交易者在市场混乱和不确定的时候保持中立和拥有分析能力。

要转换作为交易者的自我，就要认识到，你和你所交易的市场是完全一致的模式。转换开始于重复和高强度的自省。记录所有的交易、做交易的理由、交易时的状态以及这些交易的结果。一段时间后，分离出那些错误的交易及其对应的模式。随后分离出成功的交易以及它们的共同点。试想一下，在你体内有一个即将破产的自我毁灭的交易者和一个即将成功的交易高手。那个自我毁灭的交易者如何做决策？那个交易高手又会怎么做？一旦你能回答这两个问题，你就可以少做那些无效的事，而尽可能多地做那些能帮你实现目标的事了。

我很怀疑，即使最成功的交易者也有有益的一面和有害的一面：一个自我精通市场，而另一个自我则在破坏。最终获得成功的交易者，其实就是找到了持续进入他们精明的一面的办法；而失败的交易者可能同样知识渊博、经验丰富，但他们却陷入破坏交易的那一面中。克服问题模式只是游戏的一半。要培养出可以随时唤起的成功模式，还需要面对同样的挑战。只有建立起很强的目的性，即保持很大努力和专注于目标的能力，人们才有可能大获成功。

转换你的意识：应用一些原则

在心理咨询中经常听到人们说："我知道问题在哪儿，但我该如何处理？"他们本能地认识到洞察力是必要的，却不足以产生和维持转换。一旦你知道了，就到了着手去做的时候了。现在，你要怎样去实现交易模式的转换呢？

像问题一样，转换也遵循一些特定的模式，其中许多模式在前几章已经通过心理咨询病例介绍过了。然而，如果你挖掘出这些模式，你就会发现跟交易者关系最密切的转换策略有三大类。

(1) **抑制入侵型情绪模式**。不难发现，特定的情绪反应会干扰实时市场信息的处理。因此，很多交易者都相信，交易心理的理想目标就是完全消除情绪的影响。当察觉到干扰交易的焦虑、欢快、沮丧或自责的模式时，你首先要识别出引起情绪反应的特定环境。例如，一个交易者可能因错过机会而反应过度；另一个可能在处理较大规模头寸时产生最强烈的反应。

找到起因，就成功了一半。这需要你培养内部观察员，置身当前环境之外，察觉你在运用模式的能力。像冥想一样，写日志也是培养自省习惯的有效方法。我发现，放慢意识和身体并暂时置身事外，离激活内部观察员还很遥远。

一旦找出引起破坏性情绪反应的触发器，你就可以在受控状态下反复想象触发因素来抑制自己的反应。例如，如果发现自己面对市场下跌会表现出焦虑和自我怀疑，即使你手头没有头寸，那么你也可以在模拟交易中反复实时体验下跌的市场，这会大有裨益。控制焦虑的关键是在面临破坏性情绪时采取无感情色彩的行动。例如，可以在市场下跌行情中有意识地进行强烈认知定向状况下的放松练习，训练自己不带感情色彩地应对下跌。不必等到市场真正下跌的时候再进行这种训练，你可以生动地想象下跌的市场，并唤起冥想的冷静，事实证明这样同样有效。如前所述，集中并反复地做这类训练可以巩固新模式，使自己能更冷静、更集中地对真实的市场下跌做出反应。

有一种源于眼动脱敏与重建疗法（eye-movement desensitization and reprocessing therapy，EMDR）的练习。当你身处高度情绪化的市场环境中时，就采用枯燥的、常规的模式。我所用的模式之一，就是不断在膝盖上弹手指，在左右膝盖上交替弹几下。这种常规模式的枯燥与情绪状况（比如止损被触发）非常匹配，能消除情绪化的反应，并能令你更中立地处理市场行为。

约翰·卡廷的研究表明，大脑有分工，中间区域处理与自身相关的情绪信息，其他部分处理你周围世界的模式。当一个脑半球被激活，另一个就会受到抑制。这将使你陷入极其情绪化的状态中，难以识别和相应地执行市场模式。通过潜心于诸如沉思、自我催眠或者重复弹手指等非情绪化的处理，就可以抑制情绪化的处理方式。这会建立起控制感，并强化你的内省。经过充分重复，你就可能在几秒钟内进入高度集中的非激发状态，抑制焦虑、自我怀疑和过度热情等感觉。

（2）**通过彻底转换跳出旧模式**。第二套改变无用的激发模式的方法是，彻底转换你的行为模式。这些我称为"跳跃"和"换挡"的东西，能将你推出正常的舒适地带，进入其他的精神、情绪和生理状态。一旦进入这些不同寻常的状态，你可以用新的、可能更有益的方式来处理关于自己和市场的信息。比如，如果觉得沮丧和筋疲力尽，我可能会采取特别振奋和持久的身体训练来振奋自己的意识和身体。相反，在焦虑状态中，我就会离开屏幕，延长生物反馈练习，这样就必须完全保持平静，并将身体激发状态降到极低的水平。

这种转换可以使人们进入以前被隐藏的思维、感觉和行为模式。我多次观察过顶级运动员在赛场上唤起斗志、在比赛中振奋自己的情境。类似地，教练会通过冲突和斥责来激励队员。我已经展示过，戴夫是如何对自己的消极思考模式发怒并发愤努力通过考试的。当跳入新的意识状态时，你不仅要放弃与旧状态相联系的模式，还要激活新的、潜在的模式。

彻底转换到另一模式的行为，比你所转向的特定模式更有意义。摆脱习惯状态束缚所需的超常努力需要有内在动力。在这种情况下，世界许多宗教的苦行僧行为可以起到作用。当人们脱离世间的欢乐，他们就是在做出超常的努力去进入新的意识和精神状态。并非巧合，修道士在无声的誓言中寻找全能的"上帝"，修女断绝婚姻关系来献身于基督，犹太人通过斋戒来赎罪，或者佛陀在树下独处数日后大彻大悟。总之，超凡脱俗境界的维持需要异乎寻常的努力。

尽管一些彻底的跳跃需要转换到体验的极端，比如在感到无聊和昏睡时跳到浴缸的冰水中，但其他的跳跃只需破坏现有的情绪反应即可。从某种意义上说，这一"换挡"策略的变形与第一种抑制的方法恰好相反。例如，对一个感到焦虑不安的人来说，他需要通过深度进入来加强这种体验。可以通过想象、角色扮演、梦的再体验等方式来实现。亚历山大·洛温和阿尔文·马赫尔等心理学家发现，一旦沉浸在这种增强的体验中，人们就会进行通向新状态和新理解的转换。例如，在回忆或重新经历以前的损失时，对波动市场的焦虑可能就会让位于愤怒的宣泄。在表达和弄清楚气愤的意义时，交易者就摆脱了以前的恐惧。

从这一角度来看，对情绪反应的阻碍，而不是情绪反应本身，才是有效交易的最大障碍。很多时候，这些障碍通过一些情绪反应在体内保持下来，如长期肌肉紧张和身体压抑。这就是一些抑制体验的有效策略需要获得新的行为和状态的原因。放松身体、让自己完全体验恐惧、挫败、贪婪和过于自信，这样可以有所突破并进入到这些感觉所无法控制的对立面。人们经常出于担心而不敢完全体验自己，因为他们害怕自己会被淹没在这些体验中。真正打破一种负面的情绪状态，就可以有力证明催眠过程的作用。

这种进入新状态或者突破现有状态的努力，可能不会解决形成这种意识状态的特定问题。例如，我对家庭和交易责任的伎俩耗尽了我的精力。然而，转换可以及时打破自我毁灭的循环，拯救交易。而且，你会惊喜地发现，一旦改变精神和情绪的挡位，处理这种突出的个人问题将易如反掌。总体而言，影响交易者的无用的行为模式，要么是抑制的（触发的问题），要么是激发的（与冲动性交易相关的问题）。在抑制期间做出强烈的生理和情绪努力，在激发期间做出自我控制的强烈努力，这样你就可以在这些模式破坏交易之前及时退出市场。

（3）**培养新的行为模式**。这一类策略是要发展积极的行为模式，而不是抑制或退出不适应的旧模式。这是基于这样的认识：通常，问题模式都有例外，能让你采取建设性的行动。当你尽可能采取对自己有效的行为时，这些解决模式就构成了努力实现转换的基础。

采取这种基于解决方案的策略，第一步是要从另一角度进行自省。你必须观察你所做的正确的事，即有效的事。对交易进行的审查就又有用武之地了，它能帮助你注意到那些正确执行的交易。（要注意，正确执行的交易未必是最有利可图的交易。审查那些成功止损的交易同样很有帮助。）这种审查最好从交易日志着手，因为它详细记录了你做每笔交易的理由、做交易时的想法和感觉，以及交易的结果。通常，这种日志能揭示出其他方法无法注意到的积极交易模式。

例如，你可能会发现，基于特殊市场结构的交易特别有利可图。我在做空时观察到多板块指数的每分钟走势就是这样。有个模式很明显：在各指数之间差别很大时（一些创当日高点，而另一些比当日高点下跌几个百分点）做空，比在大部分指数都位于或接近高点时做空更容易获得成功。于是我就想把这一交易模式内化为战略技能的一部分。

将这样的解决模式固定在一种独特的状态，即一种独特的认知、生理和情绪模式，会大大有利于其内化。人们可以通过减弱或增强自己的正常激发水平，以进入最独特的状态。冥想是一种激发减弱策略，健身运动可以用来增强激发水平。我发现，在屋里踱步的时候用语言预演我的新交易策略和交易情节，对建立积极的行动模式很有帮助。与我共事的其他人，在自我催眠或锻炼达到高度激发状态后，在头脑中预演交易策略，他们也因此受益匪浅。

在很大程度上，寻找最适合某一交易者的固定点，是件反复摸索的事。尤为重要的是，你随后的交易都要在与唤起解决模式进行预演时一样的状态中执行。如果我已经在踱步和谈话中预演了策略，那我静静地在工作台前一坐几个小时的时候就不会冲动地想要做交易。如果我在踱步和说出我所看到的东西时处理市场信息，那我更可能成功地识别出解决方案并相应地执行。事实上，我发现，只有在边踱步边处理信息时大声说出自己的感觉，我才能看出市场在做什么。看图表和数据为信息处理提供了原材料，而只有当我转入另外一种模式时，才能把信息整合为有意义的模式。

你所预演的解决模式，可能像上一节中的例子一样，是市场数据的模式；也可能像预演止损交易和保有获利交易的能力一样，是你自己的行为模式。这通过简单正规的条件作用就可以实现固定。通过不断重复地将想要实现的模式和独特的意识状态联系到特定心理或生理状态上，在唤起那种状态时，你就可以更好地识别和执行新模式。你所看到的和你分析信息的方式，依赖于你所处的状态。通过在独特的状态中练习有益的行为模式，在以后使用那些模式时方能控制它们。

有时，交易者无法识别出自己的解决模式。这种情况并不意味着你失去一切。依赖于同一逻辑的强大策略，即从顾问那里提取出那些解决模式，然后系统地将其固定于特定状态，并做那些理想状态的自我表演者。比如，如果我跟老师学了一种交易模式，我可能会让自己在紧张而集中的状态中预演这一模式，然后根据历史数据回顾这一模式的表现。在真正采用这一策略做些小额交易前，我还要激活同样的集中状态并实时利用这一模式做模拟交易。通过重复和固定，我就会开始适应这种角色扮演的交易方式，并最终将其内化为自身技能的一部分。集中注意力这一简单行为有助于使用这一交易方式。

你在市场中所要做的大部分转换努力，都可以归于上述三种策略之一。你可以尝试抑制有害的反应，跳跃到不同的状态和模式，或者培养新的积极的状态和模式。这些策略有很多变体以及能将其付诸实践的无数种创意方式。然而，它们的成功最终取决于你开始所做的自省（查明要做什么样的转换）的质量，以及一旦转换的努力开始之后的预演状况。通常，人们能成功地开始转换，但却无法坚持下去。每天多做几次练习而且每次都用同样的方式来做，对模式的巩固极为有利。

那将引起一种最有力的交易心理策略：拥有支持你进行自我发展的朋友和家人。当你以超常的努力追寻目标时，你过的就不是普通生活了。这需要你周围人的充分理解。普通人不会晚上熬几个小时在键盘上键入自己的想法。在交易或处理市场信息时，他们不会连接到生物反馈器或声光机器上。对他人而言，既能容忍又能高度认可这种偏离正常的行为的人可谓凤毛麟角。没有家庭、顾问和同事的支持，我在书中提及的任何见解和体验都不会实现。

使交易与性格匹配

我在读琳达·拉什克的一篇文章时，领略到了我所见过的最深刻的交易智慧之一。她建议初级交易者只关注一两种经过验证的市场模式，只利用这些模式进行交易。如果交易前能做好准备工作，这些模式本身将会给你带来体面的生活。你所采用的交易模式取决于你的市场交易方法，而这又部分地取决于你的性格和财务目标。

在和琳达一起调查了许多经常交易的交易者后，我得出两条关于交易和性格的感悟。

（1）**许多自认为在市场中存在情绪问题的交易者正经历着重重困难，因为他们的交易没有构建好。**我的意思是，他们没有认真限定触发自己入市和退出的模式，且通常缺少清晰的资金管理机制。我一点也不认为所有交易者都需要利用机械系统交易，但我敢说我所遇到的大多数沮丧的交易者，都可以从更强的约束中获益。我所见过的最佳教育服务机构（包括琳达在内），都把自己限制在一组经过验证的核心交易模式中。这些服务机构会忠实于它们自己的方法。当交易者缺乏条理和纪律时，他们会很难内化信心。他们的交易在情绪干扰和偶然损失面前异常脆弱。规则能帮助交易者着眼于现实。

（2）**许多自认为在市场中存在情绪问题的交易者正经历着重重困难，因为他们没有找到交易风格和自身个性之间的契合点。**在某种程度上，对风险的承受能力是一种具有遗传特征的性格变量。延长持有时间时，风险承受能力较低的交易者面对资金的萎缩会异常脆弱。同样，视觉直觉学习型的交易者，可能会发现很难坚持机械交易系统。我调查和访问过很多交易者，他们都有自己想要采用的方法或系统，但却没搞清这些方法和系统是否适合他们。作为心理医生，在与人相处时，我习惯于处理细微的标记。自然，我最佳的交易也利用了这一技巧。当我试着转换交易风格时，特别是机械地交易时，结果通常不尽如人意。我无法根据第一感觉之外的东西进行交易。相反，我的好朋友、成功的交易者亨利·卡斯顿斯是个开发交易系统的奇人，我怀疑他甚至能找到根本不用自由决定的方式来进行交易。问题不是哪种交易方式最好，重要的是交易方法要适合交易者。

我很怀疑有些人的性格并不太适合做交易。不是每个人都有灵活和分析兼备的决策技巧。同样，不是每个人都拥有成为成功交易者所必需的情绪成熟度和自我约束能力，就像不是每个人都能成为世界一流篮球运动员或者外科医生一样。

从我和琳达收集的有限数据来看，如果通常出现严重的情绪痛苦（焦虑、抑郁、气愤），如果容易冲动、约束能力差，而且日常生活中不是特别尽责，那么交易对这些人来说，不亚于一场硬仗。

当然，情绪波动、不受纪律约束的交易者同样能在交易中赚到钱。但我必须说明，我所观察到的那些人都没能守住自己的财富。对个人而言，我观察到的成功交易者，都是有条不紊、有极强的自我约束能力的。我相信认真阅读杰克·施瓦格（Jack Schwager）的《市场巫师》（Market Wizards）的人就会支持这一结论。不同交易者有不同的交易方法和规则：有的是投机者，有的是波段交易者，有的更随意一些，有的更机械一些。然而，所有这些人都能不懈观察和研究、仔细斟酌自己的计划，并忠实执行。这些计划和技巧是他们性格的延伸，反映了他们在处理信息、应对风险和不确定因素时的独特之处。

最新领域：培养专业交易技能

文献梳理让我相信，交易心理学的最大进步不是来自于心理治疗，而是来自于学习领域。认知神经学的最新发展表明，学习就像情绪转换一样，在适当的条件下可以加速。这对交易和交易者的发展具有深刻的含义。

阿瑟·雷伯（Arthur Reber）和阿克塞尔·克利尔曼斯（Axel Cleeremans）所做的内隐学习研究表明，人们在能够用口头表达语言的规则之前就已经掌握其复杂的技能了。他们的知识是默示的或者隐含的，无法以语言明确表达。一系列利用"人工语法"（按一套规则结合在一起的一串字母）的巧妙试验表明，这种内隐知识很常见。

比如，我按 UFMAG 这样的模式创造一种人工语法。我会向试验参与者一个接一个地出示这 5 个字母。每次出示字母"U"，接下来将是"F"；每次出示字母"A"，下一个字母就会是"G"，依此类推。通过改变语法中字母数量和控制字母出现的规则，就可以相对简单地创造出不同复杂程度的语法。

试验的关键就在于，事先不告诉试验对象潜在的语法规则。在习得阶段，首先，向他们出示符合语法和不符合语法（比如，遵循或者不遵循规则）的字母串。然后，在试验阶段，要求他们判断我所出示的字母串是否符合语法。当试验对象给出错误答案时，我就给他们改正，但并不告诉他们错在哪里。随后，他们就快速转移到下一项。对此，我做了大量试验。

一段时间之后，参与者就能熟练地判断字母串是否符合语法。他们似乎找到了还称不上"语法"的模式。然而，如果要他们说出判断字母串是否符合语法的原因，他们却无法用语言表述出规则。事实上，他们总是坚持说，模式是随机的，他们只是猜得准而已。这时候，他们的知识是隐含的，他们心里明白，但却不一定知道自己知道。

阿瑟·雷伯在他的著作《内隐学习和默示知识》（*Implicit Learning and Tacit Knowledge*）中指出，试验对象即使在有干扰的条件下也能学习非常复杂的语法。比如，在一组研究中，要求参与者预测"闪光"这一事件的出现。在试验中，第 N 次试验中事件的出现取决于第 $N\sim j$ 次试验的情况，而 j 从 1 到 7 随机变化。令人吃惊的是，一段时间以后，参与者能根据许多试验之前的情况预测事件是否出现，但仍然不能用言语表述出预测的根据。而且，当在习得阶段加入干扰元素，即向参与者出示的随机元素数量不定时，内隐学习仍会发生。

显然，内隐学习研究中的参与者是在学习复杂的模式：雷伯指出这是非常复杂的模式，很难在一个下午就学会。在一项研究中，研究人员要求参与者学习预测一家制糖厂的产量。已知潜在规则，即产量 $=2w-(p+n)$，其中，w 是工厂的工人数量，p 是前一次试验的产量，n 是干扰因素。雷伯宣称，内隐学习所获得的知识能够由可明示的知识来度量。

默示知识的本质是什么？有证据表明，内隐学习研究中的参与者获得的是数据之间的统计规律性知识。雷伯发现，如果事件 E1 和 E2 分别以 0.80 和 0.20 的概率发生，那么一段时间之后，参与者对每一事件的猜测就接近 0.80 和 0.20。参与者不一定真的掌握了语法规则或者制糖厂的生产量，而是隐晦地表示出由那些规则决定的事件概率。

内隐学习的关键就在于大量的试验（一般要 1000 次以上）、迅速准确的反馈以及参与者高度的关注和集中精力。例如，如果参与者在内隐学习试验中被其他任务扰乱，那么学习的质量和数量就会大打折扣。

克利尔曼斯提出，在这些试验中，人们对信息的处理就像神经系统处理数据一样。他们依据统计规律性建立起事件之间的联系。当这种联系足够强大时，它们就到达了意识的门口，成为显性知识。因此，人们的知识存在于从默示到完全明示的连续统一体中，中间分为很多等级。这就使人们的知识（引用语言表达的、明示的理解）与他们的感觉产生潜在的冲突。事实上，这也就是雷伯在文献回顾中的发现。当参与者被告知学习试验中潜在的规则时，或者提示他们寻找规则并且规则很简单时，明示的想法似乎会有助于内隐学习试验中的表现。但是当规则过于复杂，参与者无法自己找出时，寻找明示规则的努力就会有碍于表现。在研究中，对信息的隐含译码过程，似乎相对独立于习惯的、明示的学习过程。

在《内隐学习和默示知识》中，雷伯总结了这些研究并做出结论：参与者能以完全无反射的方式，利用出示的数据中的复杂结构关系进行学习。我认为，交易者也是以类似的方式从市场中获取专门知识。他们潜心于复杂、充满干扰的刺激（市场数据）中，并逐步获取关于这些刺激之间的规律性的信息。一旦他们的潜心程度得以加深（远在他们能用言语表述他们对市场的认识之前），交易者就已经能感觉到市场什么时候可能上升，什么时候可能下跌。模式只有烂熟于心，才有可能用言语表述成明示的规则和交易系统。

如果是这样，那么培养专门交易技能的关键，可能就在于进入市场的潜心程度。花几年时间每天追踪市场走势并认真追踪所做的交易，交易者就能像小孩子学习说话的规则那样把市场规则内化于心。在某种程度上，如果交易者兼职进行交易或者没有潜心于实时市场模式，他们的学习效果就要大打折扣了。

无法潜心于市场，也可能有助于解释为什么那么多人进行交易而成功利用交易谋生的却少之又少。道理很简单，他们没能继续使用自己的学习曲线。如果市场模式的内隐学习需要进行上千次试验（像雷伯和克利尔曼斯的研究中的参与者那样），那么只有专注且富有的学生才能承受学习期间不可避免的挫败。交易者也可能因为交易频率不足而无法获得足够的机会来内化市场模式。如果交易者每天只进行一两笔交易，那么可能要两年多才能达到内隐学习研究中所发现的试验次数。然而，即使这样，也可能不足以触发隐性知识。在典型的内隐知识学习研究中，试验安排得很紧密，排除了干扰性的明示想法和情绪的任何干扰。而对于每天只交易两次的交易者来说，面临这种干扰的概率则要大得多。如果如此松散安排的学习试验也能创造出内化市场专门知识所需的学习，那才是匪夷所思的事。多数交易者无法学习市场模式，不是因为情绪问题或者自我挫败的倾向，而是因为缺少市场实战的机会。

内隐学习研究的启示

按照这一推理，我们可以得出可能性的结论。如果内隐学习能说明专业交易技能的习得，那么那些潜心于交易并经常进行"学习试验"的交易者，就是隐性知识的最佳证据。这些交易者可以是场内交易者、投机者或其他高频交易者。场内交易者每分每秒都在追踪市场，即使每天不做上百笔交易，也要做出或追踪几十笔交易，因此他们是天然的内隐学习现场研究对象。

有趣的是，在我和琳达·拉什克所调查的交易者中，只有几个人有场内交易经验或是超高频的场外交易者。显然，这些交易者所用的方法有别于他人。他们不太可能依据缜密的研究来进行决策，更可能是"本能"地进入和退出交易。这组成功的交易者的确是按照规则的约束进行操作的，但这些规则是相对简单的启发性规则，用来帮助止损和支配整体活动。例如，有一个交易者在所持的头寸对他只有几个点的盈利时就自动平仓。这一策略让他频繁进出交易，增加了他所获得的"学习试验"的数量。

在对市场判断失误时，这种规则可以帮助他减少损失，但类似的策略却不能指导他入市。他已经建立起对市场动能、强者和弱者的行动以及交投模式的感觉。他的知识是隐性的，因为他的知识足以保证场内交易的成功，但却不能用言语表述出来，以便其他交易者也能复制他的表现。

当视线从投机者转移到像琳达这样频繁但不狂热的交易者时，就会发现显性的市场知识和市场决策就更多了。琳达的确可以表述出她的很多交易规则,并每天用例子向她交易聊天室的会员阐释。然而,我们并不清楚琳达的所有知识是否都包含在她的规则中了。并非每次出现了用言语表述出的模式时,她就一定会做交易,她似乎也能隐约感觉出什么时候模式会成功或失败。她的交易受到规则的高度约束,但却不是机械的。内隐知识对帮助她利用自己的交易规则起着至关重要的作用。那些只读了琳达的规则就机械地加以应用的人,不太可能得到她那样的交易结果。毫无疑问,这是因为多年以来,琳达每天都在潜心于市场并频繁交易。

再来看看那些持有头寸时间较长的交易者,这些波段交易者和中线交易者可能一周或一个月才做一两次交易。显然,他们的学习试验太少了,间隔也太长了,他们根本无法进行内隐学习。除非交易者能找到其他途径来进行内隐学习试验,比如认真集中地回顾图表、历史数据等,否则隐性知识就没什么指望了。因此,成功的较长线交易者更加依赖明示的规则和交易系统作为入市和退出的基础。在耶尔和杰夫·赫希的《股票交易者年鉴》及乔恩·马克曼的《在线投资》中可以找到这种以规则为基础的较长线交易的好例子。耶尔着眼于大市的季节性模式,比如市场在每年年初和年尾表现得比年中要好的趋势。乔恩则依据动能和增长等筛选标准,确定了一套典型的投资组合。另外一些马克曼投资组合,则利用了个股和板块的季节性模式。通过利用决策辅助等研究得出的规则,那些尚未内化对市场的隐含感觉的较长线交易者就可以获得机会了。毕竟,如果交易者直觉中没有包含(隐性)信息,那么在决策过程中把这些直觉排除在外就会很有效果了。

如果我的猜测正确,交易者的时间框架对确定内隐、直观知识和显性知识在交易中的相对重要性发挥重大作用,那么对前几章所回顾的心理技巧就要另眼相看了。那些用于最大化注意力、抑制干扰性情绪和认知反应,以及对个人和市场标记高度敏感的技巧,将对投机者非常有益。这是因为,投机者成功交易所需了解的知识已经出现在其体验中了。最成功的心理干预就是从隐性知识中剔除干扰。

与投机者相比,长线交易者有更长的时间来考虑自己的头寸,并实行来自生活其他方面的个人模式。通过跳跃到新状态和把解决模式固定在特定体验模式中，他们就极有可能得益于破坏问题模式的技巧。长线交易者更依赖于明示规则而不是隐性知识，潜心于正规研究、更加清晰地表达自己的思路以及固定的交易规则，这会让他们受益匪浅。

如果长线交易者试着利用直觉交易，或投机者对交易做过多分析，那么交易很可能就要失败了。长线交易者学习试验不足，因而缺少直觉交易所需的隐性知识。结果，他就有可能无法从噪音中提取信号。相反，投机者需要立刻使用自己的内隐知识，没有时间对已知的东西做二次思考。对投机者来说，对交易过多分析就像投手过度关注投球一样，只想着去瞄准球而忘了灵活多变地投出球。明示的处理过程所造成的干扰，很可能会破坏自然的、默示的表现。

有的人更适合做内隐学习者而不是明示学习者吗？极其复杂、喧嚣的市场比明确表述的努力更有助于内隐学习吗？这一研究文献引起了很多尚未解答的问题。很容易想象，不同的人处理信息的强弱程度不同，市场中的信号和程度也不同。找到认知风格、交易风格和交易工具之间的契合点，对交易成功起着至关重要的作用。

精通与获取专门知识

对创新领域和科学领域的成功人士所进行的研究表明，要想内化世界级的技术，一般需要多年的练习、研究和学习生涯。R. S. 艾伯特在回顾对天才的研究后指出，取得非凡成就的关键就是生产力，即做出大量不同贡献的能力。基思·西蒙顿在其名为《伟人：谁创造着历史以及为什么》(*Greatness：Who Makes History and Why*)的文章中也指出，知名人士都有异常强大的动力在推动他们。事实上，西蒙顿的一个比较具有争议的发现就是，杰出贡献者跟次要贡献者在同一领域所做的成功工作和不成功工作的比例是相同的。杰出者的杰出之处，就在于他们所做的工作比对手多得多。这样，做出持久贡献的机会就大大增加了。但是要长时间保持这样的生产力，就需要非比寻常的努力。

这种努力首先表现在愿意接受更长时间的学习和练习。K.安德斯·埃里克森在其《卓越之路》的修订本中发现了"10年法则"：要想在象棋或其他领域培养专门知识，至少需要10年的集中准备。埃里克森和同事通过收集专业和业余音乐家的日记来研究专门知识的获得过程。他们发现，音乐家认真练习的时间跟其专门知识之间有着直接联系。例如，在20岁之前，最优秀的小提琴家就已经花了10 000多小时进行认真练习了。埃里克森的研究评论进一步说明，精力集中是认真练习的必要元素。最优秀的音乐家的训练强度通常也是最大的，当然，他们也会经常休息以消除疲劳。他们不仅练习时间更长，而且强度更大，所以从练习中获益也更多。

弗朗西斯·高尔顿正确地指出，伟大的人似乎都是在内在刺激的驱使下取得成就的。这只会发生在那些能从努力追求目标中获得快乐和满足的人身上。这又回到了米哈尔伊·契科金特米哈尔伊关于流畅（flow）的想法：有创造力的人潜心于工作时所体验到的自我回报状态。工作本身就能为创造者完成状态改变，同时将其固定在创造者的意识接收器的积极面上。如果缺少这种内在驱动，很难想象有人能在10多年时间内，始终保持高质量的练习和技能发展。

然而，除了努力所带来的快乐以外，还有其他的东西在推动成就较高的人。没有信心，没有对成功的根深蒂固的信念，就不可能数年如一日地保持对人生目标的追求。在维克多·尼德霍夫见解深刻的自传《投机者教育》(*The Education of a Speculator*)中，他讲述了自己在哈佛第一次遇见网球和壁球教练杰克·巴纳比（Jack Barnaby）的故事。在开始比赛之前，尼德霍夫就告诉杰克自己会成为最棒的选手。果然，历经14个月的努力练习，尼德霍夫获得了全国青年冠军。内心的持久信念，加上对工作的热爱和努力，再辅以精力高度集中的状态，似乎就是创造生活和交易成功的有效组合。

尼德霍夫的西洋棋教练汤姆·维斯维尔，在给学生的书中留下了许多关于获胜的谚语。维斯维尔说："成功不是一蹴而就的，即使大师也要历经数年并经过不同的阶段才能成功。"他解释说："只有激情四射的人才能成为大师。"经年保持热情的能力，既能决定市场中的成功，也能决定婚姻的成功。

交易的精通，同我们从艺术家、科学家和壁球选手身上所观察到的模式一样吗？如果是，那就可以想象交易专家也持续很长时间潜心于市场，追踪市场走势，练习交易并保持高度关注和精力集中。这与产生理想隐性学习的条件完全一样。尽可能多地进行内隐学习试验，并在试验中尽量保持精力集中，这样才能最大限度地提取专门知识。持续较长时间后，一套无法用言语表达的技巧就内化于心了。就像小提琴家的演奏能力一样，并非一日之功。

蚀刻于大脑

内隐学习研究的一项重要意义就是，任何能加快市场接触的技术，对交易者的发展都大有裨益。首先，这些技术包括能模拟和回放市场走势的技术。这样，即使在正常交易时间以外，交易者也能潜心于市场模式。正是从这一角度来说，我利用以往市场数据制作flash卡就别有一番意义了。我打印出每天的最佳交易以及这些交易之前的市场走势，创造出一套可以按需预演的学习试验机会。这跟琳达·拉什克的做法有些类似，她每天为研讨者张贴图表并要求他们预测未来的市场走势。通过一张接一张地展示图表并提供现成的反馈，实际上就是在通过加紧内隐学习试验来加快学习。

我相信从这种基于榜样的教育中可以学到很多。当交易者以压缩的模式体验大量交易模式的例子时，他们就有能力隐性地抽象出目前市场的本质特征。这一体验的关键在于创造出足够多的例子，并接连紧密地进行展示。如前所述，我最近与Decision Point网站（www.decisionpoint.com）的创建者卡尔·斯文林交谈时发现，他对交易者的学习需求十分敏感。他说，网站既可以以指标（观察多个市场的同一指标）也可以以市场（观察同一市场的多个指标）来组织图表，这样就可以"更方便、更快捷地从不同角度观察"。这个网站上有我最喜欢的一个练习：首先尽可能地保持放松和开放，然后快速地、一张接一张地点击不同板块的指数和市场指标的图表。这通常能为我带来对全景的感觉，并为更精确的测试奠定基础。

最近，我开始用电脑软件 HiJaack Pro 进行试验，它能从交易屏幕上捕捉像 flash 卡一样的图像。它的另一个特色是，能把这些图像合成可以按需观看的"电影"。这种技术可以大大增加内隐学习试验的数量，因为每个交易日都可以制成许多小电影。以电影的形式捕捉数据的优势在于，它能潜在地使学习者敏感地感觉到正在展开的模式，以及在有交易机会的市场走势之前的连续事件。利用人们在交易中所经历的同样的数据和同样的展示方式来进行这些试验，就可以加强从内隐学习向实时交易的转化。

另一套有可能加快交易专门知识发展的技术是生物反馈。事实上，如果学习者能通过保持较高的关注和精力集中水平来从内隐学习试验中获得更多知识，那么任何增强关注程度的技术都能有效提高学习效率。目前，我正利用前额温度反馈进行试验，它能间接地测量大脑前额皮质的血流。正如认知科学家埃尔克农·戈德堡在其名为《大脑总指挥》(The Executive Brain)的文章中强调的，这部分主要负责集中精力、决策和其他管理职能。随着额叶激活水平的增加，人们可以潜在地扩展对行为和处理新信息的能力的管控。

戈德堡引用了一系列证据表明，对大脑区域的锻炼有利于其发展，既包括增强额叶功能的认知训练，也包括防止衰老引起大脑退化的认知训练。他为提高认知健康设计了一些脑部练习。戈德堡不强调培养特定的心理过程，相反，他认为人们应该试着真正重塑大脑。集中使用生物反馈来锻炼负责集中注意力的那部分脑部区域，可能是交易者最大化其学习和发展专门知识的有效方式之一。或许，它可以加快发展，原来掌握专门知识需要 10 年时间，而现在则可以大大缩短。

忠实地执行交易技巧能够真正重塑大脑吗？我相信可以。在神经学者詹姆斯·奥斯汀名为《禅与大脑》的百科全书式著作中，他把大脑生物化学和结构变化追溯为禅宗冥想（Zen meditation）功能。他在综合性的回顾中把谷氨酸盐（一种刺激性氨基酸神经传递素）和伽马氨基丁酸（GABA，一种抑制性传递素）作为重塑大脑过程的关键因素。有趣的是，伽马氨基丁酸（GABA）是谷氨酸盐在谷氨酸脱羧酶（GAD）的作用下生成的。研究表明，大约 40% 的神经细胞可以产生 GABA。而另外 30% 可以产生谷氨酸盐。奥斯汀把这些传递素称为神经学中的阴和阳，因为它们在很大程度上控制了反应模式的抑制和刺激。例如，给动物注入 GABA 可以抑制动物的侵略性和亢奋性反应，减少 GABA 会引起兴奋过度。在人身上，苯二氮药物（诸如 Xanax 和安定等弱安定剂）可以增强 GABA 的传播，减少焦虑。

奥斯汀指出，如果神经细胞释放出过多谷氨酸盐，过度激发了突触后的细胞（postsynaptic cell）中的受体，就会导致这一细胞死亡。受谷氨酸盐生成的影响最大的，就是负责产生压力激活的缩氨酸，向下丘脑和扁桃体传递信息的那部分。奥斯汀猜测，"重复的、深刻的超常直觉状态"可能会通过有选择地消灭那些包含"功能障碍、过于情绪化的行为"的神经细胞来"蚀刻"大脑。此外，神经细胞中的谷氨酸盐受体，能够改变动物的突触后细胞的兴奋性，提高记忆和目标执行能力。

戈德堡引用了在俄罗斯的研究，发现 L- 谷氨酸（一种钠盐形式的谷氨酸盐）可以提高大脑额叶的洞察和时序功能。禅宗信徒既可以通过抹掉负面情绪反应，也可以通过有选择地加强认知能力，来创造出性格的特性式转变。

除了冥想以外，其他像催眠之类的多种技巧都可以扩展关注和精力集中，因此可以辅助市场模式的内隐学习。根据我对菲利普·格拉斯音乐的个人体验，我相信，利用声光机器和生物反馈所做的一些最佳精神锻炼，都能培养和维持极其非凡的意识状态。学习的加速既依赖于学习者的状态，也依赖于所呈现材料的组织形式。目前，我正在利用生物反馈进行试验，不仅在试验保持交易状态，也在探索状态的不同深度和强度。我的目标是确定在交易中保持这些状态能否最终增强学习和表现。

我的工作假设是，高强度地重复进行头脑锻炼，可以改变大脑半球之间信息处理的平衡。卡廷用多种精神病理学理论来解释这样一种现象：一个半球相对过于兴奋而另一个半球相对压抑。焦虑和压抑显然联系在右半球的活动；精神分裂症和其他精神紊乱似乎是联系在左半球。每个半球在认知中都有独特而重要的作用，就像 V. S. 拉马钱德兰和桑德拉·布莱克斯利发现的那样，左半球的作用是创造信仰系统或模型，并将新体验放入系统中。这也就是麦克尔·加扎尼加和约瑟夫·勒多克斯所发现的"编译器"。右半球会对个人体验中与现存模型相抵触的异常现象做出反应。正是出于这一原因，拉马钱德兰和布莱克斯利把右半球称为邪恶的鼓吹者。

交易者显然要有形成市场构思模型（左半球）和在发生异常时快速修正（右半球）的能力。这需要一套独特的认知天赋：高度适应体验的能力、建立精力充沛的精神对应关系（交易计划）的能力，以及在体验的基础上灵活修改这些关系的能力。这些也是区别于从象棋到心理治疗到战斗机飞行员等其他领域从业者的天赋。我丝毫不会怀疑，人们能通过仔细研究这些领域的专门知识来洞察优秀交易者的特点和发展。

相反，通过研究能力不足的交易者，则可以大量了解交易中的问题。让我先介绍一下"交易者 A 类综合征"，它反映了许多不会创建和修改计划的交易者的问题。这一综合征有以下特征：

- **注意力分散**。交易者很难保持注意力，并表现出注意力分散和较低的任务警惕性。
- **行为无抑制**。交易者容易冲动，对任务反应快，但不够准确。
- **行为缺乏规则约束**。交易者难以坚持任务规则和要求。

现在，我们再来看看与之相反的"交易者 B 类综合征"。其特征如下：

- **过度警惕**。交易者僵化地固守在有限的刺激中，只见树木，不见森林。
- **行为抑制**。交易者容易过度分析，到该采取行动的时候，就会犹豫不决。
- **不灵活**。交易者过于关注任务规则和要求，反应不够灵活。

交易 A 类综合征来源于拉塞尔·巴克利对注意缺陷障碍伴多动症（attention deficit hyperactivity disorder）的诊断标准。B 类综合征是对焦虑紊乱的描述。这些"综合征"的极限抓住了交易者面临的主要问题。在进行增强管理中心、额叶功能的精神锻炼时，人们可以在这两个极端中寻找一条路线，对这条路线的最佳描述就是：灵活的关注。这是一种类似于执行冥想或生物反馈训练的状态。

戈德堡引用许多证据来挑战所谓成人的大脑缺乏可塑性的说法。他注意到，成年白鼠在有轮子和玩具的丰富环境中比不受刺激的白鼠多生成15%的神经细胞。然而，如果交易者能自己创造刺激，那原本需要10年训练才能实现的发展转变，现在能不能得以加快呢？这显然是交易心理学最激动人心的前沿问题之一。

探索掌握市场之道

当杰克·施瓦格问交易奇才埃德·西科塔会给普通交易者什么建议时，西科塔的回答很有教育意义。西科塔建议说，把你的钱交给优秀的交易者，然后自己去做点儿你真正擅长的事。当施瓦格问普通交易者该如何转变自己时，西科塔回答说，普通交易者无法转变自己，只有优秀交易者才能做到这一点。

通过几年的交易和市场文献阅读，我已经聪明了许多。找到你的激情所在：刺激、入迷而且能不断带来挑战的工作。找出你认为有意义而又值得去做的事，并全身心地投入进去。如果你的激情所在正好是市场，你会发现，延续学习曲线和发展成为职业人士需要收放自如，需要坚毅的精神。如果你的激情不在市场，那么就把资金投给那些拥有客观交易记录且符合你的投资目标的交易者，然后投身到那些能让你每天早上跳下床精力充沛地面对每一天的生活中去。

为个人的梦想打拼，远比从无意义的工作中取得快速成功要好得多。萧伯纳曾写道，生活的最大乐趣就在于追求你认为非凡的东西。最棒的领域（一个行业而不是单一工作）能给人自我扩展和发展的空间。做交易只有一个正当理由，就像成为心理医生、舞蹈家或建筑师的理由一样：因为它是你的行业，是最能吸引你的才华和激情来进行自我发展的舞台。

正是从这个意义上来说，交易和投资堪称真正的英雄行为。人类学家约瑟夫·坎贝尔（Joseph Campbell）曾研究过跨越各种文化的英雄神话，发现了一个共同的潜在主题：英雄往往面临着既值得拼搏又令人胆怯的挑战。在无法轻易战胜敌人时，英雄必须经历地狱般的磨炼并提高自身的能力才能实现目标。这种磨炼令人恐惧和忧虑、充满危险，但也只有这样，才能使英雄更加坚强，并最终征服困难。

交易者想要成功，就必须努力使自己保持清醒，并比其他竞争者更加努力。他们不是自动具备这种挑战的。他们历经的残酷磨炼，要求他们面对自身的狂热，并同扭曲对市场模式的识别、理解和交易的认知和情绪倾向做斗争。交易者想要成功，就必须超越自我；必须训练出超越日常生活要求的控制力和掌握力。就像希腊神话中的英雄大力神一样，成功交易者会发现手中的短棒不足以杀死九头蛇怪物；像神话中的雅典之王忒修斯（Theseus）一样，在躲避海妖斯库拉（Scylla）和卡律布狄斯（Charybdis）的危险时，还会受到妖妇塞壬（Sirens）的诱惑。像大力神一样，他们的成功也来自于接受帮助和装备新武器的能力。像忒修斯一样，他们也要躲避妖妇的歌声，严格自律地通过狭窄的水道。

这种神话般的挑战，也为比赛和运动提供了乐趣：每一场比赛，在队员经受危险、有回报、痛苦和入迷的残酷历练时，都要进行一番英勇奋战，他们要面对新对手，并进一步挖掘自身的潜力。作为比赛现场的观众，他们也会分享运动员的冒险体验，因此也会专注于他们的英雄气概。在为奥林匹克曲棍球队或足球队的战绩欢呼时，球迷们在精神上把自己也摆到了英雄的位置上，并在这个过程中升华。

现在，生活中很少有能让独立的个体施展英雄般的努力的舞台了。19世纪晚期的淘金热抓住了公众的想象力，因为它完全包含了坎贝尔式的英雄神话。为了金钱，一个人可以穿越沙漠，历经千难万险。一个多世纪之后，互联网的出现又为人们提供了便利，个体企业家可以充当世界媒体的先锋，获得丰厚的回报。

然而，这些令人激动的追求只是规则的特例而已。更常见的是，人们生活和工作在大的社会环境中，扮演着高度受限的角色，你很难评价他们的独特贡献。人们在赫尔克里斯和忒修斯所不知的工作和家庭中享受着安逸，但是他们也有很多实现自己英雄梦的渠道。在小事上，人们可以在高尔夫球课程或争取销售目标上面对和克服挑战；但在大事上，英雄主义正在消失。没有危险就没有伟大，不面对残酷的历练就不会有令人振奋的征服感。

我相信这是市场的永恒诱惑。拥有一定资金和一个在线账户，每个人都可以开始淘金、开始创业者的追求。就像游到上游产卵的马哈鱼、追求卵子的精子以及挖掘贵重金属的勘探者一样，行动的人趋之若鹜，而得益的人却是凤毛麟角。但这并不重要，重要的是人们要高贵地重复来赋予自己尊严和精神境界。没必要在"地狱"称王或在"天堂"为奴；用艾恩·兰德的话说，最可取的做法就是为明天的瓦尔哈拉殿堂打拼，从而可以尽早走进它的殿堂。

如果本书能为你的交易生涯指点迷津，那么它的目的就达到了。在你我之前，很多具有伟大精神的人已经走过这条路。要以他们为鉴，特别是从你内心的伟大之处吸取经验教训。现在，你很多时候可以从小事中取得"神的光环"。你要从这些事中吸取教训。当所有的技巧、理解和工具都辜负你时，你就找人帮忙找到火把来烧焦妖怪九头蛇美杜莎，找到镜面盾牌来照射丑恶的美杜莎并杀死她。

如果你能坚定不移地追寻自己的目标，你就会遇到更多的风险和不确定因素，面临更多的损失，失去更多的机会。然而，我相信你我最终会坐在大圆桌前，与聚集在瓦尔哈拉殿堂的英雄们一起享受来生。

参 考 文 献

Albert, R. S. (1992). A developmental theory of eminence. In R. S. Albert (Ed.), *Genius and eminence* (2nd ed., pp. 3–18). Oxford: Pergamon.

Alexander, F., & French, T. M. (1946). *Psychoanalytic therapy: Principles and applications.* Lincoln: University of Nebraska Press.

Austin, J. H. (1999). *Zen and the brain: Toward an understanding of meditation and consciousness.* Cambridge, MA: MIT Press.

Barkley, R. A. (1990). *Attention deficit hyperactivity disorder: A handbook for diagnosis and treatment.* New York: Guilford.

Borges, J. L. (1964). *Labyrinths: Selected stories and other writings.* New York: New Directions.

Branden, N. (1997). *The art of living consciously: The power of awareness to transform everyday life.* New York: Simon & Schuster.

Brandstätter, H. (1991). Emotions in everyday life situations: Time sampling of subjective experience. In F. Strack, M. Argyle, and N. Schwartz (Eds.), *Subjective well-being: An interdisciplinary perspective* (pp. 173–192). Oxford: Pergamon Press.

Campbell, J. (1973). *Hero with a thousand faces.* Princeton, NJ: Princeton University Press.

Castaneda, C. (1975). *Journey to Ixtlan: The lessons of Don Juan.* New York: Pocket Books.

Cleeremans, A. (1993). *Mechanisms of implicit learning: Connecticut models of sequence processing.* Cambridge, MA: MIT Press.

Cleeremans, A., Destrebecqz A., & Boyer, M. (1998). Implicit learning: News from the front. *Trends in Cognitive Science,* 2(10), 406–416.

Cook, M. D. (2001). *Staying alive: Trading defensively for maximum profit.* www.traderslibrary.com: Trade Secrets Video Series.

Csikszentmihalyi, M. (1996). *Creativity: Flow and the psychology of discovery and invention.* New York: HarperPerennial.

Cutting, J. (1997). *Principles of psychopathology: Two worlds, two minds, two hemispheres.* Oxford: Oxford Medical Publications.

Davanloo, H. (1990). *Unlocking the unconscious.* Chichester, England: Wiley.

Diener, E., Sandvik, E., & Pavot, W. (1991). Happiness is the frequency, not the intensity, of positive versus negative affect. In F. Strack, M. Argyle, and N. Schwartz (Eds.), *Subjective well-being: An interdisciplinary perspective* (pp. 119–139). Oxford: Pergamon.

Elder, A. (1993). *Trading for a living.* New York: Wiley.

Elkin, I., Shea, M. T., Watkins, J. T., Imber, S. D., Sotsky, S. M., Collins, J. F., Glass, D. R., Pikonis, P. A., Leber, W. R., Docherty, J. P., Fiester, S. J., and Parloff, M. B. (1989). National Institute of Mental Health Treatment of Depression Collaborative Program: General effectiveness of treatments. *Archives of General Psychiatry,* 46, 971–982.

Ericsson, K. A. (1996). The acquisition of expert performance: An introduction to some of the issues. In K. A. Ericsson (Ed.), *The road to excellence: The acquisition of expert performance in the arts and sciences, sports and games* (pp. 1–50). Mahwah, NJ: Erlbaum.

Fenton-O'Creevy, M., Soane, E., & Willman, P. (1999, August). *Trading on illusions: Unrealistic perceptions of control and trading performance.* Academy of Management Conference, Chicago, IL.

Flavell, J. H. (1963). *The developmental psychology of Jean Piaget.* New York: Van Nostrand.

Galton, F. (1869). *Hereditary genius: An inquiry into its laws and consequences.* London: Macmillan.

Gazzaniga, M. S. (1998). *The mind's past.* Berkeley: University of California Press.

Goldberg, A. (1999). *Being of two minds: The vertical split in psychoanalysis and psychotherapy.* Hillsdale, NJ: Analytic Press.

Goldberg, E. (2001). *The executive brain: Frontal lobes and the civilized mind.* New York: Oxford University Press.

Grinder, G., & Bandler, R. (1981). *Trance-formations: Neuro-linguistic programming and the structure of hypnosis.* Moab, UT: Real People Press.

Gurdjieff, G. I. (1984). *Views from the real world: Early talks of G. I. Gurdjieff.* London: Arkana.

Haley, J. (1986). *Uncommon therapy: The psychiatric techniques of Milton H. Erickson, M.D.* New York: Norton.

Hastie, R., & Park, B. (1997). The relationship between memory and judgment depends on whether the judgment task is memory-based or on-line. In W. Goldstein and R. M. Hogarth (Eds.), *Research on judgment and decision making: Currents, connections, and controversies* (pp. 431–453).

Cambridge: Cambridge University Press.

Hirsch, Y., & Hirsch, J. A. (2002). *Stock trader's almanac 2002.* Old Tappan, NJ: Hirsch Organization.

Isen, A. M. (1997). Positive affect and decision making. In W. M. Goldstein and R. M. Hogarth (Eds.), *Research on judgment and decision making: Currents, connections, and controversies* (pp. 509–536). Cambridge: Cambridge University Press.

Kelly, G. (1963). *Theory of personality: The psychology of personal constructs.* New York: Norton.

Kiev, A. (2001). *Trading in the zone.* New York: Wiley.

Lazarus, R. S., & Folkman, S. (1984). *Stress, appraisal, and coping.* New York: Springer.

LeDoux, J. (1996). *The emotional brain: The mysterious underpinnings of emotional life.* New York: Touchstone.

Lee, C. M., & Swaminathan, B. (2000). Price momentum and trading volume. *Journal of Finance,* 55, 2017–2069.

Libet, B. (1985). Unconscious cerebral initiative and the role of unconscious will in voluntary action. *The Brain and Behavioral Sciences,* 8, 529–566.

Lo, A. W., & Repin, D. V. (2001). The psychophysiology of real-time financial risk processing. Working paper: Massachusetts Institute of Technology Sloan School of Management.

Lombardi, V., Jr. (2001). *What it takes to be #1: Vince Lombardi on leadership.* New York: McGraw-Hill.

Lowen, A. (1995). *Joy: The surrender to the body and to life.* New York: Arkana.

Mahrer, A. R. (1989). *Dreamwork in psychotherapy and self-change.* New York: Norton.

Markman, J. (2001). *Online investing: How to find the right stocks at the right time.* Redmond, WA: Microsoft Press.

Maslow, A. (1998). *Toward a psychology of being (3rd ed).* New York: Wiley.

Mathieu, W. A. (1991). *The listening book: Discovering your own music.* Boston: Shambhala.

McCrae, R. R., & Costa, P. T. (1996). Toward a new generation of personality theories: Theoretical contexts for the Five-Factor Model. In J. S. Wiggins (Ed.), *The Five-Factor Model of personality: Theoretical perspectives* (pp. 51–87). New York: Guilford.

Meichenbaum, D. (1977). *Cognitive-behavior modification.* New York: Plenum.

Mentzer, M. (1997). *Mike Mentzer's high intensity training program.* New York: Advanced Research Press.

Murphy, M. (1992). *The future of the body: Explorations into the further evolution of human nature.* Los Angeles: Tarcher.

Niederhoffer, V. (1997). *The education of a speculator.* New York: Wiley.

Norretranders, T. (1998). *The user illusion: Cutting consciousness down to size.* New York: Penguin.

Odean, T. (1999). Do investors trade too much? *American Economic Review*, 89, 1279–1298.

Ornstein, R. (1997). *The right mind.* San Diego: Harcourt Brace.

Ouspensky, P. D. (1971). *The fourth way.* New York: Vintage.

Pennebaker, J. W. (1993). Social mechanisms of constraint. In D. M. Wegner and J. W. Pennebaker (Eds.), *Handbook of mental control* (pp. 200–219). Englewood Cliffs, NJ: Prentice-Hall.

Pirsig, R. M. (1974). *Zen and the art of motorcycle maintenance.* New York: Morrow.

Plous, S. (1993). *The psychology of judgment and decision making.* New York: McGraw-Hill.

Polanyi, M. (1967). *The tacit dimension.* Garden City, NY: Anchor.

Ramachandran, V. S., & Blakeslee, S. (1998). *Phantoms in the brain: Probing the mysteries of the human mind.* New York: Morrow.

Raschke, L. (2001). *Trading my way: Professional trading techniques.* Wellington, FL: LBRGroup.

Reber, A. S. (1993). *Implicit learning and tacit knowledge: An essay on the cognitive unconscious.* New York: Oxford University Press.

Sacks, O. (1996). *An anthropologist on Mars.* New York: Vintage Books.

Schiffer, F. (1998). *Of two minds: The revolutionary science of dual-brain psychology.* New York: Free Press.

Schwager, J. D. (1989). *Market wizards: Interviews with top traders.* New York: Harper & Row.

Schwager, J. D. (1992). *The new market wizards: Conversations with America's top traders.* New York: HarperBusiness.

Shapiro, F., & Forrest, M. S. (1997). *EMDR: Eye movement desensitization and reprocessing.* New York: Basic.

Shefrin, H. (2000). *Beyond fear and greed: Understanding behavioral finance and the psychology of investing.* Boston: Harvard Business School Press.

Sherry, C. J. (1992). *The mathematics of technical analysis: Applying statistics to trading stocks, options and futures.* Chicago: Probus.

Simonton, D. K. (1994). *Greatness: Who makes history and why.* New York: Guilford.

Sperry, R. W. (1969). A modified concept of consciousness. *Psychological Review,* 76, 532–536.

Steenbarger, B. N. (1992). Toward science-practice integration in brief counseling and therapy. *Counseling Psychologist,* 20, 403–450.

Steenbarger, B. N. (1994). Duration and outcome in psychotherapy: An integrative review. *Professional Psychology: Research and Practice,* 25, 111–119.

Steenbarger, B. N. (2002). Brief therapy. In M. Hersen and W. H. Sledge (Eds.), *The encyclopedia of psychotherapy.* San Diego, CA: Academic.

Steenbarger, B. N. (2002). Single session therapy. In M. Hersen and W. H. Sledge (Eds.), *The encyclopedia of psychotherapy* (pp. 669–672). San Diego, CA: Academic.

Steenbarger, B. N., & Budman, S. H. (1998). Principles of brief and time-effective therapies. In G. P. Koocher, J. C. Norcross, and S. S. Hill (Eds.), *Psychologists' desk reference* (pp. 283–287). New York: Oxford University Press.

Talmon, M. (1990). *Single-session therapy: Maximizing the effect of the first (and often only) therapeutic encounter.* New York: Jossey-Bass.

Tart, C. T. (1987). *Waking up: Overcoming the obstacles to human potential.* Boston: Shambhala.

Tversky, A., & Kahneman, D. (1982). Causal schemas in judgments under uncertainty. In D. Kahneman, P. Slovic, and A. Tversky (Eds.), *Judgment under uncertainty: Heuristics and biases* (pp. 117–128). New York: Cambridge University Press.

Weiss, J., & Sampson, H. (1993). *How psychotherapy works.* New York: Guilford.

Wilson, C. (1972). *New pathways in psychology: Maslow and the post-Freudian revolution.* New York: Taplinger.